명재고택

明齋故宅

명재고택

明齋故宅

지행합일을 실천한 백의정승의 집

차장섭

열화당

머리말

명재고택明齋故宅은 호서지방湖西地方을 대표하는 명문가이다. 윤돈尹暾이 노성현으로 장가들면서 1538년 논산에 입향한 파평윤씨는 불과 백여 년 만에 수많은 학자와 문과 급제자 들의 배출을 통해 회덕의 은진송씨恩津宋氏, 연산의 광산김씨光山金氏와 더불어 호서 삼대 사족士族 가운데 하나로 급성장하여 명문거족名門巨族이 되었다.

명재고택은 유학자의 집이다. 윤탁尹倬에서 시작된 노성윤씨 가문의 학문적 전통은 윤황, 윤선거, 윤증 등 많은 학자를 배출하여 우리나라 최고의 가학家學 전통을 확립하였다. 윤탁은 김굉필의 문인門人으로, 성균관에서 후진을 양성하며 성리학을 확산시키는 데 전념하였다. 이후 일시 단절되었던 가학은 윤황에 의해 부활하였다. 윤황尹煌은 우계牛溪 성혼成渾의 사위이자 문인으로, 성혼의 학통을 계승하였다. 그리고 윤선거尹宣擧는 율곡학파의 학통을 계승한 김집金集의 제자가 되면서 성혼의 학통과 함께 율곡의 학통도 전수하였다. 윤증尹拯은 이같은 가학의 학통을 완성하였고, 이를 윤동원, 윤동수 등이 계승하였다.

명재고택은 자연과 조화를 이루면서도 실용의 정신을 실현한 건축이다. 집은 사람을 닮는다는 말처럼 명재고택은 윤증의 실학사상을 그대로 반영하고 있다. 소박하고 단출하지만 집안 곳곳에 과학적인 원리와 가족 구성원을 위한 배려가 돋보이는데, 사람의 인격人格과 집의 가격家格이 하나라는 사실을 단적으로 보여 준다.

명재고택은 과거와 현재, 그리고 미래가 조화를 이루고 있다. 고택의 과거는 봉제사奉祭祀 등을 통해 예학사상을 실천하는 것이다. 가장 높은 곳에 사당을 짓고 안채 대청에서 조상에게 정성을 다해 제사를 지냄으로써 후손들이 모이고 화합하는 구심점이 되도록 하였다. 고택의 현재는 인간 중심 사회에서 인간을 소중하게 여기는 문화라고 할 수 있다. 접빈객接賓客에 성심성의를 다할 뿐만 아니라 의창제義倉制 등을 통해 향촌민들과 공존하는 상생의 문화를 실천하였다. 고택의 미래는 가학家學을 통한 자녀 교육이다. 전통교육에서 가장 기본적인 가정교육을 강조하면서 문중 서당인 종학당宗學堂을 통하여 많은 인재를 배출하였다.

명재고택에는 뿌리 깊은 실용의 사상과 화합하는 상생의 문화가 있다. 가학으로 실용을 강조하는 무실務實과 실심實心의 성리학이 계승되어 왔다. 명재고택의 교육은 가훈을 중심으로 하는 가정교육과 종학당을 중심으로 하는 학교교육으로 이루어졌으며, 문중 조직과 의창제 등 향촌 조직을 통해 상생하고 화합하는 문화를 형성하였다. 그리고 종가문화에는 세월과 함께 무르익은 내림음식의 전통이 이어져 오고 있다.

고택 조사를 위해 천오백 리 길을 삼십여 차례 방문하면서 스스로 명재고택 사람이 된 듯한 느낌이다. 계절별로 다른 모습을 보여 주는 고택의 아름다움과 정성으로 반겨 주는 윤완식尹完植 회장님을 비롯한 가족들의 인정으로 인해 고택은 편안하고 익숙한 곳이 되었다. 그리고 윤여승尹汝丞 선생님의 문중에 대한 자상한 지도로 사소한 내용조차도 놓치지 않고 조사할 수 있었다. 명재고택을 '古宅'이라 하지 않고 '故宅'이라 한 것은, 윤증 생존 당시에 그의 사상을 바탕으로 이 집이 지어졌지만 실제로는 거주하지 않고 유봉정사에 머물면서 왕래만 하였기 때문이다.

이 책이 나오기까지 많은 분들의 배려와 격려가 있었다. 사진가 이종만李鍾晩 님과 사진나무 가족들은 명재고택 사진촬영 작업에 동반자가 되어 주었으며, 충남역사박물관은 소중한 자료와 도판을 제공해 주었다. 열화당悅話堂의 이기웅李起雄 대표님과 가족들은 바른 글과 아름다운 책이 될 수 있도록 최선을 다해 주었다. 부모님과 아내 김해숙金海淑을 비롯한 가족의 사랑은 나의 작업의 밑바탕이 되었다. 모든 분들께 감사의 마음을 전하며, 특히 병상에 계시면서 언제나 먼 길 다니는 아들을 염려해 주셨던 아버지께 이 책을 바친다.

뿌리 깊은 명재고택이 우리 모두의 집이 되기를 기원한다.

2017년 가을
빨간 양철지붕 학산재鶴山齋에서
차장섭車長燮

A Summary

Myeongjae Gotaek, the House of Confucian Scholar who Pursued the Union of Study and Practice

Myeongjae Gotaek (historic house) was the residence of the Papyeong Yun family, a noble family well known throughout the Hoseo region. Within 100 years of moving to the region, the Papyeong Yun family of Nonsan Noseong rapidly rose to become one of the three noblest families in the region along with the Eunjin Song family in Hoedeok and the Gwangsan Kim family in Yeonsan. With Yun Don's marriage and consequent settling in Noseong, the Papyeong Yun family of Noseong began to take root in Nonsan and eventually rose to become a distinguished and respectable noble family by means of producing a number of great scholars and ranking officials through high-level state examinations.

Myeongjae Gotaek is noted for its Confucius scholars. Beginning with Yun Tak, the scholastic tradition of Noseong Yun gave birth to a great number of scholars such as Yun Hwang, Yun Seon-geo, and Yun Jeung, and became one of the best scholastic traditions of its kind. Being a follower of the great scholar, Kim Goeng-pil, Yun Tak dedicated himself to the spreading of Neo-Confucianism by means of educating young scholars at an educational institute of Seonggyungwan. After having been suspended for some time, Noseong Yun's family scholarship was resurrected by Yun Hwang who succeeded his father-in-law Ugye Seong Hon's scholarship. Yun Seon-geo combined Ugye Seong Hon's scholarship with Yulgok's through his teacher Kim Jip who belonged to the Yulgok school. Yoon

Jeung wrapped up Noseong Yun's family scholarship, which was then succeeded by Yun Dong-won and Yun Dong-soo.

As an example of architecture, Myeongjae Gotaek embodies a practical mind through its harmonization with nature, and, as it has been commonly expressed, houses tend to resemble their owners, so Myeongjae Gotaek reflects Yun Jeung's practical mind and his philosophy. Being simple and homely, the structure of this house stands out through its accommodation of scientific principles and its family-friendliness. All in all, this house is a supreme example of the saying that the personalities and characters of human beings go hand-in-hand with those of their houses.

Past, present, and future harmoniously coexist in Myeongjae Gotaek. Features representing the past in the house are exemplified in its composition, specifically as regards family rites. In the highest elevation, there stands an ancestral shrine, and the main floor of the main building of the house was and still is the central place for family gatherings or events such as memorial services for ancestors where family members learn to respect family seniors and share brotherly love. The feature that embodies the spirit of the present is the culture of humility that the family represents which accords with our current social and cultural demands. A detached room in the house was designed to welcome and accommodate visitors. This family also practiced a spirit of compassionate coexistence with neighbors by creating a system of financial aid for destitute neighbors when it became necessary. One feature of the future that this family may be said to represent is the home-based education of children. They put an emphasis on family education and learning, and furthered education through the family-run school, Jonghakdang, which produced many exceptional scholars.

In sum, a culture of coexistence existed at Myeongjae Gotaek which was in sync with a deep-rooted mind of practicality. Family-inherited Neo-Confucianism stressed effectiveness and practicality. The family education and learning consisted of two tracks: a home-based teaching and the school education of Jonghakdang. This family cultivated a culture of harmony and coexistence through the creation of an aid system called *uichangje*, and, like any other historic head family, they were also proud to have inherited traditional family foods and dishes.

Translated by Shin Doo-ho

차례

노성 파평윤씨의 역사

고택과 은행나무.
명재고택의 후손과 학문은
은행나무처럼 번창하였다.

1. 파평윤씨의 노성 입향

노성魯城의 파평윤씨坡平尹氏는 지금의 논산인 노성에 입향한 지 불과 백여 년 만에 회덕의 은진송씨恩津宋氏, 연산의 광산김씨光山金氏와 더불어 호서 삼대 사족士族 가운데 하나로 급성장하였다. 우암尤庵 송시열宋時烈은 1672 년(현종 13) 『회덕향안懷德鄕案』을 중수하면서 서문에 "내가 생각하건대 호서에는 예로부터 삼대족三大族이라 불리는 바가 있었으니, 연산連山의 광산김씨, 이산尼山의 파평윤씨, 그리고 회덕의 우리 송씨였다"라고 말했다.

명문거족 파평윤씨

파평윤씨坡平尹氏는 우리나라의 대표적인 명문거족名門巨族이다. 현재의 경 기도 파주시 파평면을 본관지로 하는 파평윤씨의 시조는 태사공 윤신달 尹莘達이다. 윤신달은 고려의 개국공신으로, 신숭겸申崇謙 · 홍유洪儒 등과 함 께 궁예弓裔를 무찌르고 왕건王建을 국왕으로 추대함으로써 고려의 통일을 완성하였다. 이후 파평윤씨는 수많은 인물을 배출하면서 고려시대 문벌 귀족으로 위치를 확고히 하였다.

윤신달의 현손인 윤관尹瓘(1040-1111)에 이르러 가세家勢는 크게 확장 되었다. 윤관은 문종 대에 과거에 급제한 후 관직에 진출하여 숙종 대에 는 왕을 중심으로 많은 개혁정책을 추진하였다. 그의 가장 중요한 업적 은 여진女眞 정벌과 구성九城 개척이다. 당시 고려 동북면에서 세력이 강 성해지기 시작한 여진족이 자주 고려에 위협을 가해 왔다. 이에 윤관은 1104년(숙종 9) 별무반別武班을 조직하여 군대를 조련한 후 1107년(예종

윤관 묘소. 경기 파주.
파평윤씨는 윤관에 이르러
가세家勢가 급격하게
확장되었다.

2) 여진족을 정벌하고 그 지역에 구성을 쌓았다. 그에게는 아들 칠형제가 있었는데, 이들이 모두 번성하여 여러 분파가 생기면서 조선시대에도 계속 명성을 유지했다.

조선시대 파평윤씨는 과거 급제를 통해 인물을 배출하고, 국혼國婚으로 족적族的 기반을 확고히 했다. 또한 조선시대에 가장 많은 왕비를 배출했으며, 문과 급제자도 전주이씨와 안동권씨에 이어 세번째로 많았다.

윤탁, 가문의 학문적 기반을 마련하다

윤탁尹倬(1472-1534)은 파평윤씨 노종파魯宗派의 학문적 기반을 마련한 인물로, 입향조入鄕祖 윤돈尹暾의 조부이다. 그는 김굉필金宏弼과 주계군 이심원李深源의 문인門人으로, 1501년(연산군 7) 문과 급제 후 사관史官을 거쳐 성균관 전적이 되었으나 1504년 갑자사화甲子士禍 때 삭녕朔寧에 유배되었다. 1506년 중종반정中宗反正으로 다시 등용되어 성균관에 돌아와 직강

直講, 사예司藝, 사성司成, 대사성大司成을 거쳐 동지성균관사同知成均館事에 이르렀다.

윤탁은 성균관에서 후진 양성을 통해 성리학을 확산시키는 데 전념하였다. 조광조趙光祖와 함께 도학정치의 실천을 위해 국정을 논의하면서도, 조광조가 정치적 개혁에 집중한 것과는 대조적으로 윤탁은 교육을 통한 도학道學의 확산에 집중하였다. 윤탁은 성정이 매우 온유하고 바르며 글을 많이 읽었다. 가정생활 또한 청렴, 간소하여 많은 유생들의 사표師表가 되었다. 1519년(중종 14) 기묘사화己卯士禍가 일어나자 스스로 사직하였다가 다시 성균관 대사성으로 돌아와 가장 오랜 기간 대사성의 지위에서 후학을 양성하였다.

1525년에는 병 때문에 대사성을 사직하자, 성균관 유생들이 윤탁의 사직을 받아들이지 말도록 상소를 올렸다. 유생들은, 윤탁은 대사성으로 있은 지 팔 년인데, 도리에 맞게 계도하여 성취시키고 방법을 다해 이끌어 주고 권장하므로 선비들이 모두 우러러보기를 당나라의 대학자 한유韓愈가 태학太學에 들어올 때처럼 여긴다고 전제하고, 윤탁이 사직하면 모두가 한탄스럽고 민망하게 여길 것이라며, 다시 스승 앞에서 수신제가치국평천하修身齊家治國平天下의 도리를 배우게 해 달라고 요청하였다.[1] 이에 중종은 삼정승과 논의를 거쳐 병을 치료할 수 있도록 한 직급을 올려 일의 부담이 적은 동지성균관사에 임명하였다.

1528년에 중종은 윤탁이 병을 치료할 수 있도록 배려하는 마음에서 보다 한가한 직인 개성부開城府의 유수留守로 임명하였다. 그러나 조정의 대신들은, 실학實學에 정숙精熟한 윤탁이 성균관에 나오지 않으면 유생들이 그의 집으로 찾아가 수업하고 조관朝官들도 찾아가서 지도를 받았다며, 그가 성균관을 떠나는 것을 반대하였다. 개성유수는 윤탁이 아니더라도 할 만한 사람이 있지만, 성균관에서 교훈하는 일은 윤탁이 아니면 안 된다며 그를 다시 동지성균관사에 임명할 것을 건의하였다.[2] 이듬해에 윤

성균관의 은행나무.
서울 종로.
『신증동국여지승람
新增東國輿地勝覽』에 윤탁이
두 그루의 은행나무를 성균관
강당 앞뜰에 심었다고
기록되어 있는데, 현재도
그가 심은 은행나무가
성균관을 지키고 있다.

탁은 한성부 좌윤으로 동지성균관사를 겸직하고 있었는데, 좌윤의 업무
가 많아 동지성균관사 직을 사직하고자 하였다. 그러나 중종은 동지성균
관사는 아무나 할 수 있는 일이 아니라며 사장師長의 임무가 매우 중요하
니 오히려 좌윤左尹을 사임하도록 하였다.[3]

윤탁은 경학經學에 매우 정통하여 성균관 전적에서 대사성에 이르기까
지 이십여 년 동안 학관學官으로 있으면서 많은 인재를 양성하였다. 윤탁
문하의 제자들은 명종과 선조 연간에 크게 활약하였다. 문충공 송인수宋
麟壽와 문순공 이황李滉이 그의 강론을 들었으며, 선조 연간에 영의정을 지
낸 홍섬洪暹과 판서를 지낸 원혼元混도 그의 문인으로서 제자의 예를 끝까
지 다하였다. 특히 이황은 윤탁으로부터 들은 강론을 제자들에게 설명할
적에 늘 '윤선생尹先生'이라는 존칭을 사용하면서 예의를 갖추었다.[4]

현재 성균관에는 윤탁이 심은 은행나무가 남아 있다. 그는 매번 배우는 이들에게 "뿌리가 단단하면 그 줄기와 잎이 무성하다"며 실제를 독실하게 숭상하고 학문 이전에 자기 수양을 우선할 것을 강조하였다. 율곡栗谷 이이李珥는 우리나라 성리학의 도통道統을 이야기할 때 도학정치를 실천하고자 했던 조광조와 함께 윤탁을 찬미하였다. 우암 송시열도 자신이 찬한 「대사성윤선생신도비명大司成尹先生神道碑銘」에서 윤탁의 국가에 대한 충성과 학문의 실천을, 후손들이 성균관에 있는 은행나무를 공경하듯 계승할 것을 노래하였다.

윤돈, 노성현으로 장가가다

윤돈尹暾(1519-1577)은 아버지 윤선지尹先智와 어머니 평산신씨 사이에서 삼형제 중 둘째 아들로 태어났다. 윤선지는 무과에 급제한 후 형조정랑과 좌부승지를 역임하였으며, 충청 병사와 수사를 지낸 인물이다. 아들 삼형제 가운데 형 윤희尹曦와 아우 윤욱尹昱은 경기도 파주에서 살았고, 윤돈만이 통정대부 첨지사 류연柳淵의 둘째 딸인 문화류씨와 혼인하여 처향妻鄕인 노성 근방의 이산현 득윤면 당후촌塘後村(지금의 논산시 광석면 득윤리)으로 1538년(중종 33) 이주하였다. 이것이 파평윤씨와 노성지역이 처음으로 맺은 인연이다. 득윤리得尹里라는 지명은 윤씨尹氏가 나타나기를 기다리는 마을이라는 의미이다. 윤돈이 태어나기 삼십여 년 전인 1481년(성종 12) 노사신盧思愼 등에 의해 편찬된 『동국여지승람東國輿地勝覽』에 이미 "득윤리得尹里는 이산현尼山縣 서편 십리허十里許"라고 기록되어 있으니, 노성의 득윤리와 파평윤씨의 인연은 숙명적인 듯하다.

윤돈의 장인 류연은, 개국공신으로 좌의정을 지낸 류량柳亮의 현손이다. 문화류씨가 노성현에 정착한 것은 성주목사를 지낸 조부 류채柳綵 때인 것으로 추정된다. 류연은 부장部將 홍인준洪寅俊의 차녀 남양홍씨와 혼인하였다. 장인 홍인준이 아들 없이 딸만 셋을 두었기 때문에 사위로서 외손봉사를 하고 있었다. 류연은 일남 이녀를 두었는데, 장녀는 연산 백석의 청주한씨 한여헌韓汝獻에게, 차녀는 파평윤씨 윤돈尹暾에게 출가하였다. 그리고 아들 류서봉柳瑞鳳은 광릉이씨廣陵李氏와 혼인하였다. 그런데 아들이 일찍 죽어서 류연 역시 둘째 사위 윤돈의 외손봉사를 받을 수밖에 없었다.

윤돈이 장인 류연으로부터 상속받은 재산은 파평윤씨 노종파가 노성현에 정착하는 데 경제적 기반이 되었다. 당시는 아들딸 구분 없이 균등하게 재산을 분배하는 남녀균분상속제男女均分相續制가 시행되고 있었다. 아울러 조상에 대한 제사도 딸을 포함한 자식들이 돌아가면서 지내는 윤행輪行이 일반적이었다. 이같은 재산 상속과 제사의 방법은 16-17세기를 기준으로 변화하였다. 즉 맏아들에게 재산의 상당 부분을 상속하는 장자 우위의 상속과 함께 제사의 의무도 장자에게 고정되는 현상이 나타났다. 이는 남자 중심의 가부장적 의식이 정착되고 있음을 의미한다.

윤돈 묘소. 충남 논산.
윤돈은 노성현으로 장가들어
노성 파평윤씨의 입향조가
되었다.

류연은 통정대부 당상관으로, 부여의 자왕리에서 논산의 석성과 초촌, 광석을 거쳐 노성에 이르는 넓은 토지를 보유한 부자였다. 윤돈은 류연의 삼년상을 치르고 1573년(선조 6) 8월 12일에 류연의 장녀(한여헌의 처)와 며느리(아들 류서봉의 처)와 함께 모여 분재分財하였다.「분재기分財記」에 따르면, 봉사조奉祀條로 전답 여덟 마지기와 노비 두 구를 남기고, 장녀 문화류씨(한여헌의 처)에게 전답 이백일곱 마지기와 노비 스물세 구, 차녀 문화류씨(윤돈의 처)에게 전답 백일흔네 마지기와 노비 열일곱 구, 며느리 광릉이씨(아들 류서봉의 처)에게 전답 백일흔아홉 마지기와 노비 열여덟 구가 각각 분배되었다.5

윤창세, 충효를 실천하다

윤창세尹昌世(1543~1593)는 윤돈과 문화류씨 사이에 장남으로 태어나, 부제학 경혼慶渾의 딸 청주경씨와 혼인하면서 광석면 득윤리에서 노성면 병사리 유봉으로 이주하였다. 윤창세가 서모庶母와, 아들이 없는 장모를 한집에서 극진하게 모셨다는 기록으로 미루어 이곳에 처가의 전답이 있었던 것으로 생각된다. 처가의 재산을 일부 상속받으면서 이주한 것으로 추정되며, 부친 윤돈의 묘소를 노성면 병사리 비봉산 자락에 모시면서 병사리가 윤씨가의 명실상부한 터전이 되었다.

윤창세는 외숙 류서봉이 일찍 별세하자 후사後嗣 없이 홀로 사시는 외숙모 광릉이씨廣陵李氏를 친부모처럼 모시고 살았다. 그리고 외숙모가 돌아가신 후에는 외숙모의 외손봉사 부탁을 받아들여 외조부 류연의 산소를 청림靑林, 즉 지금의 공주시 탄천면 가척리 가재울에서 병사리로 옮기고 묘제墓祭와 기제忌祭를 지냈다. 그리고 그의 막내아들인 전부공 윤희尹熺에게 이를 상속하도록 하였다.6 외손봉사는 재산을 남녀 차별없이 균등하게 상속하던 시기에 전통적으로 행해지던 제도로, 균등한 상속뿐 아니라 조상에 대한 제사도 돌아가면서 지내는 윤행輪行이 일반적이었다. 딸도 부모의 제사에 참여하거나 제사를 직접 맡아 지내기도 했으며, 딸과 사위가 세상을 떠났을 경우에는 그들의 자식, 즉 외손이 외조부모의 제사를 지내는 게 당시의 자연스러운 관습이었다. 그리고 아들이 없을 경우에도 양자를 세우기보다는 사서전중捨庶傳重이라 하여 딸과 외손이 재산을 상속받아 제사를 맡는 외손봉사가 17세기 이전에는 널리 행해졌다.

윤창세는 예법을 익혀 이를 몸소 실천하고자 노력하였으며, 실제로 부모를 섬기는 정성이 지극하였다. 병환에 걸린 어머니가 수박을 드시고 싶다고 하자 열심히 수박을 구하였으나 제철이 아니어서 끝내 얻지 못하였는데, 그것이 여한이 되어 죽을 때까지 수박을 먹지 않았다고 한다. 그리고 아버지의 병환에 거북이 고기가 좋다는 의원의 말을 듣고 한겨울에 냇가에 나가 지성으로 기도드렸더니 홀연히 얼음 위로 거북이가 나타났다는 일화가 전해진다. 그러나 병세가 더욱 악화되자 이번에는 손가락을 잘라 피를 입에 넣어 드려 소생시켰고, 돌아가신 뒤에는 죽으로 연명하면서 삼 년간 정성껏 시묘살이를 하였다. 제기祭器를 아침저녁으로 챙기

윤창세 묘소. 충남 논산. 윤창세와 부인 청주경씨는 자녀 교육을 통해 파평윤씨 노종파의 교육적 기반을 마련하였다.

고 몸소 제물을 마련하는가 하면, 집터를 팔아서 묘소를 단장하기도 했다. 이처럼 효성이 지극했을 뿐만 아니라 이웃에게도 온정을 베풀어, 자손과 제자들이 그를 '효렴공孝廉公'이라 부르게 되었다.[7]

그의 나이 오십 세가 되던 1592년 임진왜란이 일어났다. 마침 서울에 있다가 전란 소식을 접한 윤창세는 급히 노성으로 귀향하여 팔자기八字旗를 세우고 의병 수천 명을 모집하여 적에게 대항하였다. 팔자기에는 "이 도적을 물리칠 것을 맹세하고 우리 임금을 저버리지 말자"는 의미로 '서멸차적誓滅此賊 무부오왕毋負吾王'이라고 적혀 있었다. 그러나 안타깝게도 진중陣中에서 전염병에 걸린 동료를 구하다가 전염되어 병에 걸리고 말았다. 때마침 어머니의 제사일이었으므로 의관을 정제하고 위패를 모신 다음 하루 종일 슬피 울다가 병세가 악화되어 오십일 세를 일기로 세상을 떠났다.

한편, 윤창세와 부인 청주경씨는 파평윤씨 노종파의 교육적 기반을 마련하였다. 윤창세의 장인 경혼慶渾은 김안국金安國의 문인이자 홍문관 부제학과 참의를 역임한 인물로, 자녀 교육에 매우 엄격하였다. 충의忠義와 절조節操를 교육의 목표로 하면서 자녀의 이름도 스스로 수양하고 덕을 쌓으라는 의미로 지어 주었다. 손자 윤순거尹舜擧는 경씨부인의 행장行狀에서 "조모인 경씨부인은 군자의 기품을 지닌 여인으로 일컬어졌으며, 지혜가 밝고 사리에 통달하였다"고 적고 있다. 윤창세는 삼십이 세가 되던 해인 1574년에 효렴재孝廉齋와 성경재誠敬齋를 건립하고 자녀 교육에 힘썼다. 십칠 세에 시집 온 경씨부인은 사십구 세에 홀로 되어 윤창세보다 삼십일 년을 더 살면서 다섯 아들을 모두 서울로 보내 학문적으로 대성할 수 있게 도왔다. 그리고 두 딸 가운데 장녀는 죽산박씨 박심朴諶에게, 차녀는 우암 송시열의 백부인 송희조宋熙祚에게 출가시켰다.

2. 노종 오방파의 형성

윤창세의 다섯 아들들은 노종魯宗 오방파五房派를 형성하였다. 설봉공 윤수尹燧, 문정공 윤황尹煌, 충헌공 윤전尹烇, 서윤공 윤흡尹熻, 전부공 윤희尹爔가 그들이다. 노종 오방파가 활동하던 시기는 16세기 후반에서 17세기 전반으로, 대내적으로는 당쟁이 극렬하게 진행되었으며, 대외적으로는 청나라의 침입에 따른 호란胡亂이 일어났다. 정국은 대내외적으로 매우 혼란한 시기였다.

노종 오방파는 서인西人의 당색黨色을 표방하고 있었다. 선조宣祖 대에 들어와 척신 세력과의 투쟁을 통해 정국의 주도권을 장악한 사림士林 세력들은 동인東人과 서인西人으로 갈라졌다. 동인은 다시 남인南人과 북인北人으로 나누어졌으며, 북인은 다시 광해군 때 실권을 장악하면서 대북大北과 소북小北으로 분열되었다. 따라서 대북 세력이 집권하던 광해군 통치 기간에 서인이었던 노종 오방파는 많은 시련을 겪지 않을 수 없었다. 그러나 인조반정仁祖反正으로 서인이 다시 정계에 복귀하면서 노종 오방파는 보다 적극적으로 국정에 참여하였다.

청나라의 침입에 대해 노종 오방파는 척화파斥和派의 입장을 견지하였다. 조선과 명나라가 임진왜란으로 국력이 약화된 틈을 타서 여진족 누르하치가 후금後金을 세우자, 명나라는 후금을 제압하기 위해 조선에 원병을 요청하였다. 광해군은 중립적인 외교로 후금과의 충돌을 피했지만, 인조반정으로 인조가 즉위하면서 친명정책으로 선회하자 후금과의 관계가 악화되었다. 후금의 태종은 삼만의 군대로 1627년(인조 5) 조선을 침략하였는데, 이것이 정묘호란丁卯胡亂이다. 강화도로 피란한 인조는 형

파평윤씨 노종파보.
윤창세의 다섯 아들은
노종魯宗 오방파五房派를
형성하였고, 이 파보는
1829년에 12권 6책으로
간행되었다.

제의 맹약을 체결하고 후금과 명나라 사이에서 엄정 중립을 지킨다는 약
속으로 위기를 모면하였다. 그러나 이후에도 후금을 멀리하자, 후금은
국호를 청淸으로 바꾸고 조선에 대해 '형제의 맹약'에서 '군신君臣의 의義'
로 고칠 것을 요구하며 재차 침입하였다. 병자호란丙子胡亂이다. 조정은 주
화파主和派와 척화파로 양분되었다. 그러나 남한산성에서 항전하던 조선
은 강화도가 함락되고 남한산성이 포위당하자 척화파 김상헌金尙憲 등의
의견보다는 주화파 최명길崔鳴吉 등의 주장을 받아들여 삼전도三田渡에서
항복함으로써 국치를 겪기에 이르렀다.

　노종 오방파는 호란 동안 척화운동을 주도하며 이름을 날렸다. 문정공
윤황尹煌은 척화 상소 때문에 유배 생활을 했고, 충헌공 윤전尹烇은 강화도
에서 청군과 대치하다가 순절하였으며, 윤선거尹宣擧의 처 공주이씨 역시
강화도에서 순절하는 등, 국난 극복 과정에서 이들 가문은 우국충절의
모습을 보여 주었다.

설봉공 윤수

윤수尹燧(1562-1617)의 자는 명숙明叔이며 호는 설봉雪峰이다. 1562년(명
종 17)에 아버지 윤창세와 어머니 청주경씨 사이에서 맏아들로 태어났

윤수 묘소. 충남 논산.
윤창세尹昌世의 맏아들로,
죽산부사를 역임하였다.

다. 어려서부터 경학經學에 전념하면서 과거시험 공부에는 무관심하였다. 그러나 성주이씨와 혼인한 후 장인인 부윤府尹 이현배李玄培가 "세상의 선비라는 자들이 학문과 기예를 저버리는 풍습이 급속히 옮아 전파되니 부끄러운 일이다"라고 하면서 공부와 기예에 노력할 것을 권하였다. 윤수는 이에 자극받아 분발하여 학문에 힘쓴 결과 삼십일 세 되는 1592년(선조 25)에 사마시에 합격하였다. 그리고 1593년 아버지 윤창세가 별세하자 여막廬幕을 짓고 삼 년간 극진하게 시묘살이를 마친 후 1600년에 능참봉을 제수받았으며, 1601년에 문과에 급제하였다.

윤수는 승문원 권지정자權知正字로 벼슬살이를 시작하여 승문원 박사에 오른 다음, 1604년에는 사헌부 감찰監察이 되었으며, 이듬해 영변부 판관判官으로 임용되어 선정을 베풀어 백성들로부터 칭송을 받았다. 그런데 이듬해 관직을 내려놓고 고향으로 돌아온 이래로 형조좌랑, 형조정랑, 호조정랑 겸 춘추관 기주관記注官, 합천군수, 충청도 도사 등에 연이어 임명되었으나 모두 사양하고 나아가지 않았다.

광해군이 즉위하여 북인이 정권을 장악하면서 윤수는 다시 벼슬살이를 했는데, 중앙의 주요 관직보다는 주로 외직에 나아갔다. 1610년(광해군 2)에는 능성현령綾城縣令이 되었으며, 1614년에는 봉상시 첨정僉正과 통례원 상례相禮로 돌아왔으나 또다시 영해부사로 임용되었다. 그리고 1615년에는 죽산부사로 있다가 중병을 얻어 세상을 떠났다. 후일 승정원 도승지로 증직贈職되었으며, 동생 윤황尹煌의 청을 받아 이조판서 김상헌金尙憲이 묘표墓表를 짓고, 아들 윤순거가 글씨를 썼다.[8]

윤수는 아들 없이 딸만 셋을 두었는데, 첫째 딸은 부사府使 오여발吳汝撥에게, 둘째 딸은 목사牧使 이후천李後天에게, 셋째 딸은 사간司諫 이시매李時楳에게 각각 출가하였다. 그리고 동생 윤황의 둘째 아들인 윤순거尹舜擧를 양자로 들여 후사를 잇도록 하였다.

문정공 윤황

윤황尹煌(1571-1639)의 자는 덕요德耀이며 호는 팔송八松이다.[9] 윤창세의 둘째 아들로 태어나 어려서부터 놀기보다는 스스로 독서하기를 좋아하였다. 어머니 경씨부인은 윤황에 대해 "나의 뜻을 한 번도 어긴 적이 없으며, 나의 말을 거역한 적도 없고, 나에게 한 번도 걱정을 끼친 적이 없는 진정한 효자이다"라고 말했다.[10] 일찍이 서울로 유학하여 당대 최고의 명유名儒였던 우계牛溪 성혼成渾의 문인이 되었는데, 재예才藝가 탁월하여 성혼의 지극한 사랑을 받았고, 이십 세에 성혼의 사위가 되어 그의 학통을 계승하는 수제자가 되었다. 그리고 임진왜란이 일어나자, 스승이자 장인인 성혼을 모시고 의주로 피란을 갔다가, 아버지 윤창세가 고향에서 의병을 일으켜 적에 대항하다가 병을 얻어 사망하자 의주에서 달려와 묘를 노성현에 모시고 삼년상을 치렀다.

윤황은 이십칠 세 되던 1597년(선조 30)에 문과에 급제하여 분관分館에서 승문원 권지정자權知正字가 되었다. 분관은 새로 문과에 급제한 사람들을 삼관三館에 각각 나누어서 권지權知라는 이름으로 실무를 익히게 하는 것으로, 그 기준은 급제자의 재능과 연령을 따르도록 되어 있었다. 즉 삼관 가운데 승문원承文院은 연소하고 영민한 자, 성균관成均館은 노성하고 덕망 있는 자, 교서관校書館은 고금의 사적에 널리 통달한 자를 선발하였다. 일반적으로 분관은 승문원, 성균관, 교서관의 순서로 우열이 있었는데, 승문원이 가장 앞선 이유는 승문원의 참하參下가 청로淸路의 시작이라는 인식이 있었고, 실제로 승문원 출신들의 승진이 가장 빨랐기 때문이다.[11] 윤황은 승문원 권지정자로 분관됨으로써 탄탄대로의 벼슬살이를 시작한 것이다.

이때 왜군이 다시 침략하여 정유재란이 일어났는데, 왜군에 대항하기보다는 도망할 준비만 하는 조정에 분개하여 상소를 썼지만 스승 성혼成渾이 탄핵을 받는 중이어서 올리지는 못하였다. 이듬해 성혼은 세상을 떠났다.

윤황은 청요직淸要職을 두루 거치며 승진하였다. 사관史官을 거쳐 승문원 박사와 성균관 전적典籍이 되었으며, 사헌부 감찰과 사간원 정언 등으로 재직하였다. 언관으로 있으면서 북방 거산찰방居山察訪으로 일한 경력을 바탕으로 북방 지역에 사는 백성들의 부역의 부담을 시정해 줄 것을 건의하기도 했다.[12] 이후 형조좌랑과 병조좌랑, 예조좌랑을 거쳐 북청판관北青判官에 부임하였다.

그러나 광해군의 즉위와 함께 북인北人이 집권하면서 윤황은 여러 차례 탄핵받았다. 북청판관으로 있을 당시 혼인한 자제를 관아에 데리고 있었다는 이유로 탄핵받았으며, 영광군수로 사 년간 재임하다가 사십삼 세 되던 1613년 8월에 반대파의 탄핵을 받아 고향 노성현으로 돌아왔다.

1623년 인조반정으로 광해군이 폐위되자 윤황은 반정을 주도한 김류金瑬와 이귀李貴에게 개혁을 적극적으로 주문하였으며, 군기시軍器寺 정正으로 중앙 정계에 복귀하였다. 『인조실록仁祖實錄』에는 "윤황을 군기시 정으로 삼았다. 윤황은 사람됨이 강직하고 기개가 있었다. 선조 때 출신出身하여 관직을 수행함에 너그럽고 위엄이 있었다. 광해군 때 국정이 어지러워지자 은퇴하여 시골로 내려가 환도還都에의 뜻을 끊었는데, 이에 이르러 으뜸으로 기용되었다”라고 적고 있다.[13]

윤황은 언관으로 재직하면서 직언을 서슴지 않았다. 인조반정 이후 사헌부 장령掌令과 집의執義, 홍문관 부응교副應敎와 응교應敎, 사간원 사간司諫 등 언론 기관의 주요 요직을 맡았다. 1624년(인조 2)에 이괄李适의 난이 일어나 인조仁祖가 공주로 피란할 때 윤황은 종사관이 되어 왕을 호종하였다. 이때 어영사御營使로서 반군 토벌의 책임자였던 이귀가 싸워 볼 생각도 하지 않고 돌아와 오히려 책임을 부장副將에게 미루자, 윤황은 그의 처벌을 강력하게 주장하였다. 그러나 인조는 인조반정의 일등 공신인 이귀를 옹호하면서 오히려 윤황을 체직遞職시켰다. 그 후 윤황은 복귀하여 의정부 사인舍人, 성균관 사성司成, 사간원 사간司諫을 역임하고, 1626년에는 세자를 가르치는 보덕輔德이 되었다.

윤황은 청나라가 일으킨 정묘호란과 병자호란 당시 강한 항전의 의지를 보이며 척화를 주장하였다. 그의 척화론은 ‘선전수先戰守 후화의後和議’이다. 그는 오랑캐를 막는 방도는 전戰·수守·화和 세 가지가 있는데, 무조건 강화講和하는 것이 가장 하책下策이며, 반드시 양국이 서로 대응할 만한 세력이 있을 때 비로소 강화하여 싸움을 그칠 수 있으니, 고식적으로 편안하기만을 꾀하는 계책은 오랑캐를 막는 장기적인 대책이 될 수 없다고 강조하였다. 따라서 전戰·수守, 즉 능히 싸우고 지키기를 먼저 해야 하고, 그래야 이후에 화의和議를 하더라도 나라를 편안하게 할 수 있을 것이니, 싸우지도 지키지도 못하면서 화의를 먼저 하는 것은 나라를 망하게 하는 것이라고 주장하였다.[14]

1627년(인조 5) 정묘호란丁卯胡亂이 일어나자 윤황은 강화도에서 인조를 호종하면서 결사 항전할 것을 주장하였다. 청나라 태종이 삼만의 병력으로 조선을 침공하자 인조는 장만張晩을 도체찰사로 삼아 적을 막게 하였으나, 후금의 군은 남진을 계속하여 안주성安州城을 점령하고 다시 평양을 거쳐 황주黃州까지 진출하였다. 전세가 극도로 불리해지자 김상용金尚容이 유도대장留都大將이 되어 서울을 지키고, 소현세자昭顯世子는 전주로 남하하였다. 이 사이 인조는 전란을 피해 강화도로 들어갔다.

윤황은 화친和親을 반대하면서 강화를 주장한 이귀李貴와 최명길崔鳴吉 등을 유배 보낼 것을 청하였다. 그는 이들이 적이 쳐들어오자 서울을 버리려 했다가 나중에 오랑캐의 차인差人이 오자 조급하게 화친을 주장하였으며, 임진강의 천연의 해자垓子를 버리고 지키지 않아 나라를 망하게 하고 있다고 주장하였다.[15]

그러나 1627년 2월 14일 후금의 부장副將 유해劉海가 화친을 청해 오자, 윤황은 이름만 화친이지 실제는 후금에 항복하는 것이나 다름없다고 주장하였다. 그리고 오랑캐의 사자使者, 화친을 주장하여 나라를 그르친 신하, 무너져 버린 군대의 장수까지 모두 참수하여 군율을 진작시킬 것을 상소하였다.[16] 윤황의 이러한 상소는 인조의 노여움을 샀고, 그는 삭탈관직되어 유배의 명을 받았으나 삼사三司의 도움으로 겨우 화를 면하였다.

조정에서는 서북지방을 중시하여 윤황을 평안도 암행어사로 보냈으며, 길주목사와 안변부사에 임명하였다. 그러나 당시의 모든 간원諫院들이 "윤황은 나라를 걱정하는 참된 마음으로 직언하며 감히 간諫하는 풍도가 있으니, 먼 외방으로 보임補任하는 것은 사람들이 모두 탄식하며 애석해 할 일"이라며 외직으로 보내는 것을 반대하기도 하였다. 이후 그는 성균관 사성司成, 사헌부 집의執義, 사간원 응교應敎, 의정부 사인舍人, 승정원 동부승지와 우부승지를 역임하였다.

윤황은 육십일 세 되던 1631년 정월에 이조참의에 오른 이후 성균관 대사성을 거쳐 사간원 대사간과 사헌부 대사헌 등을 지내면서 꾸준히 정치개혁을 주장하였다. 개혁안의 핵심은 '선양민先養民 후양병後養兵'으로 외적의 침입을 막고 국난을 극복하는 것이었다.

우선, 왕과 왕실이 솔선수범하여 절약하는 모습을 보여 줄 것을 건의하였다. 종묘의 악무樂舞를 정지하고 능침陵寢의 오향五享을 중지하며, 제수祭需의 공상貢上을 혁파하고 국장國葬의 의물儀物과 석물石物을 간소하게 하는 등 제례의 허례허식을 줄일 것을 주장하였다. 그리고 임금이 사용하는 물건 즉 어공御供을 대폭 간소화하고, 백성의 재물을 축내는 사옹원司饔院의 어진漁箭과 상의원尙衣院의 직조織組와 공작工作 등을 줄이고 진상제도를 혁파하며, 궁중에서 사용하는 나무를 공물로 바치는 기인其人의 역役을 폐지할 것을 제시하였다. 아울러 화려한 대군大君의 저택을 축소시키고, 사복시司僕寺의 말들은 모두 군마軍馬로 전환할 것을 건의하였다.

다음으로, 왕실을 비롯한 특권층에만 유리한 각종 수취제도를 개혁하여 민생을 구제하고 국고를 증대시켜야 한다고 주장하였다. 윤황은 구체적인 사례를 바탕으로 개혁안을 제시하였고,[17] 전세田稅를 일원화하고 궁궐 내의 경비를 대폭 줄이며, 내수사內需司 등을 혁파하고 권세가의 전횡을 조사하여 군비로 환수해야 한다고 주장하였다.[18] 그는 이같은 개혁을 통해 민생이 안정되고 양병養兵을 위한 재원이 마련될 수 있다고 확신하였다.

세번째로, 양병의 방법으로 군역의 개혁과 군대의 기강 확립, 그리고 항전의 의지를 제시하였다. 당시 군역軍役의 고통이 너무나 심하여 백성들이 어떻게든 이를 모면하려고 수단과 방법을 가리지 않게 되어, 십 호가 살고 있는 촌락에 군역을 담당하는 자는 겨우 한두 명에 지나지 않았다. 윤황은 왕실과 양반 등 특권층이 솔선해서 군역을 담당해야만 정병을 확보할 수 있고 사기도 높일 수 있다고 강조하였다.[19]

그리고 각 군에서 정예병을 뽑아 그들에게 신역身役을 면제해 주고 의식衣食을 넉넉하게 해 주어 백성들로 하여금 병사가 되는 것을 즐겁게 여기도록 하고, 각각 장령將領을 가려 뽑아 번을 나누어 조련하도록 하고 십

결結에서 거두는 미포米布로 한 명의 병졸을 기르게 한다면, 팔도를 통틀어 칠팔만의 병사를 얻을 수 있다고 생각하였다. 그들이 힘지에서 요새를 굳게 지킨다면 남쪽의 왜적과 북쪽의 오랑캐를 충분히 막을 수 있다고 확신하였다. 따라서 피란할 생각으로 강화도에 궁궐을 수축하고 창고를 채워 임시로 편안하게 지내려는 계책을 버리고, 국왕이 싸워서 나라를 지키겠다는 강한 의지를 보여 줄 것을 건의하였다.

한편, 윤황은 자신이 주장하는 개혁 방안을 스스로 실천하여 모범을 보였다. 그는 자식들에게 사대부가 사회 지도층으로서 어떻게 생활해야 하는가를 보여 주었다. 「계제자서戒諸子書」를 통해 호란胡亂은 사치와 허영 때문에 생긴 것이니 구습을 깨끗이 씻어 버리고 근검절약하라고 당부하였다. 옷은 몸만 가리면 되고 음식은 배를 채우면 족하니, 비단옷을 굳이 입으려 하지 말고 맛있는 음식만을 찾지 말며, 주색을 삼가고 집안에서는 부모에게 효도하고 형제 간에 우애友愛가 있어야 하며, 벼슬길에서는 충성과 정직을 다해 가문의 명예를 떨어뜨리지 말라고 하였다. 또한 이번의 난리를 경험 삼아 절대로 구습을 답습하지 말고 지금부터는 모두가 농사짓거나 장사하거나 또는 베를 짜면서 머슴과 종과 함께 손을 나누어 생업에 힘쓸 것이며, 선비가 빈둥거리고 노는 버릇은 패가망신하는 병폐이니, 공부하는 사람도 아침에 나가 일하고 저녁에 들어와 책을 읽으라고 하였다. 특히 혼수·제수·생활용구·장신구·장례 등에서 절제와 검약의 구체적인 방법까지 제시하였다.[20]

그러나 윤황의 정치개혁에 관한 건의는 받아들여지지 않았고, 1636년 12월에 청나라가 다시 침입하는 병자호란丙子胡亂이 일어났다. 남한산성이 적에게 포위된 상황에서 조정은 다시 주화파와 척화파로 양분되었다. 윤황은 또다시 강하게 척화를 주장하였다. 그러나 주화론이 우세하여 인조의 출성出城이 목전에 다가오자 예조판서 김상헌金尙憲과 이조참판 정온鄭蘊은 화의를 반대하며 자결을 시도하였다. 윤황은 강화도가 함락된 다

윤황의 유묵遺墨.
(위 오른쪽부터 왼쪽으로)
윤황이 시집가는 딸에게
써 준 경계의 글인
「여계女戒」로, 모두 여덟
장이 남아 전한다.

음 날 상소를 올려, 화의를 배척했던 사람으로서 남한산성을 나가 오랑캐 적진으로 갈 것을 청하였으며,[21] 아들 윤문거尹文擧도 아버지를 대신해 성을 나가 적진에서 죽겠다고 상소하였다. 그러나 이는 받아들여지지 않았다.

윤황은 윤집尹集·오달제吳達濟·홍익한洪翼漢 등의 척화파들이 인질로 청나라에 끌려가게 되자 아들을 보내 송별하도록 하였다. 그리고 1637년 2월에 윤황이 올린 상소문에 불손한 구절이 있다는 이유로 삼사三司의 반대에도 불구하고 영동永同에 유배되었다.[22] 그는 8월에 유배에서 풀려나

윤황의 부조지전不祕之典
편액 외부(위)와 내부의
정조正祖 어제시(아래).
1798년 윤황은 척화의 공을
인정받아 불천위不遷位로
모셔지게 되었는데, 정조가
부조묘不祕廟를 세우도록
명하고 부조지전不祕之典
편액을 하사하였다.

금산錦山에 잠시 기거하다가 10월에 고향인 노성 병사리로 돌아왔다. 노성에 돌아온 윤황은 "나는 선조들의 묘소나 지키다가 죽겠다"고 선언하고 이후 타인의 문안을 사절하였으며, 시국에 관한 일을 절대 말하지 않았다. 1639년(인조 17) 4월 「가훈家訓」을 짓고, 5월에 병이 들어 6월에 육십구 세를 일기로 세상을 떠났다. 『인조실록仁祖實錄』에는 다음과 같은 그의 졸기卒記가 남아 있다.

　전 이조참의 윤황尹煌이 죽었다. 윤황의 자는 덕요德耀이다. 사람됨이 강하고 굳세며 기절奇節이 있었다. 선조 때 문과에 급제하여 내·외직을 두루 거쳤다. 광해의 정치가 문란하자 시골로 돌아갔다가 반정 초기에 사헌부의 직에 등용되었다. 강도江都에서 청나라와의 화친을 의론하게 되자 온 조정이 휩쓸렸으나, 홀로 화친을 극렬하게 반대하였다. 화친을 주장한 신하들을 유배 보내고, 오랑캐에 항복하여 나라를 배반한 장수들의 목을 베기를 청하였다. 또 말하기를 "오늘날의 화친은 사실상 항복이다"라고 하여 임금의 노여움을 격발하니, 임금이 귀양을 명하였으나 삼사三司가 힘써 유배만은 간신히 면하였다. 병자호란 이후에 또 화친을 배척한 것 때문에 죄를 받아 적소謫所에서 죽었다. 장사를 간소하게 치르고 염殮할 때 사인士人의 의복을 쓰도록 유언하였다. 일찍이 상제례喪祭禮에 관한 책을 손수 지었는데, 검약을 위주로 하였고 집안사람들도 따르도록 하였다.[23]

윤황이 적소에서 죽었다는 졸기의 내용은 잘못이다. 윤황은 유배에서 풀려나 고향인 노성 병사리에서 세상을 떠났으며, 묘소는 본래 지금의 노성면 가곡리 애감치 고개에 있다가 약 십 년 후 부인 성씨가 죽은 뒤에 장구동에 합장하였다. 행장은 우암 송시열宋時烈이 지었고, 묘지명은 청음 김상헌金尙憲이 썼으며, 묘표는 시남 유계兪棨가 지었다. 1710년(숙종 36) 영의정으로 증직되었으며, 1711년에 문정文正의 시호를 받았다. 노성의 노강서원魯岡書院, 영광의 용계서원龍溪書院, 전주의 반곡서원盤谷書院, 영동의 초강서원草江書院 등에 제향되었다. 슬하에는 후일 윤씨 가문의 핵심이 된 여덟 아들을 두었다.

충헌공 윤전

윤전尹烇(1575-1637)의 초명은 찬燦이고 자는 정숙靜叔이며 호는 후촌後村이다. 서울에서 태어난 윤전은 자주 시골집 노성현 당후촌塘後村에 머물러 있었으므로 '후촌선생'이라 불렸다. 어려서는 종실의 화천정花川正 이수붕李壽鵬에게 수학하였으며, 성장해서는 형 윤황과 함께 우계 성혼의 문하에서 배움을 이어 갔다.

1592년(선조 25) 임진왜란이 일어나자 아버지 윤창세를 모시고 천신

만고 끝에 고향 노성으로 피신하였다. 아버지가 의병을 모집하여 적과 싸우다가 1593년에 진중에서 사망하자 아버지를 잃은 슬픔으로 애통해 하다 몸이 극도로 쇠약해졌다. 그래도 독송讀誦을 멈추지 않아 거의 시력을 잃을 정도로 눈이 몹시 나빠져 평생의 질환이 되었다.

1610년(광해군 2) 과거에 급제하여 승문원 부정자副正字로 분관分館되었다가 1612년에 승문원 저작著作으로 승진하였다. 윤전은 사람됨이 강개하고 악을 미워하였다. 유생 이위경李偉卿이 이이첨李爾瞻의 사주를 받아 인목대비仁穆大妃를 폐위하라는 상소를 올리자, 윤전은 검열 엄성嚴惺과 함께 "모후를 동요하여 강상에 죄를 얻었다動搖母后得罪綱常"라는 방을 붙여 이위경에게 과거 응시 자격을 제한하는 정거停擧를 시키고자 하였다. 그러나 오히려 이이첨의 노여움을 받아 자신이 파면되는 수모를 겪었다.[24]

1614년 박사로 다시 등용되어 성균관 전적典籍과 사헌부 감찰監察을 거쳐 1615년에 호조좌랑이 되었다. 그러나 사간원 정언正言이 된 이위경 등이 전날의 감정을 가지고 탄핵을 하여 파면되고 관원의 명부인 사판仕版에서 삭제되었다.[25] 그는 조정의 혼탁함을 보고 세상과 절연하고 팔 년간 경기도에 있는 전장田莊으로 물러나 은거하였다. 인조반정仁祖反正으로 이이첨 등의 북인이 물러나면서 윤전은 경기도 도사都事로 복직하여 백성의 폐단을 수백 마디로 진달進達하였으나 감사 이서李曙와 의견이 맞지 않아서 체직되었다. 1624년(인조 2) 이괄李适의 난이 일어나 인조가 공주公州로 피란을 가자, 걸어서 인조가 있는 공주 행재소幸在所로 가서 왕을 호종하고 공조정랑이 되었으며, 환도 후인 1626년에는 사헌부 지평持平이 되었다. 지평으로 재임하면서 대사헌 박동선朴東善, 집의 엄성嚴惺 등과 함께 궁가宮家나 사대부가에서 땔감을 구할 수 있는 장소 즉 시장柴場을 불법으로 점거하고 풀을 베거나 나무를 하는 자들의 접근을 금지하는 고질적인 병폐를 적발하여 민원을 해결하기도 하였다.[26]

1627년 정묘호란丁卯胡亂이 일어나자 소식을 듣고 서둘러 환도하였으나

『충헌공실기忠憲公實記』.
병자호란 때 강화도에서
순절한 윤전의 사적을
기록한 실기로, 1795년
윤광안尹光顔이 엮었다.

수원에 도착하였을 때 이미 인조는 강화도로 피란하였고, 소현세자昭顯世子는 전주로 남하하고 있었다. 윤전은 호소사號召使 김장생金長生의 종사관이 되어 호남지역 각 읍을 돌면서 근위병을 모집하고 군량미를 확보하는데 최선을 다하였다. 호란이 마무리되고 호소사와 함께 입조하여 병조정랑이 되었다.

이후 공조정랑, 성균관 사예司藝, 예빈시 정正을 거쳐 익산 군수가 되었다. 익산은 마한馬韓의 도읍지로, 권문 세족들이 많아 역대 수령들에게 시비를 걸고 깎아내려 끝까지 소임을 다한 군수가 거의 없었는데, 그러나 윤전에 대해서는 헐뜯는 사대부가 없었을 뿐만 아니라 오히려 그의 덕을 칭송하였다. 그가 상소를 통해 국가가 부여한 역을 담당하지 않은 한정閑丁을 찾아내어 부족한 액수 즉 궐액闕額을 보충할 것과 미수된 군포軍布를 추징하여 군기軍器를 마련할 것을 건의하는 등[27] 군민軍民의 폐단을 적극적으로 해결하고자 노력했기 때문이다.

1633년에 종묘 서령署令과 성균관 직강直講을 거쳐 사헌부 장령掌令이 되었다. 당시 사신 신득연申得淵이 춘신사春信使로 청나라 심양瀋陽에 갔다가

충헌공 윤전 사우祠宇.
충남 공주.
윤전의 사후 1702년에
'충헌忠憲'이라는 시호가
내려졌고, 1807년에는
부조지전不祧之典을 받아
사당이 건립되었다.

가지고 간 예물을 전달하지 못하고 오히려 낭패스럽고 망측한 말들로 가
득한 오랑캐의 답서만 가지고 돌아왔다. 사신으로서 사리를 들어 이를
물리치지 못하고 임금을 욕되게 한 신득연에 대해 아무도 지적하는 사람
이 없자, 윤전이 그를 적극적으로 탄핵하였다. 그러나 광해군 때 폐모론廢
母論까지 주장하였던 신득연을 대사헌 강석기姜碩期가 같은 당파라는 이유
로 비호하자, 윤전은 장령을 사직하고 고향 집으로 돌아왔다.

1636년 윤전이 세자시강원世子侍講院 필선弼善으로 있을 때 병자호란丙子胡
亂이 일어났다. 그는 세자의 명을 받들어 먼저 빈궁嬪宮을 모시고 강화도로
들어가 적의 침입에 대비하였다. 그러나 청군에 의해 성이 함락되고 성
안에 있던 숙의淑儀와 빈궁, 봉림대군鳳林大君과 인평대군麟坪大君 등은 인질
로 끌려갔다. 북성北城을 순시하다 돌아온 윤전은 빈궁을 뵙지도 못하게
되자 식음을 전폐하고 송시영宋時榮·이시직李時稷 등과 함께 자결하기로 결

의하고 두 번이나 목을 매었으나 하인에 의해 구출되었다. 다시 허리에 차고 있던 패도佩刀로 자결을 시도했는데, 절명하기 전에 적을 만났다. 그는 적에게 "지금 내 칼이 짧아서 목이 끊어지지 않은 것이 한恨이다. 내 죽을지언정 어찌 너희 오랑캐에게 굴복하겠느냐? 이 흉측한 오랑캐놈아, 빨리 나를 죽여라"라고 크게 호통을 치고 마침내 순절하였다. 시신은 다음 해 3월 자손들이 거두어, 노성현 병사리 선영先塋에 산소를 모셨다.

1657년(효종 8) 송준길宋浚吉의 건의로 승정원 도승지로 증직되면서 순절을 인정받았다.[28] 그리고 1661년(현종 2)에 부제학 유계兪棨의 건의로 강화도에 있는 충렬사忠烈祠에 순절한 신하 김상용金尙容·심현沈誢·이시직·송시영 등과 함께 추향追享되었다.[29] 1702년(숙종 28)에는 이조판서로 추증되었고, 1706년에는 충헌忠憲이란 시호를 받았다. 그리고 1707년에는 충청도의 진사 이만성李萬誠 등의 상소에 따라, 조정에서 윤전과 윤순거尹舜舉를 노강서원魯岡書院에 추배할 것을 해당 부서에 명했으나 성사되지 못하였다.[30]

한편 1807년(순조 7) 윤전의 사당은, 나라에 큰 공훈이 있는 사람의 신주를 영구히 사당에서 제사 지내게 하는 특전인 부조지전不祧之典을 받았다. 처음에는 아들 윤원거尹元舉의 후손들이 살고 있던 부여군 초촌 지역에 세워졌으나, 1920년대 초반에 윤전의 처 해평윤씨와 아들 윤원거의 묘가 있는 공주시 계룡면 유평리에 사당과 종가를 새로 마련하였다.

서윤공 윤흡

윤흡尹熻(1580-1633)은 윤창세의 넷째 아들로, 자는 경탁景濯이다. 천성이 어질고 깨끗하여 집안에서는 어머니를 정성껏 봉양하고 형제들과 화목하였으며, 관직에 나아가서는 항상 말과 행실을 바르고 곧게 하였다.

1609년(광해군 1)에 사마시에 급제하고 1621년에 음서蔭敍로 이인찰방利仁察訪이 되었다. 1623년에 인조반정仁祖反正이 일어나 광해군이 폐위되고 인조가 즉위하여 전국 지방 수령들의 현부賢否를 가리기 위해 사람을 파견하였는데, 이때 윤흡이 최고로 평가되어 군자감軍資監 주부主簿로 승진되었다. 장례원掌隷院 사평司評이 되었을 때 전국에 흉년이 들었는데, 특히 영남이 심하였다. 조정에서 별도로 경관京官을 파견하였는데, 윤흡이 그 임무를 맡아 구휼을 잘하였다. 돌아와 형조좌랑과 호조좌랑을 거쳐 1626년에 한성부 판관判官이 되었다.

1627년 정묘호란이 일어나자 강화도로 임금의 어가御駕를 호종하였다. 전쟁이 끝나고 돌아와 장수현감이 되어, 백성을 자식과 같이 생각하고 다스려 평가에서 최고점을 받았다. 이 공으로 한성부 서윤庶尹으로 승진되었으나 부임 직전인 그해 2월 부종浮腫으로 오십사 세를 일기로 세상을 떠났다. 윤흡의 묘소가 있는 대전광역시 서구 구봉산九峰山 괴곡동槐谷洞은

윤흡 종가 전경.
윤흡의 묘소와 종가의 땅은 윤황이 신위지지神位之地로 잡아 둔 것을 아우 윤흡에게 준 것이다.

본래 둘째 형인 윤황尹煌이 1632년 전주부윤일 때 충주박씨들로부터 전장田莊을 취득하고 사후 음택의 신위지지神位之地로 잡아 둔 자리였다. 그러나 아우 윤흡이 아무런 준비 없이 갑자기 세상을 떠났으므로 윤황은 신위지지를 아우에게 준 것이다. 윤흡 묘소의 비문은 송시열宋時烈이 짓고 조카인 윤문거尹文擧가 썼다. 후에 맏아들이 원종공신原從功臣이 됨으로써 좌승지에 증직되었다.

전부공 윤희

윤희尹熺(1584-1648)는 노종 오방파의 막내로, 자는 계소季昭이다. 성품이 어질고 인물이 준수하였다. 어려서부터 아버지 윤창세와 형들의 교육을 받았으며, 가정의 교훈을 지키고 남의 모범이 되었고, 항상 존경받는 선비로 학문에 전념하였다. 그러나 그의 후손들이 일찍 세상을 떠나고 전해지는 문헌이 없어 관력이나 행적은 자세하게 알 수 없다. 감역監役을 시작으로 관직에 나아가 찰방察訪과 감찰監察, 전부典簿 등을 역임하였고, 후에 좌승지로 증직되었다.

부인은 절도사 홍창세洪昌世의 딸 남양홍씨인데, 아들이 없어서 형 윤흡의 다섯째 아들인 윤봉거尹鳳擧를 양자로 들였다. 아들 윤봉거는 호가 오로정五老亭 또는 청림옹青林翁이며, 감역을 역임하였다. 박휘길朴暉吉의 딸이자 절도사 홍창세의 외손녀인 무안박씨와 혼인하여 아들 윤개尹揩를 두었다.

윤희는 아버지 윤창세의 대를 이어 아버지의 외조부인 류연柳淵의 외손봉사外孫奉祀를 하였다. 류연에 대한 봉사는, 그의 아들이 일찍 죽어 큰 사위인 한여헌韓汝獻이 하다가, 한여헌이 벼슬살이로 외지에 나가게 되었기 때문에 둘째 사위인 윤돈尹暾이 맡았고, 그의 아들 윤창세가 대를 이어 봉사하였는데 이를 고향에 머물던 막내아들 윤희에게 외숙모 광릉이씨 분재 몫의 노비와 전답을 주고 봉사하도록 한 것이다. 그러나 재물이 줄어

들고 자손이 번창하지 못함으로 인해 궐사闕祀하게 되므로 종중 완의完議
에 의해 1840년(헌종 6)부터 문중에서 외손봉사로 제사를 모시게 되었
다.

3. 팔거, 조선 성리학의 명문대가 형성

파평윤씨 노종파魯宗派는 노성에 정착한 지 백여 년 만에 호서지방의 대표적인 사족으로 급성장했는데, 이는 노종 오방파를 형성하였던 오형제와 그들의 자녀 오십 인 때문이었다. 성장의 주도적인 인물은 노종 오방파 가운데 직계가 가장 번성한 윤황尹煌의 여덟 아들, 속칭 팔거八擧였다. 팔거는 윤훈거尹勛擧·윤순거尹舜擧·윤상거尹商擧·윤문거尹文擧·윤선거尹宣擧·윤민거尹民擧·윤경거尹耕擧·윤시거尹時擧이다. 특히 가학家學을 계승 발전시킨 이는 윤순거·윤문거·윤선거, 그리고 윤전尹烇의 아들로 사촌 간인 윤원거尹元擧였다.

윤순거·윤문거·윤선거는 형제이면서 붕우朋友였다. 매양 서로 모여 화기애애하게 학문과 덕행을 닦고 다듬었는데, 밤낮으로 연구하면서도 피곤한 줄을 몰랐다. 성정性情과 심의心意의 은미함, 일용하는 사물의 일상적인 것으로부터 세도가 성하고 쇠하는 운수, 국가가 다스려지거나 혼란해지는 이유에 이르기까지 부지런히 강론하고 토론하지 않은 것이 없었다. 때로는 의연하게 현실을 바로잡아 삼고시대三古時代를 회복할 생각을 하였다.[31]

이들은 당시를 대표하는 산림山林이었다. 산림은 원래 산림처사山林處士나 산림학자山林學者와 같이 관직에 나아가지 않고 은거한 인물을 상징적으로 일컫는 말인데, 조선 후기에는 초야의 선비가 아닌 국가적으로 대우받은 사림士林의 명망가를 가리켰다. 산림은 한 지역 사대부의 여론을 주도하고, 지역 사림의 천거권까지 보유하여 국정의 방향과 운영, 특정 붕당이나 정파의 성쇠에 큰 영향을 끼쳤다. 특히 인조반정仁祖反正으로 북인이 몰락하고 서인이 집권하자 이들은 국혼國婚을 유지하여 외척으로서의 지위를 잃지 않을 것과 산림을 중용할 것을 결의하였다. 1623년(인조 1)에 성균관에 사업司業이 설치된 것을 계기로 세자시강원 찬선贊善과 자의諮議, 세손강서원 익선翊善, 성균관 좨주祭酒 등 산림을 우대하기 위한 산림직山林職까지 만들어졌다. 이들은 일반 관원에 비해 파격적인 대우와 특권을 누리며 사림의 명망을 얻었다. 또 경연經筵과 서연書筵을 무대로 왕과 세자의 스승으로 활약했다. 대표적인 인물은 당대의 거유들인 김집金集·송시열宋時烈·윤휴尹鑴·윤선거尹宣擧·이현일李玄逸·권상하權尙夏 등이다. 특히 17-18세기에는 산림의 관계官界 진출이 활발하여 송시열·윤휴와 같이 붕당 내에서도 세력 있는 정치 집단을 형성하고, 각각 정파의 대표로서 예론禮論과 국정 운영 등의 문제를 정책으로 내걸기도 했다.

윤순거·윤문거·윤선거 등은 다른 산림들과 달랐다. 당시 산림들은 몸은 산에 있으나 마음은 서울에 가 있는 이들이 많았다. 그러나 이들 형제는 병자호란丙子胡亂을 계기로 서울과 인연을 끊고 모든 벼슬을 사양하였다. 그리고 고향에 은거하면서 그들의 성리학적 기반을 바탕으로 문중 교육기관인 종학당宗學堂을 건립하여, 자녀 교육에 힘써 다수의 문과 급제자를 배출하였다. 그리고「종약宗約」을 마련하여 종회를 정례적으로 개최하였으며, 의전義田을 설치 운영하였다.

윤순거, 문중 발흥의 중심에 서다

윤순거尹舜擧(1596-1668)는 노종 윤씨 문중을 발흥시킨 인물로, 문중 서당인 종학당과 문중 사람들의 귀감이 되는「종약宗約」을 만들었다. 그는 파평윤씨 문중 자제의 교육 기틀을 마련하기 위해 종학당을 건립하고 서책과 기물을 마련한 다음 스스로 초대 당장堂長이 되었으며, 종중宗中 자녀 교육을 통해 가학의 전통을 계승하고 문중을 이끌어 갈 인재들을 양성하였다. 당시 윤돈尹暾과 윤창세尹昌世의 후손들이 오방파를 이루며 한곳에 살면서 화목함을 유지하고 있었지만, 대를 거듭하면서 친족의 수가 늘어나 사방으로 흩어지면서 서로 사이가 멀어지는 것은 당연한 일이었다. 이에 종족 간의 위계질서를 유지하고 서로 화합하며 상생하기 위해 「종약」이 필요하였다. 친족을 아끼고 우애있게 지낼 것을 근본 취지로 하는 종약은 문중의 유지, 발전에 기본 틀이 되었다.

윤순거의 자는 노직魯直이며 호는 동토童土이다.[32] 노성 득윤촌得尹村에서 대사간 윤황尹煌과 성혼成渾의 딸 창녕성씨 사이에 둘째 아들로 태어나, 후일 큰아버지인 죽산부사 윤수尹燧가 후사를 이을 아들이 없자 양자로 입양되었다. 이는 할머니인 청주경씨 부인이 여중군자女中君子라 불릴 만큼 사리에 밝고 감식안이 있었는데, 윤순거가 어른을 공경하고 부모에게 효도하는 마음이 깊어 조상에 대한 제사를 잘 모실 것으로 판단하고 맏아들 윤수에게 양자로 들이도록 명한 것이다. 실제로 윤순거는 1617년(광해군 9) 양부養父 윤수가 세상을 떠나자 상제喪制를 철저하게 지켜, 모친을 뵐 때가 아니면 중문中門을 들어가지 않았다. 거의 삼년상이 끝날 무렵 몸이 수척해져서 뼈만 남았는데, 그것이 종신토록 고질병이 되었다.

윤순거는 어려서부터 원대한 뜻을 품고 십삼 세까지 서울에서 외삼촌인 성혼의 아들 창랑滄浪 성문준成文濬에게서 학문을 배웠다. 그 뒤 아버지 윤황이 사 년간 영광군수로 재임하는 동안 그곳에 살던 수은睡隱 강항姜沆에게 십팔 세까지 시문詩文을 공부하였다. 십구 세 이후에는 사계沙溪 김장생金長生의 문하에 들어가 공부하였는데, 함께 공부하던 선비 가운데 그를 따라올 자가 없었다.

그는 광해군 말년에 윤황이 반대파의 탄핵을 받아 고향 노성현으로 돌아와 은거하자, 사촌인 용서龍西 윤원거尹元擧와 함께 과거를 포기하고 독서에 전념하며 성현이 되기를 기약하였다. 당시 윤황은 1616년(광해군 8) 탄핵으로 낙향하여 칠 년간을 고향에 머무르면서 율곡의 「보인당기輔

파평윤씨 노종파 가계도

* '出'은 양자로 나감을, '系'는 양자로 들어옴을 뜻한다

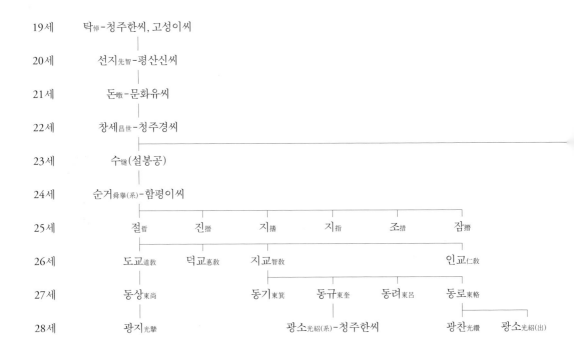

황煌(문정공)-창녕성씨　　전烇(충헌공)　　흡熻(서윤공)　　희熺(전부공)

훈거勳擧　　순거舜擧(出)　　상거商擧　　문거文擧　　선거宣擧-공주이씨　　민거民擧　　경거耕擧　　시거時擧

변抃　　　　　　　　　　　　　　　증拯-안동권씨　　　　　　　　　　추推　　발發　　졸拙　　읍挹

경교敬教　　　　　　　　　　　행교行教-은진송씨　　충교忠教　　자교自教

동로東魯　　　　　　　　　　　동원東源-동협정씨　　　　　　　동수東洙

　　　　　　　　　　　　　　　광집光緝

29세　　　　　　　　　　　　　홍기弘基　　　　정기定基

30세　　　　　　　　　　　　　영진永鎭

31세　　　　　　　　　　　　　자만滋萬　　　　자천滋天　　자방滋芳

32세　　　　　　　　　　　　　상갑相甲

33세　　　　　　　　　　　　　주병疇炳　　　　규병圭炳　　도병衢炳　　호병弧炳

34세　　　　　　　　　　　　　하중夏重　　　　기중岐重

35세　　　　　　　　　　　　　석우錫禹　　　　석철錫喆　　석균錫昀　　석홍錫洪　　석영錫永

36세　　　　　　　　　　　　　여종汝宗　　　　여승汝昇

37세　　　　　　　　　　　　　경식景植　　　　완식完植

仁堂記」를 기치로 향학을 장려하고 있었다.「보인당기」는 율곡의 발문跋文으로 1566년(명종 21) 8월에 작성한 것이다. 이때 학생으로는 윤순거·송시열宋時烈·송준길宋浚吉·김익희金益熙를 비롯하여 윤원거·윤상거·윤문거·윤민거·윤선거·윤중거·윤훈거·윤홍거·윤봉거 등 노성 윤씨가 다수였다.

1623년 인조반정으로 서인이 정권을 장악하자 윤순거는 비로소 과거 공부를 시작하였다. 그는 고문사古文詞를 좋아하여 과거 공부에는 별로 힘을 기울이지 않았기 때문에 번번이 낙방하다가, 1633년(인조 11)에 사마시에 합격하여 내시교관內侍教官에 임명되었으나 환관들과 가까이 지내는 것을 싫어하여 벼슬을 버리고 향리로 물러났다.

1636년 병자호란丙子胡亂이 일어나자 윤황은 청과의 화의를 반대하며 주화파를 공격하다가 이듬해 영동永同으로 귀양 가고, 숙부 윤전尹烇은 강화도에서 청군과 대치하다가 순절하였으며, 동생 윤선거의 처 공주이씨 역시 강화도에서 순절하였다. 이에 윤순거는 사촌 윤원거와 함께 나라의 변고에 통분하며 고향 노성으로 내려와 학문에 전념하였다. 그리고 윤원거·윤선거와 함께 아버지 윤황이 지은 「가훈」을 바탕으로 「종약宗約」을 완성하고 종학당을 건립하였다.

윤순거는 그 뒤 서울에는 발걸음을 끊고 때로 산과 바다를 유람하며 안빈낙도安貧樂道의 삶을 꿈꾸었다.

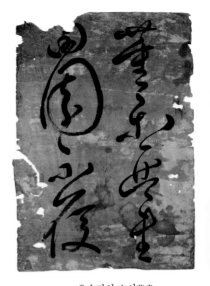

윤순거의 초서草書 유묵遺墨.
윤순거는 문장과 글씨에 뛰어난 학자로, 문중 서당인 종학당宗學堂과 「종약宗約」을 만들어 문중을 발흥시켰다. 글씨로도 명성이 자자했는데, 특히 초서를 잘 썼다.

세상에는 시고 짜고 쓴 맛이 갖추어져 있지만	世味酸醶苦備嘗
담박함이 가장 좋은 줄 비로소 알았네	始知淡泊最爲長
이익과 명예를 따짐은 모두 사라지고	利名計較都消盡
다만 빙호에 가을 달 같은 마음만 있네[33]	只有氷壺秋月明

윤순거는 헛된 명예를 좇는 세태 속에서, 군자로서 욕심이 없고 깨끗한 마음의 담백하고 소박한 삶을 추구하였다. 그 결과 이익과 명예를 바라는 마음은 사라지고, 빙호에 비친 가을 달과 같은 깨끗한 마음 상태에 이르게 되었다.[34]

1645년(인조 23) 가을 윤순거는 「종약」을 완성하고, 오방五房은 「종약」에 각기 파조의 제사를 모시는 위토位土를 각자 수답水畓 일곱 마지기씩 거출하여 마련하고, 여재餘財가 있으면 더 마련하도록 하였다. 이로써 오방이 각자 제사를 모시게 됨으로써 윤순거는 「종약」에 오방파로 명시하고, 각자 독립 종중을 구성하여 노종魯宗 오방파가 탄생하게 된 것이다. 즉 노성 병사의 설봉공파雪峰公派 종중, 노성 장구리의 문정공파文正公派 종중, 계룡 버들미의 충헌공파忠憲公派 종중, 대전 구봉산 괴곡동의 서윤공파庶尹公派 종중, 부여 도고머리의 전부공파典簿公派 종중 등이 그것이다.

1645년 윤순거는 대군사부大君師傅를 제수받았다. 절개를 지킨 많은 선비들이 벼슬길을 버리고 시골에 은거한 상황에서, 그는 어머니의 연세가 많고 집이 가난하여 벼슬길에 나섰다. 관직생활을 시작하면서 "임금의 명은 공손하게 받들고 따라야지 오만한 자세로 고상한 척해서는 안 된다. 자기 분수를 헤아려 처신하지 않고 억지로 명분만 내세워서는 안 된다. 의義를 행할 수 있다면 낮은 벼슬도 부끄러워하지 않겠다. 존엄과 부귀를 사양하고 비천과 빈곤에 처한다. 현재 처한 자리에 맞게 행동하고 그 일을 고상하게 여긴다"라며 자신의 벼슬살이에 대한 소신을 분명하게 하였다.[35] 따라서 사부로 지내는 삼 년 동안 인평대군麟坪大君이 그를 매우 공경하고 중히 여겼다.

1648년 상의원尙衣院 주부主簿가 되었으며, 형조좌랑을 거쳐 안음현감에 임용되었다. 관사에서 어머니 성부인을 모셨는데, 얼마 되지 않아 돌아가시자 고향 선산 장구동에 윤황과 합장으로 장례 지내고, 묘소 아래에 머물면서 시묘살이를 하였다.

윤순거는 1652년(효종 3)에 의령현감이 되었다. 의령에는 산전山田에서 거둬들인 좋은 삼베인 세포細布가 매우 많았는데, 전후戰後의 수령들이 모두 이를 사사로이 취하였다. 이에 반해 윤순거는 하나도 취하지 않고 모두 고을의 유사有司들에게 맡겨 백성들의 민역民役에 보태도록 하였고, 의령 백성들은 그의 청빈함과 덕을 칭송하여 공덕비를 세워 추모하였다. 한편 윤순거는 추강秋江 남효온南孝溫이 이 고을 출신이고, 퇴계退溪 이황李滉 또한 일찍이 여기서 우거하였음을 알았다. 남효온은 김종직金宗直의 문인이고 생육신生六臣 가운데 한 사람이며 문종의 비 현덕왕후顯德王后의 능인 소릉昭陵의 복위를 주장하다가 갑자사화 때 부관참시剖棺斬屍를 당한 인물로, 윤순거는 그를 같은 생육신인 매월당 김시습金時習처럼 반드시 후세에 전해야 할 인물로 생각하였다. 그리고 이황의 유적을 방치하여 사라지게 하는 것은 선비의 도리가 아니라고 생각하여, 이들을 존숭하기 위해 두 사당을 세우고 몸소 향음주례鄕飮酒禮를 행함으로써, 고을 선비들의 풍속이 그로 인해 흥기되었다.

1655년에는 벼슬을 버리고 고향으로 내려갔다가, 이듬해 종부시宗簿寺 주부主簿로 돌아와 공조정랑을 거쳐 금구현령金溝縣令이 되었다. 이때 그의 스승 강항姜沆의 행장을 짓고, 유고를 엮어서 문집 『수은집睡隱集』을 편찬하여 사비를 들여 간행하였다. 아울러 강항이 임진왜란 때 포로로 잡혀 가서 보고 들은 일본의 풍속과 지리, 군사 정세 등을 기록한 책인, '죄인이 타는 수레'라는 뜻의 『건차록巾車錄』을 『간양록看羊錄』으로 개명하여 간행하였다. 이같은 사업들을 통해 강항의 지조와 절개를 세상에 널리 알리고자 하

윤순거 신도비神道碑.
충남 논산.
윤순거는 고향 노성으로
내려와 학문에 전념하면서
외침을 당한 백성들에게
존왕양이尊王洋夷 사상을
고취시켰다.

었다. 이를 통해 강항은 마침내 추증되는 은전을 입었다. 윤순거는 임진왜란과 병자호란 등 외침을 당한 우리 백성들에게 존왕양이尊王洋夷의 사상을 고취시키고자 하였다.

1660년(현종 1)에는 공조정랑으로 서울로 돌아왔다가 다시 영월군수로 내려갔다. 영월은 어린 나이에 세조에게 왕위를 빼앗긴 단종의 유배지로, 상왕上王이던 노산군魯山君(단종)의 묘 노릉魯陵이 있었다. 윤순거는 단종의 사묘祠廟인 지덕암旨德庵을 중건하고 단종과 관련된 모든 기록을 수집하여 『노릉지魯陵誌』를 편찬하였다. 『노릉지』는 영월 관아에 소장되었던 『노릉록魯陵錄』을 보고 누락된 부분이 많음을 안타깝게 여긴 나머지 선인들의 문집이나 기록 중에서 단종과 관계된 자료를 수집하여 두 권의 책으로 간행한 것이다. 『노릉지』의 편찬 의도는 사육신의 원한을 씻어 주고 군신 간의 의리를 밝히는 데 있었다.[36]

『노릉지』를 읽은 숙종은 1681년(숙종 7) 노산군을 노산대군으로 추봉하고, 윤순거가 죽은 지 삼십 년 후인 1698년에 노산대군을 복위시켜 묘호를 단종端宗이라 정하고 위패를 태묘에 모셨다.[37] 그리고 1673년 홍문관에 장령 윤순거尹舜擧가 지은 『노릉지』를 하사하여 일람하게 하고, 사육신을 묘정廟庭에 배향하였다.[38] 이처럼 이 책은 불사이군不事二君의 정신을 통해 군신의 도리를 보여 줌으로써 단종의 복위와 사육신의 신원을 회복하는 데 중요한 근거가 되었다.

1665년(현종 6) 윤순거는 사헌부 장령掌令에 임용되었으나 동생 윤선거가 역시 사헌부 집의執義에 제수되었기 때문에 자신이 적임자가 아니라는 상소를 올려 스스로 사퇴하였다.[39] 그 뒤 사직서 영令, 군자감 정正, 예빈시 정, 상의원 정 등을 지내다가 1668년 세상을 떠났다. 평소 공자만큼의 수명만 얻으면 족하다고 하였는데, 그 역시 공자와 마찬가지로 칠십삼 세를 일기로 생을 마감하였다. 연산의 구산서원龜山書院, 영광의 용계사龍溪祠, 김제 금구의 구성서원九成書院에 제향되었다. 행장은 윤증尹拯이 쓰고, 묘지명은 영의정 최석정崔錫鼎이 찬하였다.

한편, 윤원거尹元擧(1601-1672)는 팔거八擧는 아니지만 가학을 계승 발전시키는 데 큰 역할을 하였다. 그는 윤순거의 사촌동생으로, 병자호란 때 아버지 윤전尹烇이 강화도에서 순국한 모습과, 당쟁으로 바른 말이 받아들여지지 않는 조정에 실망하여 평생 글을 벗삼아 초야에서 청아한 삶을 살았다. 그는 당파와 무관하게 송시열宋時烈과 권시權諰, 윤휴尹鑴 등과 교유하였으며, 사촌인 윤순거·윤문거·윤선거 등과 함께 문중 자제들에게 강론하였다.

윤원거는 자가 백분伯奮, 호는 용서龍西로, 아버지 윤전과 어머니 해평윤씨 사이에 첫째 아들로 태어났다. 어머니 해평윤씨는 첨지공 윤환尹晥의 딸이며, 문정공 윤근수尹根壽의 손녀이다. 윤원거는 1601년(선조 34) 외조부 윤환이 현감으로 재직하던 강원도 이천현伊川縣 관아에서 태어났다. 전날 저녁 외증조부 윤근수의 형으로 영의정을 지낸 문충공 윤두수尹斗壽의 부음이 전해졌다. 외조부 윤황尹煌의 꿈에 어떤 사람이 나타나서 "너희 집안에서는 슬퍼하지 마라. 지금 다시 한 대인이 강생降生할 것이다" 하므로 윤황이 놀라 깨어 물으니 윤원거가 태어났다고 하였다. 어려서부터 뛰어난 자질을 가지고 있었으며, 용모는 시원하고 활달하였다. 조모인 청주 경씨는 일찍이 윤원거를 보고 "좀 전에 한 모퉁이가 밝고 환해서 내가 달이라고 생각했더니 바로 너였구나"라며 손자들 가운데 특별히 아꼈다.[40]

윤원거는 어려서부터 의지가 굳세고 기개 있고 담대하여 천만 명이 있는 곳이라도 두려워하지 않을 정도였다. 십사 세에 정시庭試에 응시하였는데, 가뭄에 대해 질문을 하니 "이이첨李爾瞻을 죽이면 하늘이 비를 내릴 것이다"라고 대답하였다. 이이첨은 광해군이 총애하는 신하로 최고의 권력을 가진 자였기 때문에 사람들이 모두 혀를 내두르며 감탄하지 않은 이가 없었다.

권경權儆이 길에서 윤원거를 만나 칭찬하였는데, 마침내 사위로 삼게 되었다. 권경은 지봉芝峯 이수광李睟光의 사위였다. 이수광은 윤원거가 재주 있다는 말을 듣고 시험해 보고자 운을 부르고 '천天'을 제목으로 삼아 즉석에서 시를 짓게 하였더니, 다음과 같은 시를 지었다.

조화의 성하고 쇠함은 초목을 보고 알고	造化盛衰看草木
음양이 열리고 닫힘은 곤충을 보고 아네	陰陽開闔識昆蟲
사람이 나고 죽는 것은 조석에 달려 있는데	人生人死隨朝夕
성인의 도는 시종 길이 보전되어 있다네	聖道長存與始終

이수광은 이치에 통달한 훌륭한 글이라며 극찬하였다. 당시는 광해군 재위 기간으로, 정국이 혼란하여 아버지 윤전尹烇도 버슬을 그만두고 시골집에 머물러 있었다. 윤원거도 과거에 뜻을 두지 않고 처외조부 이수광의 문하에서 실학을 공부하였다.

1623년 인조반정仁祖反正으로 북인 세력이 물러나자 윤원거는 비로소 과거에 응시하여 초장과 중장에 합격하였으나, 조모 청주경씨의 상을 당하여 복시覆試는 응시하지 않았다. 1625년에는 사촌형 윤순거와 함께 사계沙溪 김장생金長生의 문하에 들어가 공부하였다.

1627년 정묘호란丁卯胡亂이 일어나자 인조는 강화도로 피란하고, 소현세자昭顯世子는 이원익李元翼 등의 호위를 받으며 전주로 향하고 있었다. 윤원거는 이때 이산尼山에 있었는데, 윤순거와 함께 이산현의 유생들을 이끌고 길가에서 이들을 맞이하였다. 세자를 호위하던 이원익은 세자의 명에 따라 여러 유생들을 만나서 시무時務에 대해 질문하였다. 윤원거가 홀로 소리 높여 대책을 제시하자, 이원익은 좌우를 둘러보며 이름을 물어보고 말하기를 "전에 이름을 들었는데 과연 기이한 선비로다" 하였다. 그리고 나중에 윤황을 만나 훌륭한 조카를 두었다며 극찬을 하였다.

윤원거는 1633년 생원시와 진사시에 합격하고 1635년 성균관에서 공부하였다. 이때 이이李珥와 성혼成渾을 문묘에 제향하는 문제를 논의하여 장차 상소를 올려 청하고자 하였다. 그런데 재임齋任을 맡은 자들이 이의를 제기하였다. 이에 윤원거는 유생 전원이 모인 자리에서 자신의 논리를 피력하였다. 그러자 권귀중權貴中이라는 자가 "성인은 성인만이 알 수 있는데 현재 우계와 율곡만 한 자가 있는가"라고 반박하였다. 이에 윤원거는 다시 "공자와 맹자 뒤에 공자와 맹자가 없었고, 주자와 정자 뒤에 주자와 정자가 없었지만, 후세 사람들은 모두 공자와 맹자, 정자와 주자를 안다"고 재반박하였다. 이에 권귀중이 응대하지 못하자 사론士論이 통쾌하게 여겼다.

1636년 병자호란丙子胡亂이 일어나자 "적의 선봉이 불과 백여 기에 지나지 않고 추위로 인하여 지쳐 있을 것이니, 이를 맞아 싸워 죽이거나 사로잡기는 쉬운 일이다. 또한 오랑캐의 정예병이니 이들을 사로잡으면 오랑캐는 반드시 기가 꺾일 것이다"라고 생각하여 임금에게 간하려고 하였다. 그러나 도중에 빈전殯殿을 모시고 강화도로 들어가는 아버지 윤전尹烇을 만나, 임금은 이미 남한산성으로 피란하였으니 가족을 인솔하여 고향으로 피하라는 뜻에 따라 이산으로 내려왔다. 이산에 도착하여 김집金集이 의병을 일으키려 한다는 말을 듣고 가서 따랐다. 그러나 강화도가 함락되었고, 아버지가 순국하였다는 소식을 듣고 영구靈柩를 모셔와 전날의 유언에 따라 병사丙舍에 산소를 모시고 삼 년간 시묘살이를 하였다.

이후 윤원거는 과거 공부를 그만두고 인간 세상과 인연을 끊고 살려고 노성의 동쪽에 있는 계룡鷄龍의 서쪽에 살 자리를 마련하였다. 그리고 그 뜻을 취하여 스스로 용서龍西라는 호를 지었다. 윤순거와 의기투합하여 학문을 토론하고 후생을 가르치기로 작정하고 종학당宗學堂을 건립하였으며, 그곳에서 윤선거와 함께 집안의 자제들을 가르치며 즐거워하고 근심을 잊었다. 1646년에는 김집의 거처와 가까운 연산連山으로 옮겨 서로 왕래하며 친하게 지냈다. 그리고 윤선거尹宣擧와 유계兪棨 등을 만나『주역

周易』을 강하기도 하였다.

1653년(효종 4)에 제릉참봉齊陵參奉으로 처음 제수되었다. 이어서 1656년에 의금부 도사로 제수되었으며, 1658년에는 조복양趙復陽의 천거로 공조좌랑이 되었다. 그리고 이듬해에는 공조정랑으로 제수되었으나 나아가지 않았다. 그러나 효종이 승하하자 궐문 밖으로 달려가 곡하였고, 국상의 장례 행렬을 통곡하며 전송하였다.

현종이 즉위하면서 윤원거는 종부시宗簿寺 주부와 성균관 사업司業에 제수되었으나 숙배하지 않고 고향으로 돌아왔다. 1660년(현종 1)에는 이조판서 송준길과 이조참의 조복양의 천거로 두 차례에 걸쳐 사헌부 지평에 제수되었다.[41] 그러나 윤원거는 강화도에서 부친이 화를 당했기 때문에 남은 생애 동안 벼슬길에 나아가지 않겠다는 뜻으로 상소하였는데 허락받지 못하여 재차 상소하였다. 상소에서 그는 인재 등용과 관련하여 자신의 견해를 다음과 같이 밝혔다.

나라에 백성이 된 자가 넷이 있으니 사士·농農·공工·고賈입니다. 그리고 선비의 품격에는 셋이 있습니다. 도덕에 뜻을 두고 있는 선비, 공명에 뜻을 두고 있는 선비, 부귀에 뜻을 두고 있는 선비입니다. 선비의 경우에만 세 종류가 있는 것이 아니라 임금의 경우에도 마찬가지입니다. 임금이 도덕에 뜻을 두고 있으면 도덕에 뜻을 둔 선비가 나오고, 공명에 뜻을 두고 있으면 공명에 뜻을 둔 선비가 나오고, 부귀에 뜻을 두고 있으면 부귀에 뜻을 둔 선비가 나옵니다. 신은 전하의 뜻이 어디에 있는지 감히 알지 못하겠습니다. 전하께서 도덕에 뜻을 두지 않는다면, 신하들은 다만 부귀로 마음을 삼아 구차하게 헛된 명성만 따르고 형식적인 것만 일삼을 것입니다. 그리하여 날마다 부지런히 인재를 널리 부르더라도 인심을 맑게 하고 세상의 도를 다스리기에는 부족할 것이고, 요행을 바라는 문門과 분경奔競을 일삼는 길이 또한 이로 말미암아 크게 열릴 것입니다.[42]

보인당輔仁堂. 충남 논산.
1566년에 노성현감
유몽열柳夢說의 주도로 처음
건립되었으나 이후 점차
황폐해졌는데, 이를 1624년
윤원거 · 윤순거 · 윤선거
등이 재건하여 이곳에서
후손과 마을의 인재들을
훈도하였다.

　　당시 조정에서는 복제服制 문제로 서인과 남인 간에 논쟁이 벌어지고
있었다. 윤원거는 당색을 초월하여 남인인 권시權諰 · 윤휴尹鑴와 교류하며
친하게 지냈다. 그런데 권시가 복제와 관련된 윤선도尹善道의 상소를 두둔
하다가 파직되었다. 이에 대해 윤원거는 "권시가 논한 바를 가지고 만약
의견의 차이라고 한다면 옳지만 사당邪黨으로 지적하는 것은 옳지 않다"
고 하였다. 이 말로 인해 서인의 영수인 송시열宋時烈과 사이가 틀어지게
되었다.[43]

　　1661년(현종 2) 윤원거는 다시 장령掌令에 제수되었으나 나아가지 않
고 보인당輔仁堂을 재건하여 후손들과 마을의 인재를 모아 가르쳤다. 당시
이산尼山에는 선비들이 수양하고 학문을 닦던 곳으로, 율곡栗谷 이이李珥가
기문記文을 지은 적이 있는 보인당이 있었다. 황폐한 지 이미 오래된 것을
1624년(인조 2)에 윤원거가 윤순거 · 윤선거 등과 함께 수리하여 복원하

고 동재와 서재를 건립하여 이곳에서 선비들을 가르치고 마을의 인재를 뽑아 훈도하였다.

이후 조정에서는 윤원거를 사헌부 장령掌令, 성균관 사업司業 등으로 여러 차례 제수하였으나 나아가지 않았다. 1669년(현종 10)에는 윤원거를 비롯한 윤문거·윤선거·윤증까지 모두 한꺼번에 불렀으나 모두 나아가지 않았다. 그리고 1670년에는 세자를 가르치는 시강원侍講院 진선進善에 제수되었다. 윤원거는 나이가 많아 죽을 날이 가까우니 한마디 말이 없어서는 안 되겠다고 생각하여 세자를 교육하는 방법 등을 상소하였다.

1672년, 윤원거는 무덤에 비석을 세우지 말라는 유언을 남기고 칠십이 세를 일기로 세상을 떠났다. 묘소는 공주시 계룡면 유평리 판치에 있다. 이조참판로 증직되었으며, 노강서원魯岡書院에 제향되었다.

윤문거, 척화의 신념을 지키다

윤문거尹文擧(1606-1672)는 확고한 척화斥和의 신념으로 관직을 버리고 평생 초야에 묻혀 살았다. 그는 척화의 수창자首唱者인 아버지 윤황尹煌과 마찬가지로 호란을 일으킨 청나라에 대하여 적극적으로 척화를 주장하는 상소를 올렸다가 체직되었다. 그러나 효종이 즉위하면서 은밀하게 북벌을 도모하던 조정에서는 윤문거와 같은 인물이 절실하였다. 그는 자신의 '불충불효不忠不孝'를 반성하고 사죄하겠다는 태도로 모든 관직을 거절하였다.[44]

윤문거는 자가 여망汝望이며 호는 석호石湖이다. 아버지 윤황과 어머니 창녕성씨 사이에 넷째 아들로 태어났다. 십팔 세에 선교랑宣教郞 이탁李琢의 딸 평창이씨와 혼인하였다. 젊어서부터 문장에 힘쓰고 경학에 밝아 1630년(인조 8)에 생원시에 합격하고, 1633년 문과에 급제하였다. 승문원承文院 권지부정자權知副正字에 분관되고 사관史官에 임용되었으나, 나라의 형세가 위태롭고 불안하자 세상을 멀리할 의도로 이를 사양하였다. 그러나 아버지 윤황이 대사헌과 대사간으로 국정에 참여하고 있어서 단호하게 관직을 뿌리치지는 못하였다. 마침내 승정원 주서注書와 승문원 설서說書를 거쳐 사간원 정언正言이 되었다. 윤문거는 사간원 정언으로서 청나라에 대해 척화를 주장하였다. 당시 조정은 청에 대해 주화파와 척화파로 양분되어 있었는데, 윤문거도 그의 아버지처럼 척화를 주장하다가 체직되었다.

1636년 12월에 일어난 병자호란丙子胡亂은 윤문거의 운명을 바꾸어 놓았다. 난이 일어나자 윤문거는 윤황과 함께 남한산성에서 임금을 호종하였다. 다음 해 형세가 기울어 강화도가 일찍 함락되자 조정에서는 청나라의 요구를 들어주기 위해 척화파들을 적진으로 보내기로 결정하였다. 1월 22일 최명길崔鳴吉이 척화자는 자수해야 한다고 주장하자, 김상헌金尙憲과 정온鄭蘊이 자수하여 압송될 것을 청하였다. 이때 척화파의 주도자인 윤황은 병세가 위독하여 거동할 수 없는 형편이었기 때문에 윤문거는 아버지에게 이 일을 알리지 않았다. 22일 밤 조정에서 "전후의 척화인들은 자수하라"는 명령을 내렸다. 그리고 윤문거에게 부친을 압송하겠다고 협박하며 지난해 사헌부 대각臺閣에서 척화를 주장했던 사람들의 명단을 말하도록 하였다. 다음 날 다른 사람을 통해 이 사실을 알게 된 윤황은 아들을 크게 책망하며 노비의 등에 업혀 조정으로 가서 척화를 주장한 자신이 청나라에 잡혀가야 한다는 상소를 올렸다.[45] 윤문거는 윤황을 대신하여 오랑캐의 진영에 가겠다는 상소를 올렸으나 허락되지 않았다.[46] 이후 아버지 윤황은 상소 내용 가운데 불손한 구절이 있다는 이유로 영동으로 유배되었고, 윤문거는 병조좌랑을 거쳐 다시 사간원 정언이 되었는데, 병을 핑계로 사직하였다.

1638년 1월 윤문거는 홍문관 부수찬에 임명되었으나 자신은 '불충불효不忠不孝'를 저지른 사람이라고 자책하며 사직하였다.[47] 이후 윤문거는 아우 윤선거와 함께, 유배에서 풀려나 고향으로 돌아온 아버지를 모시고 살았고, 홍문관 부교리로 임명되었으나 사양하였다. 그리고 1639년 세상을 떠난 아버지 윤황의 무덤가에서 삼 년간 시묘살이를 마치고 1642년에 홍문관 수찬修撰에 제수되었으나 역시 나아가지 않았다.

윤문거는 1643년 6월 제천현감에 부임하여 이 년가량 그 직을 수행하였다. 제천현감은 내직內職을 사양하고 외직外職을 청해서 얻은 것으로, 이는 노모를 편안히 봉양하기 위한 것이었다. 제천현감으로 있으면서 요역徭役을 덜어 주고 유학을 진흥시켰으며, 제방을 수축하고 농업을 권장하는 등의 치적을 남겼다. 또한 스스로는 청렴하게 처신하고 아랫사람들에게는 엄격하게 임하여, 제천 관내가 이에 힘입어 편안하게 되었다고 전해진다.[48]

1646년 고향 이산尼山에서 이른바 '황지潢池의 변變'이라는 반란이 일어났다. 마을 사람 김충립金忠立이 이를 윤문거에게 알리자, 윤문거는 김충립에게 관청에 고하도록 하였다. 그리고 자신도 전 군수 윤형각尹衡覺을 만나 이웃 석성군수 민진량閔晉亮, 이산현감 유동수柳東秀 등과 협력하여 반란자들을 체포하라고 말하고 집으로 돌아왔다. 반란이 평정되고 논공행상을 할 때 윤문거는 정삼품 당상관의 품계인 통정대부通政大夫를 받았다. 그런데 정작 김충립은 반란 음모를 즉시 관에 알리지 않았다는 이유로 삭훈削勳과 유배를 당하게 되었다. 윤문거는, 자신은 반란의 평정에 아무런 공이 없으며 또한 관에 고하지 않은 것은 김충립과 마찬가지인데, 한 사람에게는 상을 주고 다른 한 사람에게는 벌을 주는 것은 부당하다는 상소를 올렸다. 결국 공적을 조작한 유동수의 거짓이 드러나 김충립은 풀려났다. 윤문거는 그대로 통정대부로 남게 되었지만, 뚜렷한 공 없이 상을 받는 것을 부끄럽게 여기고 마음에 부담을 느꼈다.[49]

인조가 승하하고 효종이 즉위하자 다시 윤문거를 승정원 승지承旨로 임명하였지만, 사양하였다. 그러나 동래부사로 제수되자 이를 사양하지 못하고 1651년(효종 2) 부임하였다. 당시 왜倭의 정세가 수상하여 경향京鄕이 모두 근심하고 있었는데, 이를 사양할 경우 "변방의 험난한 곳을 꺼린다"는 오해를 받을 우려가 있어서 부득이 동래부사로 일 년 반 정도 직무를 수행하였다. 그는 먼저 유학儒學을 진흥시키는 데 힘써 생도를 선발하여 몸소 가르치고 관내에 향약을 시행하였으며, 임진왜란 때 순직한 송상현宋象賢과 정발鄭撥을 모신 충렬사忠烈祠를 이건하였다. 또한 보역청保役廳을 설치하여 군병의 요역을 면제하고 오로지 포를 쏘는 기술의 훈련에만 전념하도록 하였으며, 특히 조총의 사거리를 늘리고 명중률을 높이도록 개조하였다.

동래부에 설치된 왜관에는 본래 잡인들의 출입이 엄격하게 금지되었으나, 통제가 느슨해지면서 우리나라 사상私商이나 통역관과 같은 모리배들이 임의로 출입하면서 왜인들에게 많은 빚을 지게 되었다. 왜인들은 동래부사를 찾아와 빚을 받아 줄 것을 청하였다. 윤문거가 비변사備邊司에 장계狀啓를 올려 이 일을 보고하자, 조정에서는 접위관接慰官을 보내 조치하도록 하였다. 윤문거는 이에 대한 근본적인 해결책을 마련하기 위해 다시 장계를 올려 왜관대청개시법倭館大廳開市法을 수복하고자 하였다. 본래 이 법은, 교역하고자 하는 양국의 물건을 왜관의 뜰에 진열하고, 우리나라의 통역관과 감시관 등이 왜관의 대표 관리와 함께 대청에 앉아 교역을 감시하는 것으로, 사사로운 교역의 폐단을 막기 위한 것이었다. 윤문거는 이 법이 무너짐으로 인해 국가의 기밀이 새나가고 또한 많은 부채가 생기게 되었다고 판단하여, 이를 수복하고자 조정에 청한 것이다. 그리하여 윤문거 덕분에 법이 다시 엄격히 시행되자 이에 원한을 품은 상인과 통역관 들은 1652년(효종 3) 9월 왜관의 대표 관리가 구십여 명의 왜인을 이끌고 동래부 관아에 몰려와 난동을 부리도록 사주하였다. 조정에서는 이를 막지 못한 부산첨사 정척鄭侙을 처벌하였지만, 윤문거는 폐단을 고치고자 하는 의도가 있었으므로 바로 추고推考하지는 않았다.[50] 그러나

12월에 청죄소請罪疏를 올리고 동래부사직에서 물러났다.

1653년 영중추부사 이경여李敬輿의 건의로 사면된 윤문거를 조정에서는 다시 9월에 승지에, 10월에 호조참의에, 11월에는 경주목사에 임명하였다. 그리고 1654년 2월에 형조참의, 3월에 공조참의, 4월에 이조참의, 5월에 대사간에 임명하였으나, 사직 상소를 올리고 나아가지 않았다.[51]

그는 사직 상소를 통해 초야에 묻혀 살기로 한 이유를 밝혔다. 병자호란 당시 남한산성에서 척화한 사람은 자수하라는 명령이 있었는데도 아버지 윤황의 병환이 위중하여 숨기고 말씀드리지 않아 아버지의 뜻을 해친 것이 첫번째 불효이며, 아버지를 적의 진영에 보내지 않기 위해 척화한 신하 몇 사람의 성명만을 조정에 보고하여 아버지의 이름을 더럽힌 것이 두번째 불효라고 하였다. 그리고 국가에 불충하고 나라를 비방한 말에 대해 사죄하기 위해 관직에 나아갈 수 없다는 자신의 통한의 심경을 술회하였다. 그러나 척화의 신념을 바꿀 수 없음을 분명히 하였다. 따라서 은밀하게 북벌을 추진하던 효종의 입장에서는 윤문거와 같은 척화신斥和臣이 더욱 믿음직스럽고 절실하였기 때문에 계속 청요직에 부르지 않을 수 없었다.

윤문거는 1654년 겨울 중풍을 맞아 반신불수가 되었다. 스스로 병자호란 이래의 울분이 커져 생긴 울화병이라고 진단하였다. 이후 효종은 1656년 1월에 사간원 대사간, 6월에 대사간, 8월에 대사간, 11월에 이조참의에 제수하였다. 또 1657년 4월에 이조참의, 7월에 성균관 대사성, 8월에 이조참의에 제수하고, 1658년 3월에 이조참의, 1659년 3월에 홍문관 부제학에 제수하였다. 그러나, 불충불효의 죄인이라는 명분보다는 중풍이라는 신병으로 인해 관직을 제대로 수행할 수 없다는 현실적인 이유를 들어 사직을 청하였다.

효종이 승하하자 윤문거는 병든 몸을 들것에 싣게 하여 달려와 곡하였다. 현종은 이 사실을 알고 이조판서 송준길宋浚吉의 건의를 받아들여 그를 대사헌에 임명하고자 하였으나, 병으로 인하여 공무 수행이 불가하다며 사양하였다. 현종은 사관史官을 보내 "내가 경을 다그치지도 않는데 왜 꼭 영원히 가 버리려고만 하는가. 사양 말고 서울에 있으면서 부족한 점을 도우라"고 하였다.[52] 그러나 윤문거는 사직 상소를 남기고 고향으로 돌아왔다.

현종은 이후에도 사헌부 대사헌 열다섯 번, 사간원 대사간 세 번, 이조참판 다섯 번, 세자빈객 두 번 등을 제수하였으나 윤문거는 한결같이 사양했다. 열여섯 번의 사직 상소를 올렸던 윤문거는, 심지어 임금이 충청감사에게 명하여 송시열宋時烈 · 송준길宋浚吉 · 윤문거尹文擧 · 윤선거尹宣擧 · 이유태李惟泰 등에게 음식물을 보내 주게 하였으나 이마저도 사양하였다. 마침내 현종은 윤문거를 "돌아보건대 오늘날 청렴한 이름과 우아한 인망人望이 경卿보다 더한 사람은 없다"고 인정하기에 이르렀다.

윤문거는 평생 병자호란의 굴욕을 통한으로 여기며 세상을 멀리하고 오로지 학문에만 뜻을 두었으므로, 기품과 학문과 덕이 높아 사림士林들의 추앙을 높이 받았다. 평상시 석성石城에 거주하다가 1672년(현종 13)

윤문거 묘소. 충남 논산.
윤문거는 확고한 척화斥和의
신념으로 세상을 멀리하고
학문에만 전념하였다.

병사리 재사에서 육십칠 세를 일기로 세상을 떠났다. 현종은 부음을 전해 듣고 슬퍼하며 제수 일체와 묘역 인부를 하사하였으며, 이조판서로 추증하였다. 묘소는 논산시 광석면 갈산에 있으며, 1682년(숙종 8) 노강서원魯岡書院에 제향되었고, 1756년(영조 32)에 충경忠敬이라는 시호를 받았다.

윤선거, 호서오현의 성리학자로 활약하다

윤선거尹宣擧(1610-1669)는 호서오현의 성리학자였다. 기호유학畿湖儒學은 영남유학嶺南儒學과 함께 우리나라 유학사에서 양대 산맥을 이루고 있으며, 그 맥을 이은 호서사림湖西士林을 대표하는 유학자가 바로 '호서오현湖西五賢'으로, 우암尤庵 송시열宋時烈, 동춘당同春堂 송준길宋浚吉, 초려草廬 이유태李惟泰, 시남市南 유계兪棨, 미촌美村 윤선거尹宣擧 등 다섯 명의 저명한 유학자를 일컫는 말이다.

삶과 사상

윤선거는 자가 길보吉甫이며, 호는 미촌美村·후당後塘·노서魯西 등이다. '미촌'과 '후당'은 사는 곳의 이름을 따와 학자들이 불러 준 것이며, '노서'라는 호는 윤순거가 특별히 지어 준 것이다. 1624년(인조 2) 보인당輔仁堂 재건 때 당호를 노서당魯西堂으로 바꾸려 했다가 상량 때 보인당으로 다시 명명하면서, 윤선거가 노성의 서쪽인 지미촌에 살았기 때문에 중형인 윤순거가 노서魯西라는 호를 지어 준 것이다. 윤선거는 아버지 윤황尹煌이 영광군수로 재직하고 있을 때 어머니인 우계 성혼의 딸 창녕성씨 사이에 다섯째 아들로 영광군 관사에서 태어났다.[53]

1626년 십칠 세에 생원 이장백李長白의 딸 공주이씨와 혼인하였다. 공주이씨는 몸가짐이 단정하고 민첩하였으며, 『소학小學』과 『열녀전烈女傳』을 두루 익혔다. 윤선거는 1633년(인조 11) 생원시와 진사시에 모두 합격하여 성균관에서 유학하였다. 약관의 나이에도 문장과 행실 등이 출중하여 식자識者들이 그를 높이 평가하였다. 이듬해 인조의 아버지인 원종元宗을 태묘에 합사하려고 하자, 이는 예禮가 아니라며 여러 유생들과 함께 반대하는 상소를 올렸다.[54] 1636년 봄에 후금이 국호를 청淸으로 고치고 스스로 황제라고 칭하면서 사신을 보내 청나라를 섬길 것을 요구하자, 척화斥和를 주장했던 아버지 윤황과 마찬가지로 여러 유생들과 함께 상소를 올려서 사신을 죽이고 문서를 불태워 버릴 것을 청하였다.

1636년 12월 병자호란丙子胡亂이 일어나자, 윤황은 임금을 호종하여 남한산성으로 가고, 윤선거는 맏형 윤훈거尹勛擧와 함께 어머니를 모시고 가족과 함께 강화도로 들어갔다. 한편 중부仲父 윤전尹烇은 궁관으로 빈궁嬪宮을 호종하여 강화도 성안에 있었다. 다음 해 1월 강화도가 적에게 함락되자 친구 권순장權順長 · 김익겸金益謙 등과 함께 의병을 일으키고자 하였으나 친구들은 모두 죽고 아내 공주이씨마저 자결하였다. 성안에 남아 있던 봉림대군鳳林大君은 종실인 진원군珍原君 이세완李世完에게 남한산성으로 떠나는 일행을 주관하도록 명령하였는데, 이세완은 윤선거에게 함께 떠날 것을 청하였다. 이에 윤선거는 중부 윤전에게 "강화도가 이미 함락되었고 남한산성 또한 위태로우니 어디서 죽든지 죽는 것은 마찬가지입니다. 차라리 남한산성에 가서 병중인 아버지를 만나 보고 죽겠습니다"라고 말하자, 윤전은 "너는 어서 가거라. 남한산성이 언제 함락될지 모르니 늙으신 부모님을 뵙고 죽을 수 있다면 얼마나 다행한 일이냐. 가서 형님을 뵙거든 나는 죽기로 작정했다고 말하여라" 하였다. 늙은 양친이 계시는데 자식이 먼저 죽을 수 없다는 명분 때문에, 윤선거는 자식마저 버려 두고 평상복 차림으로 진원군의 종자從者가 되어 새벽 먼동 틀 무렵 남한산성으로 갔다.[55] 그러나 성안으로 들어가지 못하고 이리저리 전전하다가 간신히 탈출하여 목숨을 부지할 수 있었다.

강화도 사건은 윤선거에게 평생 씻을 수 없는 통한이 되었다. 윤선거는 척화를 주장한 죄로 영동永同으로 귀양 간 아버지 윤황을 따라 영동으로 갔다가, 이듬해 귀양에서 풀려난 아버지를 모시고 금산錦山으로 이사하였다. 과거 공부를 그만두고 서울에 있는 집을 팔고 산림山林에 은거하면서, 부인 공주이씨를 추모하며 재혼을 하지 않았다. 그러다 1639년 병중에 있는 부모의 강력한 권고로 평강현령 김충립金忠立의 딸 고령김씨와 혼인하였다. 나라에서도 고령김씨를 정실로 인정해서 손자 윤민교尹敏敎는 대과에 급제하고 자손들은 찰방과 별제, 주부 등 관직에 나아갈 수 있었다. 그리고 이어 아버지 윤황의 상喪을 당하여 선영에 장례 지내고 형제들과 함께 삼 년간 시묘살이를 하였다.

윤선거는 우계牛溪 성혼成渾의 학문을 계승하면서 신독재愼獨齋 김집金集의 문하에서 학문을 익혔다. 그는 성혼의 외손으로, 청송聽松 성수침成守琛에서 성혼을 거쳐 아버지 팔송 윤황으로 이어지는 우계 학통의 가학적 전통을 계승하였다. 그리고 김집의 문하에 들어가 수학함으로써 율곡栗谷 이이李珥에서 사계沙溪 김장생金長生, 신독재 김집金集으로 이어지는 율곡학파의 학문적 전통도 아울러 전해 받았다. 따라서 윤선거는 우계와 율곡의 학통을 하나로 합하는 역할을 담당하였다.

당시 김집은 호서사림의 종장宗匠이었다. 칠십이 넘었는데도 계룡산과 금산 사이에 살면서 공부를 게을리하지 않았다. 윤선거는 금산에 살면서 자주 그를 방문하여 문후問候하고 스승의 예로 섬겼다. 윤선거는 스승 김집에 대해 "『소학小學』으로 몸을 다스리셨고, 가례家禮를 존중하여 법도를 지켜 겸손하고 공손하며 부지런하고 삼가는 마음은 바로 그분의 실덕實德이다"라고 하였다. 즉 윤선거는 스승 김집으로부터 예학禮學과 실천 중심의 학문, '실심實心' 중시의 학문을 배웠다. 김집은 윤선거에 대해 "독실하게 행하고 정밀하게 생각함은 다른 사람들이 감히 미칠 수 없다"라고 평가하였다.

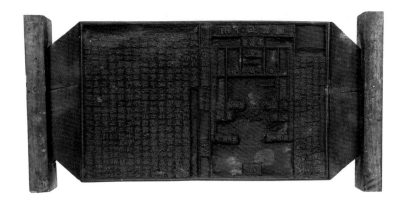

『가례원류家禮源流』목판.
『가례원류』는 윤선거가
유계와 함께 초고를
편찬하였는데, 유계의 손자
유상기兪相基가 단독으로
간행하여 노론과 소론
사이의 시비가 되었다.
이 목판은 1855년에 간행된
『가례원류』의 목판으로,
윤선거-윤증-윤광소의
증보를 거쳐 완성된
최종본을 윤선거의 구대손인
윤규병이 간행한 것이다.
현재 목판 넉 장이 남아 있다.

　　윤선거는 시남 유계, 우암 송시열, 동춘당 송준길, 초려 이유태 등 호서
유림들과 교유하였다. 1642년 마하산麻霞山 아래 서실書室을 짓고 이름을
'산천山泉'이라 하였다. 그는 유계와 함께 『가례원류家禮源流』의 초고를 편찬
하였으며, 예서禮書를 두루 읽고 손수 베껴서 편차를 정하였다.[56] 그는 경
전을 통해 근원을 파악하고, 후대 여러 학자들이 논한 여러 가지 학설을
통해 그 흐름을 파악한 다음, 고금古今의 차이를 살피고 예의의 본말本末을
연구하고자 하였다.

　　1644년에는 호서 유림들과 함께 서대산西大山 신안사身安寺에 모여 고례古
禮를 실행하였다. 중형仲兄인 윤문거의 맏아들 윤박尹搏이 은진송씨 송시열
宋時烈의 사위가 되자, 이에 의례儀禮대로 혼례식을 올리고 함께 신안사에
모여 며칠 동안 『심경心經』을 강의하였다. 1646년에는 송시열·이유태, 그
리고 사촌형인 윤원거 등과 돈암서원遯巖書院에 모여 강론하고, 새로 옮긴
거처인 석강石江의 우거寓居를 방문하였다. 1652년(효종 3)에도 김상헌金尙
憲의 죽음에 곡한 후에 돈암서원에서 송시열·이유태 등을 만나 "선비는
세상에 나아가서는 일을 하는 게 마땅하고, 물러나서는 고요함을 지키는
게 마땅하다"며 산림처사로서 처신에 대해 논의하였다. 또한 1653년 윤7
월에는 송시열·이유태·유계 등과 황산서원黃山書院에 모여 윤휴尹鑴의 사
정邪正에 대하여 토론하였으며, 1655년에는 송시열·이유태 등과 함께 돈

암서원에 모여 『의례문해疑禮問解』를 교정하기도 하였다.[57]

윤선거는 호서사림 이외에도 학통과 당색을 떠나 다양한 학자들과 교유하였다. 1652년 구포에서 포저浦渚 조익趙翼을 만나 뵙고 배움을 얻었다. 조익은 윤근수尹根壽의 사위이자 문인으로, 성리학의 대가로서 예학禮學에 밝았으며, 경학經學·병법兵法·복술卜術에도 뛰어난 인물이었다.

탄옹炭翁 권시權諰(1604-1672)와는 학문적으로 교유하였을 뿐만 아니라 아들 윤증을 권시의 딸과 혼인시킴으로써 사돈 관계까지 맺었다. 권시는 학문이 뛰어나 효종의 사부로 임명되었으나 사양하였고, 후에 사돈이었던 송시열의 추천으로 벼슬길에 올랐다. 이후 서인西人으로 활동하였으나 1660년 예송禮訟이 일어났을 때 당론을 따르지 않고 남인 윤선도尹善道를 변호하였다. 예송 문제에 윤선도가 생명을 걸고 서인을 공격하는 태도를 보고 용기가 가상하다고 평가했기 때문이다. 그러나 권시는 이로 인해 같은 서인의 규탄을 받아 파직되었다. 이후 권시는 1668년(현종 9) 한성부 좌윤에 임명되었으나 사양하고, 충청도 공주로 돌아와 학문 연구와 후학 교육에 힘을 기울였다.

윤선거는 남인 백호白湖 윤휴尹鑴(1617-1680)와도 교유하였다. 윤휴는 주자학이 지배하던 17세기 사상계에서 주자의 학설과 사상을 비판, 반성하는 독자적 학문 체계를 세운 인물이다. 그는 병자호란 때 청과 굴욕적인 강화를 맺었다는 소식을 듣고 치욕을 씻을 때까지 관직에 나아가지 않기로 결심하고 과거를 포기했다. 1639년(인조 17) 공주 유천柳川으로 내려와 지내면서 권시·윤문거·윤선거 등과 막역한 관계를 맺고, 송시열·송준길·이유태 등과 교유했다. 그러나 예송禮訟 때 남인으로 활동하며 송시열 등 서인과 맞섰으며, 숙종 즉위 후부터 경신대출척庚申大黜陟 때까지 많은 개혁안을 제기하고 실행하려 했다. 때문에 서인계로부터 사문난적斯文亂賊으로 규탄받고 끝내 처형당했다.

윤선거는 비록 조정에 출사하지는 않았지만, 당시 정국에서 치열하게 진행되는 서인과 남인, 특히 송시열과 윤휴 간의 대립을 완화시키고 중재하는 막후 조정자로서의 역할을 하였다. 그것은 산림山林으로서 높은 위망威望과 폭넓은 교우 및 혼인 관계, 그리고 성혼의 외손이면서 김집의 학통을 계승한 학문적 위상이 있었기 때문에 가능하였다. 송시열은 그에게 윤휴와의 교제를 끊도록 요구하였지만, 그는 윤휴와 교유하면서 윤휴의 인격과 학문, 특히 경전 주해를 호의적으로 평가하였다. 또한 윤휴에게는 기이한 것을 좋아하는 병통病痛을 지적하면서 깊이 경계하였으며, 송시열에게는 아량을 가지고 윤휴를 포용할 것을 강조하였다. 특히 윤선거는 당시 국정의 정점에 있었던 송시열에 대하여 책임을 무겁게 물었으며, 잘못을 날카롭게 지적하고 비판하였다. 많은 사람들이 송시열의 학문적 정치적 위상에 눌려 사실상 할 말을 다하지 못하는 상황에서 대단한 용기를 발휘한 것이다. 그러나 윤휴와 권시에 대한 윤선거의 우호적인 태도는 송시열과 사이를 멀어지게 하는 결과를 가져왔다.[58]

윤선거는 산림山林으로서 학행學行이 세상에 알려지면서 효종 때부터 여러 차례 벼슬에 제수되었다. 그러나 나라의 부름이 있을 때마다 번번이 '죽을죄를 지은 신하 윤선거死罪臣尹宣擧'라는 표현으로 스스로를 자책하면서 끝내 나아가지 않았다. 1652년(효종 3) 12월 시강원侍講院의 자의諮議로 처음 제수된 데 대해 이듬해 2월에 올린 사직 상소는 그의 진솔한 마음을 그대로 담고 있다.

강화도 성이 함락되던 날 친구들은 모두 죽고, 작은아버지 또한 끝내 목숨을 버리셨습니다. 그러나 미련하고 도리에 어두운 저는 한번 죽을 것을 참고 아꼈습니다. 아내는 제가 보는 앞에서 자결하였고, 자식들은 길가에 버려졌습니다. 홀로 일행을 따라 남한산성으로 가려고 하였는데, 이것은 성안에 갇혀 있는 병든 아버지를 보기 위함이었습니다. 나아가서도 성안에 들어가지 못하고 물러나서도 도랑에 처박혀 죽지 못하여, 이리저리 피해 죽음을 벗어나 끝까지 목숨을 구해 보존할 수 있었습니다. 저는 밖으로는 친구를 저버리고 안으로는 아내와 자식에게도 부끄러운 존재가 되었으며, 작은아버지를 따라 죽지 않고 종奴으로 위장하여 구차히 죽음을 면하였습니다. 어려움에 처하여 본성을 잃어버리고 의리를 지킴에 형편없는 꼴이 되었습니다. 지금 돌이켜 생각하니, 그때 죽지 못한 것이 한스러울 뿐입니다. 몸과 이름이 더럽혀진 것을 뼈에 사무치도록 가슴 아프게 여기고 있습니다. 하늘을 우러러보아도 땅을 굽어보아도 얼굴을 드러낼 수 없어 한평생을 고향에 숨어 살기로 기약하였습니다.[59]

몸은 시골에 있으나 마음은 언제나 서울에 두고 있는 허명虛名의 산림이 아니라, 벼슬에 나아가지 않고 학문에만 집중하겠다는 충심을 엿볼 수 있다.

실제 윤선거는 산림을 자처하지도 않았을 뿐만 아니라, 스스로 평생토록 죄인이라 하였다. 강화도에서 부득이하게 목숨을 부지한 것이 평생 한이 되고 무거운 짐이 되었다. 그는 참회하는 뜻에서 집의 이름을 '삼회三悔'라 하고, 서재의 현판을 '회와悔窩'라 하였다. 그리고 권시에게 보낸 글에서는 "금일 우리가 함께 힘써야 할 것은 오직 '회悔'라는 한 글자에 있다"라고 하였다.[60] 참회하면서 그것을 지키기 위해 얼마나 처절한 자신과의 싸움을 치렀는지 짐작할 수 있다.

이후에도 효종 연간에 영중추부사 이경여李敬輿, 이조판서 심지원沈之源, 시강관 조복양趙復陽과 송준길宋浚吉, 김수홍金壽興 등의 추천으로 사헌부 지평持平, 세자시강원의 진선進善, 형조좌랑, 사헌부 장령掌令, 성균관 사업司業 등에 제수되었으나 모두 사양하였다.

윤선거를 조정에 불러오고자 하는 노력은 현종의 재위 기간에도 계속되었다. 이조참의 조복양, 부제학 유계兪棨, 도제조 원두표元斗杓, 부제학 이경억李慶億, 그리고 송준길과 이유태 등의 추천으로 사헌부 집의執義, 장악원 정正, 성균관 사업司業 등에 제수되었으나 역시 사직 상소를 올리고 한 번도 관직에 나아가지 않았다. 특히 1668년(현종 9)에는 윤문거·윤선거·윤원거·윤증 등을 함께 부르도록 별도로 유시하고, 충청도 감사에게 그들이 올라올 때 말을 지급하도록 명하였으나 모두 사양했다.[61] 뿐만 아니라 임금이 직접 내린 음식과 물건조차도 사양하고 돌려보냈다.

1669년 4월 윤선거는 육십 세를 일기로 세상을 떠났다. 현종은 그의 죽음을 애도하며 충청도 감영에 장례에 필요한 물자를 넉넉하게 마련해 주고, 일꾼도 충분히 제공하라고 지시하였다. 그리고 좌참찬 송준길이 "윤선거는 국가에서 예우하던 신하인데 하루아침에 갑자기 죽어 사우師友들이 모두 애석해합니다. 윤선거가 항상 죄인으로 자처하여 소장疏章에까지 한 번도 직함을 쓰지 않은 것은 성상께서도 아시는 바입니다. 들으니 사후 명정銘旌에도 '성균 생원'이라고 썼다 하니, 그 예우하는 도리에 있어 증직하는 것이 마땅합니다" 하니, 현종이 "내가 한번 만나 보고 싶었는데 뜻밖에 죽었다고 하니 매우 애석하다"며 이조참의에 추증하도록 하였다.[62]

윤선거는 1675년(숙종 1) 노강서원魯岡書院에 배향되었으며, 1682년에

윤선거 묘소. 경기 파주.
윤선거의 묘소 바로 옆에는 장인 이장백의 묘소가 함께 있어서 부인 공주이씨에 대한 참회의 마음을 짐작하게 한다.

윤선거 증시贈諡
교지敎旨.(왼쪽)
1711년 증직된 윤선거에게
'문경文敬'이라는 시호를
내리는 교지이다.

윤선거 묘비 탁본.(오른쪽)
윤선거의 묘비는 종형인
윤원거가 비문을 짓고 넷째
형인 윤문거가 글씨를 썼다.

는 신곡서원新谷書院에 배향되었다. 1710년에는 영의정으로 추증되고, 이듬해 문경文敬이라는 시호가 내려졌다.

우암 송시열과의 갈등

윤선거는 호서의 명유名儒였던 우암 송시열, 시남 유계, 동춘당 송준길, 초려 이유태뿐만 아니라 당색과 지역을 떠나 탄옹炭翁 권시權諰, 백호白湖 윤휴尹鑴 등과 활발하게 교유하였다. 이들은 돈암서원遯巖書院 등에 모여 사우師友로서 학문을 탐구하였다.

그러나 윤선거와 송시열 사이에는 학문적 이념적 견해의 차이로 갈등이 발생하였다. 윤선거는 강화도에서 목숨을 부지한 것에 대해 평생토록 죄인으로 속죄하며 벼슬에 나아가지 않고 학문에만 집중하겠다고 결심하였다. 따라서 산림山林 출신 학자들, 송시열을 비롯한 송준길·유계·권시·윤휴 등에게 많은 기대를 하였다. 그러나 이들이 출사한 뒤에 사소한 문제로 대립하면서 큰일을 해내지 못하자 윤선거는 엄하게 비판하였다. 특히 국정의 정점에 있었던 송시열에 대해 책임을 무겁게 물으며, 잘못을 날카롭게 비판하였다.[63] 그러나 송시열은 이를 진실된 충고로 받아들이지 않았다.

윤선거와 송시열의 갈등은 윤휴에 대한 평가에서 시작되었다. 윤휴는

송시열보다 십 년 연하로 대사헌 윤효전尹孝全의 아들로 태어났다. 원래 소
북계 가문에서 출생하였으나 인조반정仁祖反正으로 북인이 몰락하자 당파
에 구애받지 않고 윤선거·송시열·송준길·이유태·유계·권시·윤선도
등 당시 명유名儒들과 교유하며 명성을 날렸다. 그는 초년에 송시열로부
터 "학문이 높아 다른 사람들이 감히 그를 따를 수 없으며, 이전 사람들이
미처 생각하지 못한 것을 추구하고 새로운 이치를 발견해낸다"는 칭송을
들었고, 유일遺逸로 천거되어 시강원 진선進善으로 발탁되기도 하였다.[64]

그러나 윤휴의 학문은 일반적인 주자학자들과는 달리 『중용中庸』등 유
교 경전의 해석에서 주자朱子의 주해註解에 얽매이지 않았을 뿐만 아니라
율곡과 퇴계의 학설까지도 수용하지 않고 자신의 독자적인 견해를 제시
하였다. 따라서 주자의 학설을 그대로 묵수墨守, 실천하려는 주자학 종본
주의자宗本主義者 송시열과는 크게 충돌할 수밖에 없었다. 송시열은, 주희
와는 다르게 '중용'을 해석한 윤휴는 주자학의 세계를 어지럽히는 도적
과 같은 존재 곧 사문난적斯文亂賊이므로 그를 조선 사회에서 고립시켜야
하고, 그러기 위해서는 그와의 사귐을 중단해야 한다고 하였다.

1653년(효종 4) 여름, 논산의 황산서원黃山書院에서 송시열은 윤선거에
게 윤휴와 절교할 것을 요구하였다. 윤선거가 젊었을 때부터 교유하면서
특히 친하게 지냈기 때문이다. 송시열은 "하늘이 공자에 이어 주자朱子를
냈음은 진실로 만세의 도통道統을 위한 것이다. 주자가 난 이후 현저해지
지 않은 이치가 하나도 없고 밝아지지 않은 글이 하나도 없는데, 윤휴가
감히 자기 소견을 내세워 마음대로 억설臆說을 한다"며 이단으로 배척하
였다. 이에 윤선거가 "이는 윤휴가 너무 고명한 탓이다"라고 하자, 송시
열은 "주자는 고명하지 못하고 윤휴가 도리어 더 낫다고 여기는 것인가"
라 하였다. 윤선거는 "그대가 윤휴를 겁내는 것이 지나치다"라고 말하자,
송시열은 주자가 여동래呂東萊에게 한 "겉으로는 배척하면서 속으로는 협
조한다"는 말을 인용하면서 윤선거를 비난했다.[65]

예송禮訟 조정 활동

복제服制 문제를 둘러싼 예송禮訟은 학문적 이념적 갈등을 정치적 대립으로 변화시키는 계기가 되었다. 예송은 일차 기해예송己亥禮訟과 이차 갑인예송甲寅禮訟으로 두 차례 전개되었다. 갑인예송은 윤선거 사후인 1674년에 일어났기 때문에 전혀 관여할 수 없었지만, 기해예송에서는 윤선거가 적극적인 중재자 역할을 했다.

기해예송은 1659년 효종이 승하하자 인조의 계비인 조대비趙大妃(자의대비慈懿大妃)의 복상服喪 문제가 대두되어, 기간을 일 년으로 하는 기년설朞年說과 삼 년으로 하는 삼년설三年說이 대립하였다.『국조오례의國朝五禮儀』에는 효종처럼 차자次子로 왕위에 올랐다가 죽었을 경우 어머니가 어떤 상복을 입어야 하는지에 관해 규정이 없었기 때문이다. 송시열은, 주자의『가례家禮』에 따르면 부모가 장자長子에 대해서는 삼년상이고, 차자次子 이하의 아들에게는 일 년의 기년상이므로, 인조의 계비인 조대비는 효종의 어머니이니 신하가 될 수 없고 효종은 조대비의 둘째 아들로 차자이기 때문에 기년상이 당연하다고 하였다. 비록 왕위를 계승하였어도 삼년상을 치를 수 없는 네 가지 설 즉 사종지설四種之說 가운데 효종의 경우는 체이부정體而不正 즉 적자이지만 장자가 아닌 경우로, 일년상이라고 주장하였다. 반면 윤휴尹鑴는 장자가 죽으면 적처嫡妻 소생 제이자第二子를 장자로 세운다는『의례儀禮』의 말을 인용하여, 효종은 비록 둘째 아들이나 적자로서 왕위를 계승했기 때문에 차장자설次長子說에 입각하여 삼년상을 치러야 한다고 주장하였다. 이런 상황에서 영의정 정태화鄭太和 등의 대신들은 송시열의 주장에 따라 기년복을 채택하였다.

그러나 이듬해 남인인 허목許穆의 상소로 예송은 다시 일어나게 되었다. 허목은 윤휴의 차장자설에 입각한 삼년상에 찬성하면서 첩의 자식으로 왕위에 오른 경우만 체이부정에 해당한다고 주장하였다. 이어 남인 윤선도尹善道가 조대비의 복제를 효종의 종통宗統과 연결시켜 송시열 등의 기년복을 따른다면 효종의 종통은 애매해지고, 소현세자昭顯世子와 그의 자손들에게 적통을 주는 것이 된다고 비판하면서 심각한 당파성을 띠게 되었다. 사실 효종의 왕위 책봉은 종법상宗法上 문제가 있었고, 당시에는 소현세자의 셋째 아들이 살아 있었기 때문에 송시열 등의 기년복 주장은 적통인 소현세자의 아들에게 왕위가 다시 돌아가야 한다는 것으로 오해 될 수 있었다. 이처럼 윤선도가 이종비주貳宗卑主(종통을 둘로 나누고, 임 금을 비천하게 함)를 내세워 송시열을 공격하자, 서인들은 위기감을 느 끼고 적극적으로 윤선도를 성토하였다. 서인들은 윤선도가 예론을 빙자 하여 흉악한 모함을 하고 있다며 성토하여 삼수三水로 유배 보냈다. 반면 권시權諰·조경趙絅 등 남인들은 윤선도를 구원하면서 송시열을 공격하다 가 관직을 잃거나 좌천되었다. 서인과 남인의 대립이 격화된 것이다.

일차 기해예송은 주자의 『가례』에 입각하여 종법宗法을 왕이든 사서인 士庶人이든 모두에게 똑같이 적용해야 한다고 주장하는 송시열 중심의 수 주자학파守朱子學派와, 『주례周禮』『의례儀禮』『예기禮記』등의 고례古禮에 입각 하여 왕에게는 사서인과 똑같이 종법을 적용할 수 없다는 윤휴 중심의 탈 주자학파脫朱子學派 간의 이념 논쟁이며, 서인과 남인 간의 정치적 대립이 었다. 이에 현종은 기해년 복제는 사실상 『국조오례의』에 따른 것이지 고 례를 채택한 것이 아니라며 송시열을 중심으로 하는 서인의 손을 들어 주 었다.

기해예송에 윤선거는 직접적으로 관여하지는 않았다. 윤선거는 국외 자局外者로서 예송과 무관하게 지낼 수 있었지만, 송시열과 윤휴 양쪽을 중 재하는 조정자의 역할을 자임하였다. 친구의 진심 어린 우정에서 출발한 그의 조정 활동은 양자의 화해에 중점을 두면서도 범위를 조금씩 넓혀 남 인의 제한적 수용을 통한 양당의 화합까지도 겨냥하게 되었다. 이것이 난국을 수습하는 최선의 방법이자 서인의 원활한 정국 주도의 방법이라 는 믿음에서 그렇게 한 것이었다.[66]

윤선거는 친구인 권시와 윤휴가 기년설에 반대한 사실을 우려하면서, 윤휴에 대해 두 가지 측면에서 질책을 하였다. 먼저 삼년설은 경전經典의 주소註疏의 밖에서 나온 것으로, 경전을 무시하는 윤휴의 태도가 잘못이라고 하였다. 그리고 학문을 하는 선비로서 입경入京하여 예송을 야기시킨 것 자체가 올바른 처신이 아니라며, 사건의 수습을 위해 즉시 낙향할 것을 촉구하였다. 한편 송시열에게는 이설異說을 제기한 인물에게 너무 심하게 배척하다가 화란禍亂을 초래할까 우려하여, 과격한 대응을 자제하고 처사가 공평하고 바른 데로 귀결되도록 하라고 충고하였다.

그러나 윤선거의 노력에도 불구하고 송시열과 윤휴는 화합하지 못하였다. 도리어 윤선거는 양측으로부터 비난을 받는 처지로 몰리게 되었다. 윤휴는 충고를 받아들이지 않고 절교하였으며, 권시로부터는 윤휴만을 일방적으로 배척한다는 말을 들었다. 그리고 송시열은, 누르고 도와줌이 분명하지 못하다며 그를 의심하였다.[67] 이러한 이유로 그는 두 사람 간의 조정 활동을 포기하고 오로지 침묵으로 대응할 것을 다짐하기도 하였지만, 조정을 완전하게 포기하지는 않았다.[68]

1665년(현종 6) 윤선거를 비롯하여 송시열과 이유태 등이 우계 성혼과 율곡 이이 두 분의 연보를 간행하는 것에 대해 상의하기 위하여 동학사東鶴寺에서 모임을 가졌다. 송시열은 "주자가 옳은가 윤휴가 옳은가, 주자가 그른가 윤휴가 그른가"라고 물었다. 이에 윤선거는 "흑백으로 논하면 윤휴는 흑黑이고, 음양으로 논하면 윤휴는 음陰이네"라고 대답하였다. 그러자 송시열이 말하기를 "공이 비로소 크게 깨달았으니 사문斯文의 다행이요, 붕우朋友의 다행일세"라 하였다. 그러나 이듬해 봄에 윤선거는 송시열에게 편지를 보내 동학사에서 말한, 이른바 흑백론에 대해 그 진의를 설명하였다. "내가 윤휴를 가리켜 흑이니 음이니 한 것은 그의 학설에 한정될 뿐 결코 인품 전체에 대한 평가는 아니다"라고 하였다.[69] 윤선거는 이른바 흑백론을 통해 송시열의 지나친 흑백 논리를 비판하고자 하는 의도도 함께 있었다.

윤선거의 조정 노력은 죽음을 앞두고도 계속되었다. 죽기 몇 달 전 송시열에게 보내려고 다음과 같은 편지를 썼다.

송시열과 윤휴 두 현자賢者의 의론議論이 하나로 합쳐진다면 이단異端이 일어나지 않을 것이고, 선비들도 모두 정의로운 일에 앞장설 것이며, 인재를 기용할 수 있는 길이 열릴 것이니, 편벽한 여론은 점차 소멸될 것입니다. 그리고 예송이 해결되면 의심을 품고 있던 사람이나 다른 의견을 가지고 있던 사람도 하나로 합치될 것입니다. 오직 두 쪽이 융합한 뒤에야 서로 존경하고 정신이 모여서 조정이 바로잡히고 여러 치적도 빛날 것입니다. (…) 지금의 예송론禮訟論은 처음엔 시비是非의 쟁론이었으나, 나중에는 사정邪正의 변론이 되었습니다. 상대방은 스스로 다른 마음이 없었다고 말하는 반면, 이쪽에서는 반드시 사악한 뜻을 가지고 있다고 간주합니다. 공격을 당한 자들은 스스로 굴복을 당하였다고 여기는 반면, 공격을 가한 자들은 오히려 통쾌하지 않은 것을 걱정합니다. 옆에서 지켜보던 자들이 혹 너무 심하게 공격을 가했다고 하면, 일제히 율법으로 논하여 여론을 가일층 확대시켜 사론士論으로 정한 것이 지금 십 년 동안 행해져 왔습니다. 그 사이에 정말로 다른 마음을 품은 자도 있을 것이고, 억울하게 굴복을 당한 자도 있을 것이며, 또한 정말로 너무 심했던 자도 있었을 것입니다. 저 윤선도尹善道라는 자는 참으로 탐욕스럽고 음란한 인물이므로 비록 질투하지 않았더라도 실로 기용해서는 안 되지만, 그 나머지 조경趙絅과 홍여하洪汝河 등 여러 사람들은 비록 그들의 의론이 근거가 없고 생각하는 것도 한쪽으로 치우쳐 있으나 벌을 너무 지나치게 받았고 금고를 당한 지도 이미 오래이므로, 그 죄를 씻어 주고 기용해야 합니다. 이것이 율곡이 다시 돌아왔을 때 계미년의 삼사三司를 다시 임용한 데서 얻을 수 있는 교훈입니다. 하물며 윤휴와 허목 두 사람 같은 경우는 비록 세상을 미혹시킨 과실은 있지만, 어찌 마침내 사문난적斯文亂賊의 인물로 단정하여 용납하지 않는 지경에까지 이르겠습니까. 오늘날 행해지고 있는 예송의 폐해를 일소하고 먼저 그 두 사람에게 우리가 사사로움도 없고 인색하지도 않다는 마음을 보여 준다면, 안으로는 우리의 아량을 넓힐 수 있고, 밖으로는 사람의 마음을 복종시킬 수 있습니다. 저 두 사람이 어찌 기뻐하지 않겠습니까.[70]

윤선거는 결국 보내지는 못한 편지, 이른바 「기유의서己酉擬書」에서 서인과 남인의 두 가지를 녹여서 서로 합한다는 의미의 '소융보합消融保合'을 강조하면서 예송으로 처벌된 사람들의 수용을 주장하였다. 특히 윤휴와 허목은 본래 사류士類로서, 세상을 미혹시킨 잘못은 있다 하더라도 끝내 버려둘 수 없으니 이들을 포용해서 함께 국사國事를 도모할 것을 당부하였다. 이 편지는 윤선거가 별세한 후 아들 윤증尹拯에 의해 송시열에게 전달되었는데, 오히려 송시열은 이 내용을 보고 윤선거·윤증 부자가 여전히 윤휴를 배척하지 않았다고 확신하였다. 그리하여 윤선거를 윤휴의 당여黨與로 간주하여 배척하였으며, 이것은 윤증과 송시열 사이에 틈이 생기는 계기가 되었다.[71]

4. 백의정승 윤증

윤증尹拯(1629-1714)은 가학家學을 계승하여 조선 후기를 대표하는 성리학자로서의 위상을 정립하였다. 조선시대를 통틀어 부자상전父子相傳의 학문 전통과 계지술사繼志述事의 모범을 보인 경우는 아주 드물다. 김숙자金叔滋와 김종직金宗直 부자, 성수침成守琛과 성혼成渾 부자, 김장생金長生과 김집金集 부자, 그리고 윤선거와 윤증 부자 정도이다.[72]

윤증은 사상적으로 17세기의 격동기를 살다 간 성리학자이며 예학자이다. 보기 드문 인품의 소유자였으며, 덕행德行을 실천하는 데서도 남다른 모범을 보인 지행겸병知行兼併의 참다운 지식인이었다. 특히 항상 무실務實과 실심實心을 강조하였으며, 헛된 담론을 일삼거나 이익만을 추구하는 지식인들의 잘못된 공부 방법을 비판하고, 참된 도리를 깨우쳐 실생활에서 실천해 나아갈 것을 주장하였다. 그리고 '하늘의 이치'와 '인간의 이치'가 어떻게 만나는가에 대한 연구를 통해 '예禮'라는 하나의 규범을 만들었다.

부친인 윤선거가 예송禮訟 이후 서인의 송시열과 남인의 윤휴를 막후 조정하고자 하였으나, 오히려 윤휴를 두고 송시열과 사이가 벌어지게 되었다. 이같은 갈등은 윤선거 사후 송시열과 윤증의 갈등으로 이어져 이른바 '회니시비懷尼是非'를 계기로 서인이 노론과 소론으로 분열되는 원인이 되었다. 윤증은 평생 조정에 나아가지 않았지만, 백의정승白衣政丞으로서 그를 지지하는 사류士類들에 의해 소론의 영수로 추대되어 정국을 주도하였다.

삶과 사상

윤증은 윤선거尹宣擧의 장남으로 서울 정성방貞善坊 대묘동大廟洞 외가에서 1629년(인조 7)에 태어났다. 어머니는 공주이씨公州李氏로 이장백李長白의 딸이다. 조모인 창녕성씨昌寧成氏로부터 "이 아이는 특별한 아이다"라는 칭송을 들을 만큼 어려서부터 단정하고 공부에 집중하는 모습을 보였다. 1636년 병자호란丙子胡亂이 일어나자 가족을 따라 강화도로 피란을 갔다가 청나라 군대에 의해 성이 함락되면서 어머니 공주이씨가 순절하고 아버지 윤선거는 강화도를 탈출하는 사건을 겪게 되었다. 윤증은 아홉 살이라는 어린 나이에도 불구하고 어머니의 시신을 거두어 거처하는 집의 대청 아래에 가매장하고 흙을 모아 수북하게 덮은 후 돌덩이 여덟 개를 사방 모퉁이에 묻고 가운데에는 숯가루를 뿌려서 표시하였다. 그리고 모시 적삼으로 초혼招魂을 하고 그것을 가지고 돌아와서 혼백魂帛을 세우는 예를 행하였다. 이후 어머니를 교하交河에 모셨는데, 이십 세 되던 1648년에 성묘를 하고 지은 시에서 어머니에 대한 진한 그리움이 묻어난다.

고향 산 성묘 길에 해는 저물고	落日故山道
가을바람 나그네의 옷을 날린다	秋風遊子衣
묻노니 인간 세상 어떠하던가	人間問何世
돌아가지 말고 그냥 머물고 싶어	長往欲無歸

강화도 사건을 계기로 윤선거는 자신의 행동을 부끄러워하며 평생 관직에 나아가는 것을 포기하고 향리에 묻혀서 학문에만 전념하였다. 윤증도 아버지와 마찬가지로 평생 조정에 나아가지 않고 산림처사山林處士로 일관하였다.[73] 여러 차례 부형父兄과 사우師友들이 과거에 응시하기를 권하였으나 가슴에 새겨진 지극한 슬픔을 떠올리며 오직 학문에만 전념하

였다. 1637년 3월 영동으로 귀양 간 조부 윤황尹煌을 따라 갔던 그는 같은 해 8월 조부가 유배에서 풀려나 금산에 기거하자 아버지 윤선거와 함께 머물렀으며, 이듬해 가족들과 이산尼山의 옛 집으로 돌아왔다. 이때부터 학업을 시작하였는데, 가르치지 않아도 스스로 공부하여 조부의 각별한 사랑을 받았다. 일찍이 윤증은 「거미蜘蛛」라는 시를 지었는데, 포저浦渚 조익趙翼이 "이 아이는 그 뜻을 채워 나아가면 인仁을 미처 다 쓰지 못할 것이다"라며 극찬하였다.

윤증 초상.(정면 반신상, 보물 제1495호)
윤증의 정면 반신상으로, 1711년 변량卞良이 그린 것으로 추정된다.

거미가 매달려서 거미줄을 치니	蜘蛛結網罟
가로지른 다음엔 위로 아래로	橫載下與上
잠자리야 너에게 부탁하노니	寄語蜻蜓子
조심하여 처마 밑엔 가지 말아라	慎勿簷前向

1641년 아버지가 조부 윤황의 상喪을 마치고 다시 금산으로 돌아가자 윤증은 그곳에서 아버지 밑에서 학문 연구에 힘썼다. 그때 부친의 친구인 시남市南 유계兪棨가 척화를 주장한 일로 삼 년 동안의 유배를 갔다가 돌아와 금산에 자리잡았다. 두 사람은 개울 하나를 사이에 두고 살면서 함께 서실書室을 지어 책상을 마주하고 앉아 학문을 연마하였다. 윤증 형제는 유계에게, 유계의 아들 유명윤兪明胤 형제는 윤선거에게 수학하였다.

윤증은 1647년 탄옹炭翁 권시權諰의 딸과 혼인하였다. 십구 세에 권시의 사위가 되면서 경상도 문경에 낙향해 있던 권시를 스승으로 모시고 본격적으로 이황李滉의 심학心學을 공부하였다. 그는 약관의 나이부터 김집金集의 문하에 출입하였는데, 1651년(효종 2)에도 연산에 살고 있던 김집을 배알하였으며, 이듬해에는 송준길宋浚吉을 찾아가 뵈었다. 이때부터 많은 사우師友들 사이에서 주목을 받기 시작하였으며, 서로 주고받은 편지가 많아지자 그 중에서 장려하고 경계할 만한 글을 뽑아 『사우간독첩師友簡牘帖』을 만들기도 하였다.

그는 고향에 있는 향숙鄕塾에서 가르침을 청하는 여러 유생들에게 향음주례鄕飮酒禮와 향사례鄕射禮 등의 의식을 가르쳤다. 1654년에는 모친의 산소에 성묘하면서 파주에 있는 성수침成守琛과 성혼成渾의 묘소, 그리고 이이李珥의 자운서원紫雲書院을 찾았다. 그리고 같은 해 조익趙翼을 찾아뵙고, 이듬해에는 학생들과 함께 율곡 향약의 위차位次를 가르치고 행하였다.

1657년에는 우암 송시열에게 가서 『주자대전朱子大全』을 배운 후 사제 관계를 맺었다. 송시열은 부친 윤선거와 도의道義의 교제를 맺어 정의가 매우 두터운 사이였기 때문에 이미 어른으로 대접하고 문안하는 관계였다. 그런데 『주자대전』을 읽으면서 의심스러운 것을 김집에게 물었는데, 『주자대전』은 송시열이 가장 많이 읽었다며 그에게 가서 배울 것을 추천하였다. 이에 부친과 상의하여, 모친상을 당해 회덕에서 시묘살이를 하고 있는 송시열을 찾아가 『주자대전』을 배웠다. 송시열은 그의 문하에 있는 많은 문인들 가운데 윤증을 고제高弟로 지목하기에 이르렀다. 윤선거는 "우옹尤翁은 특출한 점에 있어서는 따라가기 어려운 사람이다. 너는 그의 좋은 점을 본받되 병통病痛 또한 몰라서는 안 된다"고 하였다.

이처럼 윤증은 외증조부 성혼으로부터 부친 윤선거로 이어지는 가학적 학통을 계승하면서 유계·권시·김집·송준길·송시열·조익 등 당대 명유名儒들과 사제 관계를 맺으며 학문적 깊이를 더해 갔다. 그리고 박세채朴世采·윤지선尹趾善·신익상申翼相·조지겸趙持謙·나양좌羅良佐·백광서白光瑞·이세필李世弼·민이승閔以升·임영林泳·이세덕李世德·이정걸李廷傑·권이진權以鎭·이광우李光佑·박세당朴世堂·임상덕林象德 등 많은 학문적 동료들과 교유하였다.[74] 사우師友들과 서신을 통해 활발하게 학문을 토론하고 주요 사건이나 쟁점이 있을 때마다 자신의 견해를 피력하였다.

윤증은 일찍이 벼슬에 대한 뜻을 버리고 학문에만 전념하였기 때문에 과거에 응시하지 않았다. 하지만 1658년 학행學行의 선비를 천거하라는 왕명에 따라 재신宰臣들이 윤증을 추천하여 세자익위사世子翊衛司와 세자시강원世子侍講院에 연이어 추천되자, 부친 윤선거가 아직 삼십 세밖에 되지 않았는데 이름이 너무 빨리 알려지는 것을 우려하여 송준길과 권시 등에게 편지를 보내 만류하였다.

현종이 즉위한 다음 삼십육 세가 되던 해인 1664년 학행으로 천거되어 육품직 내시교관內侍教官에 임명되었다. 이후에도 현종은 삼십팔 세에 공조좌랑, 삼십구 세에 세자익위, 사십 세에 전라도사, 사십일 세에 사헌부 지평, 사십사 세에 세자시강원 진선과 사헌부 장령, 사십오 세에 사헌부 집의, 사십육 세에 진선과 집의 등을 제수하였으나 부임하지 않았다.

윤증이 벼슬을 사양하는 이유는 1669년 봄, 별유別諭로 징소徵召하자 사양하며 올린 상소문에 잘 나타나 있다.[75] 그는 자신이 관직에 나아가지 않는 이유가 병자호란 때 모친이 별세했음에도 불구하고 지금까지 죽지 못하고 구차하게 사는 것이 아들로서 불효이기 때문이라고 하였다.

그러나 숙종은 즉위한 해인 1674년에 윤증을 세자시강원 진선進善, 사헌부 장령掌令과 집의執義로 제수하였다. 그리고 경신환국庚申換局으로 남인이 축출되고 서인이 다시 정권을 장악하면서, 다시 사헌부 집의, 성균관 사업司業과 사예司藝, 장악원掌樂院 정正과 호조참의에 제수하였다. 1683년(숙종 9)에는 여러 차례 사양에도 불구하고 계속 특별히 사관史官을 보내 간곡하게 함께 오라고 명하였다. 이에 윤증은 직접 가서 대죄待罪하기 위해 상경하였다. 잠시 과천에 있는 명촌 나양좌羅良佐의 집에 머물렀는데, 박세채朴世采가 과천까지 내려와 하룻밤을 묵으면서 함께 조정에 나아가서 국사國事를 맡을 것을 설득하였다. 박세채는 부친 윤선거의 행장을 지을 정도로 윤증과는 친밀한 관계를 유지하고 있었으며, 팽팽하게 평행선을 달리던 윤증과 송시열 사이에서 중재자 역할을 하고 있었다. 그러나 윤증은 박세채의 간곡한 청을 뿌리치면서, 자신이 관직에 나아가지 못하는 이유는 개인적인 사정 이외에도 해결하기 어려운 세 가지 조건이 있음을 말하였다.[76] 첫째는 송시열의 세도를 막아야 하며, 둘째는 서인과 남인의 원한 관계를 풀어야 하고, 셋째는 훈척들 즉 김석주金錫冑·김만기金萬基·민정중閔鼎重 등의 위세를 꺾어야 한다고 하였다. 그러나 송시열이 이끄는 노론이 훈척들과 결탁되어 있는 이상 실현 불가능한 일이었다. 따라서 자신의 출사가 노론 정권의 명분을 튼튼하게 해 주는 데 이용만 될 것이라는 현실적인 판단이 있었다. 박세체도 이러한 판단이 정확했기 때문에 돌아올 수밖에 없었다.[77]

숙종은 이후에도 이조참의·한성부윤·대사헌·이조참판·공조판서·우참찬·이조판서·좌참찬·좌찬성·세자이사世子貳師 등의 관직을 제수하였다. 그리고 팔십일 세가 되는 1709년에는 우의정右議政에 제수함으로써, 얼굴 모르는 신하를 정승으로 임명하는 초유의 일이 일어났다. 그러나 윤증은 열여덟 번의 사직 상소를 올려 허락을 받았으며, 팔십삼 세인 1711년에 제수된 판중추부사判中樞府事마저 사양함으로써 끝내 조정에 들지 않았다.

대신 고향에 머물면서 학문 정진과 후진 양성에 집중하였다. 1675년 (숙종 1) 노강서원魯岡書院의 재규齋規를 정하고, 유생들에게 율곡栗谷 이이李珥가 정한 석담서원石潭書院의 재규와 퇴계退溪 이황李滉의 「성학십도聖學十圖」를 써서 걸어 두고 가르쳤다. 1676년에는 유봉酉峰에 새 집을 짓고 옆에 서실書室을 지어 본격적으로 제자를 양성하였다. 서실의 이름을 숙야재夙夜齋라 하였는데, 아침 일찍부터 밤늦게까지 부지런히 학문에 힘쓰라는 뜻이다. 윤증은 이이의 『격몽요결擊蒙要訣』과 성혼의 『위학지방爲學之方』 두 책을 가르침의 법도로 삼았으며, 초학자들은 반드시 입지立志와 무실務實을 근본으로 삼도록 하였다. 이것은 집안에서 전해 내려오는 가학의 전통이었다. 이후 배우고자 하는 유생들이 늘어나자 새로 집을 짓고 경승재敬勝齋라 하였으며, 「백록동규白鹿洞規」 및 주자의 십훈十訓, 퇴계의 육조六條, 율곡의

「위학지방도爲學之方圖」와 「우계서실의牛溪書室儀」 등을 벽에 걸어 놓고 강의하였다. 그러나 1684년 송시열의 제자 최신崔愼이 상소를 올려, 윤증이 스승을 배신했다는 배사론背師論을 제기한 이후부터는 문을 닫고 들어앉아 강의를 중지하였다.

윤증은 벼슬에 나아가지 않았지만, 정치적으로 중대한 문제가 발생할 때마다 상소 또는 정국 주도자나 학인學人과의 서한을 통해 정치적 견해를 피력하였다. 그것은 노소老少 분당과 그 이후의 당쟁에 영향을 미쳤을 뿐만 아니라, 노론의 일방적인 정국 운영을 견제하였다. 평생을 재야에서 보냈지만, 삼정승 이하 모든 고관대작을 제쳐두고 소론의 영수로 추대되어 말년까지 그 위치가 흔들리지 않았다. 이와 같은 윤증의 일사적逸士的 정치 활동이 가능했던 것은, 그가 탁월한 학문과 실용적인 정치사상을 바탕으로 국정을 바로잡으려는 실리적인 경향을 가지고 있었기 때문이다.[78]

윤증은 1714년에 팔십육 세를 일기로 유봉정사酉峰精舍에서 세상을 떠났다. 윤증은 자신의 장례와 관련하여 세 가지 유언을 남겼다.

윤증 묘소. 충남 공주.(왼쪽)
비문에 관명官名을 쓰지 않은 것은 윤증의 유언에 따라 선비의 검소함을 실천한 것이다.

윤증 묘지명墓誌銘.(오른쪽)
묘지명은 원래 여섯 장이었으나 현재 두번째 장만 남아 있다. 윤증은 유봉정사酉峰精舍에서 세상을 떠났다.

첫째, 장례를 사례士禮로 하라.

둘째, 중국 물건을 사용하지 마라.

셋째, 관명官名을 쓰지 말고 징사徵士라고 쓰라.

즉, 장례를 선비의 검소한 장례인 사례로 하여 검소함을 실천하고자 하였으며, 중국 물건은 청나라의 물건이니 사용하지 말라고 하였다. 그리고 관명官名을 쓰지 않는 것은 자신의 보잘것없는 의리를 보이기 위함이요, 징사徵士라고 쓰는 것은 스스로 국가의 은혜를 잊지 않겠다는 의미이다.

숙종은 이듬해 한 번도 만나 보지 못한 것을 한으로 여기며 윤증을 애도하는 어제시御製詩를 지어 추모하였다. 1715년 유상기兪相基가 『가례원류家禮源流』를 올렸는데, 정호鄭澔와 권상하權尙夏가 서문과 발문에서 윤증을 헐뜯자 그 글을 불태우고 정호를 파직시킨 다음 윤증을 애도하는 어제시 두 수를 내렸다.

윤증 사당.
윤증은 17세기 격동기를 살다 간 성리학자이며 예학자이다. 그는 정치적으로 평생 벼슬을 하지 않은 백의정승이었지만 소론의 영수로서 정국을 주도하였다.

유림은 도덕을 숭상하였고	儒林尊道德
소자 또한 일찍이 그를 흠양하였소	小子亦嘗欽
평생 한 번 만나 보지 못했었기에	平生不識面
사후에 한이 더욱 깊어진다오	沒後恨彌深

군사부君師父를 한결같이 섬긴다지만	生三雖事一
본래부터 경중의 차이는 있는 법	自有重輕殊
우습구나, 논사論思를 담당하는 장長으로서	可笑論思長
제멋대로 국가의 원로를 무함하다니	甘心大老誣

그러나 숙종은 1716년에 간행된 윤선거의 문집『노서유고魯西遺稿』의 내용 중 효종에 대한 불손한 언사가 발견되자 노론의 손을 들어 주는, 이른바 병신처분丙申處分을 내려서『노서유고』의 판목版木을 깨 버리고 윤선거·윤증 부자의 관작을 삭탈하였다. 윤증 부자의 관작은 소론 정권이 집권하는 1722년(경종 2)에 다시 회복되었고, 이듬해 문성文成이라는 시호를 받았으며, 홍주의 용계서원龍溪書院, 노성의 노강서원魯岡書院, 영광의 용암서원龍巖書院 등에 제향되었다.

회니시비

'회니시비懷尼是非'는 윤증尹拯과 송시열宋時烈 사이에 있었던 대립을 이르는 말로, 송시열이 살던 곳이 회덕懷德이고, 윤증이 살던 곳이 이성尼城이어서 그 첫 자를 따서 붙인 이름이다. 두 사람의 감정적 대립이 일어난 것은 윤증의 아버지인 윤선거尹宣擧의 묘갈명을 송시열이 정성을 들이지 않고 작성한 사건에서 비롯되었다. 1669년(현종 10) 윤선거가 별세한 뒤 윤증은 박세채朴世采가 지은 윤선거의 행장行狀과 여러 자료를 가지고 송시열을 찾아가 묘갈명을 지어 주기를 부탁했으나, 송시열은 박세채가 그 덕을 행장에서 모두 나타냈으므로 특별히 할 말이 없다 하여 윤선거의 행적만 간단히 정리했다. 그러나 윤증은 미진하다고 여겨 사오 년간 묘갈명을 수정하고 개찬改纂하기를 청했으나, 송시열은 골자는 내버려 둔 채 자구字句만 몇 군데 손질할 뿐 끝내 윤증의 부탁을 들어주지 않았다.

송시열의 이런 태도는 윤선거의 과거 행적과 주자학에 대한 사상적 태도를 문제 삼았기 때문이다. 송시열은 1636년(인조 15) 병자호란丙子胡亂 당시 강화도를 수비하다가 성이 함락될 때 탈출하여 살아남았던 윤선거에 대해 대의명분을 저버렸다고 비난하였다. 또한 사문난적斯文亂賊으로 규정한 윤휴尹鑴와 우호적인 관계를 유지했던 점도 강하게 비판했다. 한편, 윤선거는 죽기 직전 송시열의 주자학 일변도의 사상 편향과 편협한 정국 운영을 비판하는 「기유의서己酉擬書」를 남겼다. 송시열과 윤선거 간의 감정 대립은 윤선거의 사후 묘갈명 작성을 계기로 해서 윤증과 송시열의 감정 대립으로 이어졌다.

윤증과 송시열의 만남

윤증과 송시열은 호서를 대표하는 명현名賢으로, 학문적으로 사제 관계였다. 윤증이 송시열과 사제 관계를 맺게 된 것은 아버지 윤선거와 송시열이 김집金集의 문하에서 동문수학한 사이였으며, 스승 김집이 송시열을 적극 추천하였기 때문이다. 윤증은 송시열이 부친과 자주 왕래했기 때문에 사문斯文의 원로로서 대접하고 문안하였다. 마침 『주자대전朱子大全』을 읽다가 의심스러운 점들이 있어서 김집에게 물었는데, 송시열에게 가서 배울 것을 권하였다. 1657년(효종 8)에 윤증은 송시열에게 가서 몇 개월 동안 『주자대전』을 배우고, 이로부터 스승의 예로써 섬겼다. 그리고 송시열도 윤증의 조부 윤황尹煌의 행장을 지을 만큼 서로 가까운 사이가 되었다.

윤증의 노성 파평윤씨坡平尹氏는 송시열의 회덕 은진송씨恩津宋氏와 혼인을 통해 혈연적으로 매우 가까운 사이가 되었다. 연산의 광산김씨光山金氏와 더불어 호서 삼대 사족士族이었던 이들 가문은 혼인을 통해 유대를 강화하였다. 윤선거의 중부仲父 윤전尹烇의 딸과 송시열의 사촌형인 송시영宋時榮이 혼인하였다. 송시영은 관학 유생의 신분으로 우계 성혼과 율곡 이이의 문묘 종사를 건의하는 상소를 올렸으며, 병자호란 때는 사복시司僕寺 주부主簿로 강화도로 갔다가 성이 함락되자 장인 윤전과 함께 순절하였다.[79] 윤증의 중부仲父인 윤문거의 아들 윤박尹搏은 송시열의 딸과 혼인하였다. 특히 이들의 혼인식은 호서 유학을 주도했던 윤선거·송시열·유계·이유태 등이 모두 모여서 고례古禮에 따라 행하였다. 이 혼인식은 이후 이들 집안에서 예를 행할 때 준용하는 기준이 되었다.[80]

한편, 당시 호서 유학을 주도했던 윤선거·송시열·권시·윤휴·박세채 등은 간접적인 혈연 관계를 맺고 있었다. 윤증은 권시의 딸과 혼인하였으며, 송시열은 권시의 아들 권유權惟를 사위로 맞이하였으니, 윤증 처남의 부인이 송시열의 딸인 것이다. 그리고 윤휴의 아들 윤의제尹義濟 역시 권시의 딸과 혼인하였다. 따라서 윤증과 윤의제는 동서지간이 되었다. 이 외에도 송시열의 계자系子 송기태宋基泰는 박세채의 딸을 아내로 맞이하였다. 이상에서 볼 때 윤선거와 윤증, 그리고 송시열은 혼인을 통하여 끊을 수 없는 관계를 가지고 있었다.[81] 송시열은 파평윤씨 가문의 여러 인물에 대한 묘표墓表와 신도비명神道碑銘·묘갈명墓碣銘·행장行狀 등을 지어서 두 가문의 유대를 확인하였다. 윤증의 육대조인 윤탁尹倬의 묘표와 신도비명, 오대조인 윤선지尹先智의 묘표, 윤증의 조부인 윤황尹煌의 행장, 종조부인 윤흡尹熻의 묘표와 묘갈명, 그리고 윤선거尹宣擧의 묘갈명, 송시열의 사돈이자 윤증의 중부인 윤문거尹文擧의 신도비명, 송시열의 사위이자 윤증의 사촌인 윤박尹搏의 묘표 등을 모두 송시열이 찬술하였다. 송시열은 노성의 파평윤씨를 대를 이어 충신忠信과 문행文行을 계승하는 최고의 가문으로 평가하였으나[82] 윤선거의 묘갈명을 지으면서 윤증과 대립하게 되었다.

묘갈명 사건

윤선거는 1669년(현종 10) 송시열과 윤휴의 갈등 속에 육십 세를 일기로 세상을 떠났고, 파주 교하交河에 있는 부인 공주이씨 묘소에 합장되었다. 송시열은 윤선거 생전에 윤휴의 사정邪正 시비 문제로 대립하였지만 의절하지는 않았기 때문에 제문祭文을 지어 조문하였다. 강화도 사건에 대해서, 죽지 못한 것은 아버지의 뜻을 따르기 위한 것으로 중국 송나라 충신 문천상文天祥에 비유하며 인정을 하면서도, 학문과 윤휴에 대한 평가에서는 차이가 있음을 제문에서 내비쳤다.[83]

윤선거의 상喪에 윤휴尹鑴도 아들을 보내 조문하였다. 윤휴는 상여가 도성을 지나갈 때 아들에게 제문을 제전에 올리라고 하였다. 윤증은 교의交誼가 이미 끊어졌으니 받아서는 안 된다는 주변의 만류에도 불구하고 "선인께서는 그가 처신을 바르게 하지 못했기 때문에 버리고 배척한 것이지, 원수로 보고 원한을 품은 것은 아니었다. 지금 그가 선인의 별세를 슬퍼하고 옛정을 생각하는 뜻으로 와서 조문하려는 것이니, 평소에 안부를 묻는 일과 비교할 수 없다. 그러니 상가喪家의 의리로 볼 때 거절해서는 안 된다" 하고 받았다. 이 사실을 전해 들은 송시열은 여러 차례 의심하고 노여워하면서 윤선거 부자와 윤휴 부자가 말로만 절교하고, 실제로는 절교하지 않은 증거로 삼았다.[84]

윤증은 1673년 박세채가 작성한 행장行狀과 자신이 만든 연보年譜를 송시열에게 들고 가 아버지 윤선거의 묘갈명을 지어 달라고 부탁하였다. 집안사람들은 "우리 집안은 다른 사람을 지나치게 걱정해 주다가 도리어 원망을 받고 하였으니, 후대에 전할 글을 함부로 부탁해서는 안 된다"며 부정적인 면을 강조하였다. 그러나 윤증은 "선인先人의 집우執友로는 오직

이 어른이 계실 뿐이니, 이 어른을 두고 다른 곳에 청해서는 안 된다"고 하였다.[85]

송시열은, 행장을 쓴 박세채에게 편지를 보내 윤선거가 동학사東鶴寺에서 만난 이후에도 윤휴와 완전하게 절교하지 않았다고 의심하였다. 그리고 윤휴의 조문을 받은 것에 대해 비난하면서, 연보에 썼다가 지우기는 했지만 '강화도의 일에 대해서於江都事'라고 하여 윤증 부자가 가장 힘들어하는 부분인 강화도 사건을 언급하였다. 이에 윤증은 송시열에게 편지를 보내 동학사에서 주고받은 말과 윤휴의 조문을 받은 일, 「기유의서己酉擬書」 등에 대해 진심을 담아 해명하였다.[86]

마침내 송시열이 이듬해 4월 묘갈명을 처음으로 보내왔다. 그런데 박세채가 지은 행장을 그대로 인용하여 행적과 관작 등 윤선거의 생애를 기술하고, 마지막에 "이것은 진심으로 좋아하고 성실로 신복信服한 박세채의 말인데, 사람들이 자기가 좋아하는 자에게 아부했다고 여기지 않을 것이다"라고 하였다. 그리고 명문銘文에서도 "참으로 박세채가 극진하게 찬양하였기 때문에 나는 기술만 하고 짓지는 않은 채 이렇게 묘갈명을 제시하노라"라고 하여, 박세채의 행장으로 대신하고 자기는 술이부작述而不作한다고 기술하여 은근히 조롱하고 풍자하였다.[87]

윤증은 이같은 묘갈명을 받고 몹시 불쾌하게 여겼다. 그러나 이를 참으면서 간곡한 장문의 편지를 보냈다. 그는 부친 윤선거가 송시열과 깊은 믿음으로 서로 허여許與하고 도의道義로써 서로 기약하였으며, 소소한 논의가 합치되지 않는 일이 있었지만 송시열에 대한 간절한 정성은 천지신명天地神明이 알고 있을 것이라며 개정해 주기를 청하였다. 그러나 송시열은 개찬문改撰文에서 주된 내용은 그대로 두고 몇 곳의 자구字句만을 손질하였다. 오히려 답장을 통해 "행장은 실로 박세채가 힘을 다해 형용한 것으로서, 실로 다른 사람의 말은 그에 미칠 수 없는 점이 있네. 그러니 어리석은 내가 어찌 감히 그 사이에 팔을 걷어붙이고 나서서 산정刪定하고 조절할 수 있겠는가. 또 나는 나 스스로가 매우 불만스러우나 화숙和叔(박세채)을 존경하고 우러르는 마음은 실로 태산 교악喬嶽과 같네"라 하였다. 박세채가 지은 행장에서 윤선거를 태산과 같다는 의미로 '실여교악實如喬嶽'이라 평가한 문구를 인용하여 그를 야유한 것이다.

윤증은 1676년(숙종 2) 장기長鬐로 유배 간 송시열을 직접 찾아가 나흘간 머물면서 윤휴와 절교한 일을 설명하고 그 본말을 밝혔는데, 송시열은 오해를 풀고 마음이 누그러져, 지금 묘갈문은 정본定本이 아니라며 온당한 말과 글자로 정확하게 제시해 주면 수정해 줄 것을 약속하였다. 그래서 윤증은 박세채와 의논하여 의심나는 부분을 표시하여 보냈으나 두 번째 묘갈문도 여전히 동학사에서 했던 말과 윤휴의 조문을 받은 일을 반복하는 등 별다른 수정이 이루어지지 않았다.[88] 그러다 1678년 송시열이 갑자기 묘갈문을 고쳐 주겠다는 뜻을 박세채를 비롯한 여러 사람을 통해 보였다. 이에 윤증은 의심이 되었으나 "우리가 먼저 어른과 관계를 끊어서는 안 되며 '감히 초본을 고집할 뜻이 없다'는 말이 간곡하다"는 박세채의 권유를 받아들여 다시 한번 고칠 부분을 표시하여 보냈다. 그러나 달리 고친 부분이 없었으므로, 윤증은 더 이상의 서신 왕래를 그만두었다.

「신유의서辛酉擬書」와 노소 분당

남인은 청남淸南과 탁남濁南으로 분립되었는데, 윤휴尹鑴와 허목許穆은 청남이었으며, 허적許積과 권대운權大運은 탁남이었다. 탁남 허적의 서자 허견許堅과 종친 복선군福善君의 역모사건을 계기로 1680년(숙종 6) 남인이 축출되고 서인이 재집권하게 된다. 송시열은 유배에서 풀려나 영중추부사로 다시 조정에 들어가게 되고, 윤증은 송시열을 회천으로 찾아가 뵙는 사제 관계는 유지하였다. 그런데 윤휴는 주모자도 연루자도 아니지만 죽임을 당하게 되었는데, 이는 남인은 물론 서인의 유학자들에게도 커다란 충격이었다. 송시열이 쓴 서간에 "풀을 제거함에 반드시 뿌리를 제거해

「신유의서辛酉擬書」
재교본.(부분)
윤증이 쓴, 천사백 자에
달하는 장문의 편지로,
송시열을 비판하고 자신의
학문과 정견을 제시하고
있다.

야 한다"는 구절이 나오는데, 이처럼 그는 최고의 정적이었던 윤휴를 제
거하고자 하였다.[89] 윤휴는 사약을 받고 죽으면서 "생각이 다르면 쓰지
않으면 그뿐이지, 조정에서 어찌 유학자를 죽이는가"라고 하였다.[90] '조
정에서 어찌 유학자를 죽이는가'라는 말은 신진 유학자들이 자신에게도
같은 상황이 올 수 있다는 두려움을 가지는 계기가 되었다.

　윤증은 이대二代에 걸쳐 사우師友 관계를 맺은 사람으로서 의리상 침묵
할 수 없다는 판단에서 송시열에게 보낼 편지, 이른바 「신유의서辛酉擬書」
를 썼다.[91] 윤증이 「신유의서」를 작성한 뒤 박세채에게 먼저 보여 주자,
그는 스승인 송시열을 지나치게 비난하고 있다고 지적하면서 보내는 것
을 만류하였다. 그러나 박세채의 사위인, 송시열의 손자 송순석宋淳錫이
박세채의 집에서 이 의서를 몰래 가져가 송시열에게 보여 주었다. 송시
열은 그 글을 보고 크게 화를 냈고 두 사람의 관계는 더욱 악화되었다.

　「신유의서」는 천사백 자에 달하는 장문의 편지인데, 윤증이 스승 송시
열의 정치와 학문, 사상 등을 두루 비판하면서 자신의 학문과 정견을 제
시한 것이다. 그 내용을 정리하면 다음과 같다.[92]

　첫째, 송시열의 학문이 주자학에 근본했다고 하지만, 실제로는 기질이
처음부터 편벽되어 주자가 말하는 '강의준절剛毅峻節'의 실학을 배우지 못

했으며, 그로 인해 일세의 풍교風敎를 떨어뜨려서 후세의 비웃음을 면하지 못하리라는 것이다. 그러므로 송시열이 주자를 법문法文으로 삼아 사림의 종장宗匠이 되기 위해서는 편벽된 기질을 고치고 주자의 정학正學에 정진해야 한다는 것이다.

둘째, 송시열이 주장하는 존명벌청尊明伐淸의 의리는 그 방법을 말로만 내세우고 내실이 없기 때문에 주자朱子가 경계한 '의리쌍행義利雙行'이 되고 말았으니, '이행利行'을 버리고 '의행義行'을 실천해야 한다는 것이다. 윤증은 그동안 송시열이 주장했던 존명벌청의 의리는 구체적으로 이룩한 실적이 하나도 없으며, 오로지 그의 작록爵祿을 높이고 그의 이름을 세상에 드러내는 결과만을 가져왔다고 비판하였다. 그러므로 병자년의 국치를 복수하기 위해서는 그 '허명虛名'과 '이행利行'을 하루 속히 고쳐야 한다고 말하였다.

이처럼 윤증의 「신유의서」는 아버지 윤선거의 「기유의서」의 주장보다 논리적이며 학문적인 것이었다. 그리고 윤증과 송시열 두 사람 간의 정치사상적 견해차가 이로써 분명하게 드러났다. 송시열은 주자학朱子學의 이념을 좇아 대의명분을 중시하며 서인 중심으로 정국을 운영한 반면, 윤증은 양명학陽明學까지도 인정하는 절충적 태도로 탄력있게 현실을 인식하였다.

사제지간이었던 송시열과 윤증의 반목과 대립에 양측의 문인門人들이 가세하면서 서인은 노론老論과 소론少論으로 분당되었다. 경신환국庚申換局으로 조정에 돌아온 송시열은 김익훈金益勳을 비롯한 훈척을 비호하였다. 삼사三司의 언관으로 있으면서 훈척들의 횡포를 비판하였던 서인의 연소배年少輩들은 윤증이 과감하게 송시열을 비판하자, 송시열의 주자학적 종본주의에 염증을 느끼고 윤증의 논리에 동조하였다. 이로써 윤증은 송시열을 영수로 하는 노론에 대응하는 소론의 영수로 추앙받게 되었다.

이후 송시열의 제자인 최신崔愼의 상소를 시작으로 노론과 소론 간의 대립은 점점 격화되었다.[93] 이는 결국 윤증과 송시열의 학문적 내용과 정치적 견해의 차이에서 비롯된 것이다. 윤증의 제자인 이세덕李世德은 목숨을 걸고 올린 상소에서 두 사람의 차이를 송시열과 윤선거의 차이를 통해 설명하였다. "대체로 주자를 공부함에서 송시열은 겉으로만 하고 명목만을 내세운 반면 윤선거는 내면으로 추구하고 실질적으로 하였으며, 대의를 담당함에서 송시열은 허명虛名인 반면 윤선거는 실심實心이었습니다"라고 하였다.[94] 즉 윤증과 송시열의 차이는, 첫째 학문적인 측면에서 송시열의 주자학이 껍질이나 이름만 있는 것이라면 윤증은 그 속과 내실을 갖춘 것이고, 둘째 존명벌청尊明伐淸의 대의와 그것을 구현하는 정견에서 송시열이 허명만 가졌다면 윤증은 실심을 다했다는 것이다.[95]

관작 삭탈과 회복

노론과 소론의 대립을 격화시킨 또 다른 사건은 『가례원류家禮源流』 편찬시비이다.[96] 병자호란 직후 윤선거는 유계兪棨와 함께 가례에 관한 의례儀禮 및 제가諸家의 예서禮書를 정리하여 『가례원류』의 초본을 만들었다. 유계는 세상을 떠나면서 제자인 윤증에게 수정을 부탁하였다. 이를 유계의 손자이자 윤증의 제자인 용담현령 유상기兪相基가 당시 좌의정이었던 이이명李頤命의 후원을 받아 간행하고자 윤증이 가지고 있던 중간본을 달라고 요청하였다. 윤증은 부친인 윤선거도 함께 편찬한 것이고 자신도 일부 보완하였는데, 편찬자를 유계 단독으로 하려는 것을 보고 주었던 것을 다시 회수해 버렸다. 이에 유상기는 집안에 보관되어 있던 가장본家藏本에 권상하權尙夏의 서문과 정호鄭澔의 발문을 붙여 간행에 착수하였다.

윤증은 윤선거와 유계 두 사람의 공동 편찬임을 주장하였다. 그러나 유상기를 비롯한 권상하 등 노론들은 윤선거가 편집에 도움을 준 것은 인정하면서도 편찬자는 아니라는 입장이었다. 윤증은 옛정을 생각하고 슬퍼하면서 "유계의 자손이 이렇게까지 되었다니, 실로 가련하게 생각할 일이지 노여워해서는 안 된다" 하고 집안의 자제들이 유상기를 탓하지 못하게 하였다.[97] 1714년 윤증은 책의 간행을 보지 못한 채 세상을 떠났다. 그리고 이듬해 책이 간행되었는데, 권상하와 정호는 서문과 발문을 통해 윤증이 스승을 배반하고 책의 저작에 관여한 권리를 고집한다며 신랄하게 비난하였다. 이같은 사태는 유상기 개인의 문제가 아니라 노론과 소론 간의 갈등에서 비롯된 것이었다.

1715년 11월 유상기는 간행을 마친 『가례원류』를 왕에게 올렸다. 『가례원류』의 서문과 발문을 읽은 숙종은 유현儒賢인 윤증을 비난하였다 하여 정호를 파직하여 서용敍用하지 못하도록 하고, 그의 발문을 쓰지 못하도록 명하였다. 이후 노론과 소론은 서로 자신들의 주장을 내세우며 논쟁을 벌였다. 이에 숙종은 이와 관련된 상소는 일절 봉입捧入하지 말라고 하여 쟁점을 무마시키려 하였다. 그러나 쟁론은 가라앉지 않았고, 노론계 성균관 유생들이 권당捲堂에 돌입하기에 이르렀다. 숙종은 유상기를 스승을 배신한 배사背師로 규정하고 귀양 보냈으며, 권당을 주도한 유생들에게 과거 응시를 제한하는 정거停擧를 명하였다.

『가례원류』사건은 송시열과 윤증의 '회니시비' 문제로 번져 노론과 소론의 갈등을 키웠다. 숙종은 이 문제에 대해 아버지와 스승 가운데 아버지가 중重하고 스승이 경輕하다는 논리를 내세워 윤증을 옹호하면서, 윤증을 비난하는 노론계 인물들을 처벌하였다. 노론의 중심 인물이었던 좌의정 김창집金昌集과 이조판서 조태채趙泰采, 대사성 민진원閔鎭遠을 면직시키고, 전 부제학 정호鄭澔를 삭탈관직으로 가죄加罪하였다.

그러나 숙종은 몇 달 뒤인 1716년에 송시열이 지은 윤선거의 묘갈명과 윤증이 송시열에게 보내려고 썼다가 그만두었던 편지 「신유의서辛酉擬書」를 모두 베껴 적어 들이게 하였다. 두 글을 읽어 본 숙종은 지금까지의 입장을 갑자기 번복하고 노론의 입장을 지지하는, 이른바 '병신처분丙申處分'

을 내렸다. 『가례원류』에 권상하의 서문과 정호의 발문을 다시 넣으라는
명을 내림과 동시에, 송시열의 묘갈명에는 윤선거에게 욕을 끼친 바가
없다는 판결도 내렸다. 이어서 김창집을 좌의정으로 제배除拜하는 등 노
론계 인물을 대거 등용하였다.

정국을 주도하게 된 김창집은 노론과 소론 사이의 논란이 되고 있는 윤
선거의 문집 『노서유고魯西遺稿』의 판목을 헐어 버릴 것을 청하였다. 윤선
거가 남인 윤휴와 제휴하여 효종의 처사를 무함하였음에도 소론측이 계
속 비호하는 근거가 되는 문집을 완전히 없애버리기 위한 것이었다. 숙
종은 즉석에서 이를 받아들여 문집의 판목을 헐어 없애도록 하였다. 더
나아가 노론의 주장을 받아들여 윤선거와 윤증을 '선정先正'이라 부르는
것을 금하였고, 윤증의 서원을 새로 세우는 일을 금하였다. 그리고 윤선
거·윤증 부자의 관작을 삭탈하였다. 이처럼 숙종은 붕당 간의 팽팽한 대
립을 역이용하였다. 정국을 주도하는 붕당을 급격하게 교체하는 환국정
치換局政治를 통해 왕권을 강화하고자 한 것이다.

환국정치에 휘말려 삭탈되었던 윤선거·윤증 부자의 관작은 소론이 집권하는 경종 연간에 회복되었다. 1722년(경종 2)에 부자의 관작이 복관되고, 이듬해 윤증에게 문성_{文成}이라는 시호가 내려졌다.

5. 윤행교·윤동원 부자, 가학을 잇다

명재고택明齋故宅을 지은 사람은 윤증의 아들 윤행교尹行敎와 손자 윤동원尹東源이다. 윤행교는 아버지와 달리 관계에 나아가 관직이 대사헌에 이르러 대사헌공大司憲公으로 불리었다. 할아버지 윤선거와 아버지 윤증은 나라의 부름에도 불구하고 벼슬을 하지 않았고, 국가가 주는 재물도 모두 사양하였다. 그러나 윤행교는 문과에 급제한 이후 관직생활을 통해 곤궁해진 집안의 경제적인 기반을 마련하였다. 그리고 윤행교의 아들 윤동원은 명재고택을 이산尼山 교촌校村에 지어서 대대로 흔들리지 않는 가문의 터전을 마련하였다. 아울러 윤행교·윤동원 부자는 비록 벼슬을 하였지만, 자신이 배운 것을 저버리지 않고 언제나 가학家學의 전통을 계승, 발전시켰다.

윤행교, 벼슬길에 나아가다

윤행교尹行敎(1661-1725)는 아버지 윤증과 어머니 안동권씨 사이에 맏아들로 태어났다. 자가 장문長文이며, 어려서부터 대대로 이어져 내려오는 가학家學을 익혀 1684년(숙종 10) 생원진사시에 급제하였다. 그리고 1694년에는 별시문과에 병과로 급제하고 홍문록弘文錄에 선발되었다. 홍문록은 홍문관원의 후보로 결정된 사람의 이름을 기록해 놓은 것으로, 홍문관弘文館과 이조吏曹, 의정부議政府의 투표를 통해 다득점자의 순으로 결정되었다. 홍문록에는 탁월한 문장과 경연관經筵官이 될 만한 학문과 인격, 그리고 가문에 허물이 없어야 입록이 가능하였다. 따라서 홍문록 입록은 청요직으로 나아가는 우선적인 자격을 갖추었음을 의미하는 것으로, 윤행교의 학문적 수준을 상징적으로 보여 주었다.

윤행교가 과거에 급제한 해는 갑술환국甲戌換局으로 남인 세력이 물러나고 서인이 재집권하는 시기였다. 이후 1710년 경인환국으로 노론이 정국의 주도권을 장악하기 전까지 십오 년 동안은 소론과 노론이 병존하는 시기였다. 과거에 급제한 이후 윤행교는 그해 정칠품 부사정副司正에 임용되었으며, 이후 삼 년 만인 1696년에 정오품 병조좌랑에 임용되는 등 승진을 거듭하였다.

그는 당시 당쟁의 중심인 삼사三司의 벼슬에 임용되자 사직 상소를 올리고 관직에 나아가지 않았다. 그 후 1696년 12월 홍문관의 부수찬에 임용된 데 이어 이듬해 1월에는 수찬에 임용되었으며, 7월에는 사간원 정언에 제수되고, 9월에는 홍문관 부교리에 임용되었다. 그러나 자신에게 병이 있고 병든 부모님을 섬겨야 한다는 이유로 사직 상소를 올리고 관직에 나아가지 않았다.

반면, 삼사의 벼슬 대신 지방민을 직접 다스리는 지방관은 자임하였다. 집안이 빈궁하고 부친의 병환이 깊어, 부모를 모실 수 있도록 지방관으로 임용해 줄 것을 청하는 상소를 올렸다.[98] 마침내 윤행교는 금구현령金溝縣令으로 제수되었다. 이후 천안·서천·한산·김제의 군수郡守, 홍주·공주·청주의 목사牧使를 지냈으며, 1711년에는 충청도 관찰사觀察使에 임명되었고,[99] 1724년(경종 4)에는 개성 유수留守를 역임하였다.

비록 중앙 관직에 들어가 시정에 적극적으로 참여하지는 않았지만, 상소 등의 방법으로 백성을 위한 다양한 개혁안을 제시하였다. 1699년 홍문관 부수찬으로 재직하면서, 죽은 사람에게 세금을 부과하는 백골징포白骨徵布와 어린 아이를 군정軍丁에 충당하는 황구첨정黃口簽丁의 폐단을 논하고, 각종 조세와 군역 등에 대해 개혁안을 건의하였다.[100] 1710년에는 사헌부 집의로서 흉년의 재해를 보고하고 여러 가지 구제책을 건의하였으

며,[101] 1711년에는 승정원 승지로 발탁되어 왜국에 보낼 서계書契와 예단
禮單을 늘리지 않도록 주청하였다.[102]

1714년 아버지 윤증이 별세하자 조정의 은전恩典을 일절 사양하였다.
윤증이 "내가 죽은 뒤 조정에서 만약 예장禮葬 등 분수에 넘치는 은혜를 내
리거든 반드시 나의 유의遺意로써 상소하여 진정陳情해야 할 것이다"라는
유언을 남겼기 때문이다. 장례 때에도 조정에서 대신의 예로써 치르고자
하였으나 사절하고 선비의 예로 치렀다. 한편 유계兪棨와 윤선거尹宣擧가
함께 지은 『가례원류家禮源流』를 유계의 후손들이 단독으로 간행하려다 논
란이 되었을 때, 윤행교는 1716년에 상소를 올려 아버지 윤증에 대해 해
명하였다.[103]

이후 경종이 즉위하면서 윤행교는 승정원 승지, 홍문관 부제학, 이조참
의 등을 지냈고, 영조가 즉위한 1724년에는 대사헌에 제수되었다. 당시
아들 윤동원尹東源은 사헌부 지평으로 있었으며 조카 윤동수尹東洙는 장령
으로 재직하고 있었으므로, 이에 상피相避 관계라는 이유로 삭직을 청하
였으나 받아들여지지는 않았다.[104]

그러나 1725년(영조 1) 이른바 을사환국乙巳換局을 통해 소론이 물러나
고 노론이 득세하였다. 앞서 1722년(경종 2) 노론이 물러나고 소론이 집
권하는 계기가 된 신임사화辛壬士禍를 무옥誣獄으로 번복함으로써 소론들
은 대거 파직되었다.[105] 윤행교도 다른 소론 관원들과 함께 파직되어 고
향 이산尼山으로 돌아와 육십오 세를 일기로 세상을 떠났다. 윤행교는 병
조좌랑 박태소朴泰素의 딸 반남박씨와 혼인하였으나 일찍 죽고, 장령掌令
송기후宋基厚의 딸 은진송씨와 혼인하여 맏아들 윤동원을 비롯한 삼남 삼
녀를 두었다.

윤동원, 명재의 사상을 계승하다

윤동원尹東源(1685-1741)은 이성 유봉리에서 아버지 윤행교와 어머니 은진송씨 사이에 맏아들로 태어났다. 자는 사정士正이고 호는 일암一庵이며, 조부 윤증의 가장 깊은 사랑을 받은 손자로, 조부로부터 가학家學과 경사經史를 배웠다.

윤동원은 어려서부터 지방관으로 임용되어 외지에 가 있는 아버지를 대신하여 조부 윤증을 모시고 살면서 학문을 배웠다. 윤증은 경기도 파주 교하에 있는 선산의 성묘에 손자를 데리고 다녔다. 이때 나양좌羅良佐와 박세당朴世堂을 만나 윤동원의 효행과 학문에 대해 극찬을 듣기도 하였다. 가학을 계승한 윤동원은 과거에는 뜻을 두지 않았으나 부친의 권유로 1704년(숙종 30) 이십 세에 서울로 가서 과거에 응시하였다. 그러나 이후 외직에 나가 있는 아버지를 대신하여 연로한 조부를 봉양하기 위해 과거 공부를 포기하고 다시는 과거에 응시하지 않았다.

윤동원은 조부의 극진한 가르침으로 가학을 계승하였다. 윤증은, 손자가 조심스러운 마음가짐으로 학문에 힘썼으므로 매우 기대하고 사랑하였다. 일찍이 이르기를 "이 손자가 끝내 가업家業을 보전하고 지킬 것이다" 하였다. 1713년에는 병이 깊은 자신의 곁을 떠나지 않고 정성으로 간호하는 손자에게 면학시勉學詩를 지어 주었다.

밤낮으로 걱정하며 할아비 곁을 지키느라	一夜憂心守病翁
삼여의 학업을 또 허탕치고 말았구나	三餘學業又成空
독서에도 진정 명이 있다는 걸 알겠으니	始覺讀書眞有命
손자야, 신독재의 공부에 힘쓰거라	阿孫須用愼齋功

윤동원은 1712년 노강서원魯岡書院에 머물면서 증조부 윤선거의 문

『노서유고魯西遺稿』.
윤선거尹宣擧의
시문집으로, 목판본 26권
13책이다. 증손 윤동원이
1711년 사촌 윤동수尹東洙와
함께 노강서원에서
교간校刊하였다. 당시는
회니시비懷尼是非로 정쟁이
격화되던 때였는데, 이 책의
발간으로 논란이 증폭되어
각판刻板이 헐리고 윤증
부자의 관직이 삭탈되었다.

집 『노서유고魯西遺稿』를 교간校刊하였다. 윤증은 부친의 삼년상이 끝나는 1671년(현종 12) 6월 무렵부터 「연보年譜」의 편찬을 시작하였고, 1678년 에는 부친과 유계兪棨가 공동으로 저술한 『가례원류家禮源流』 및 『계갑록癸甲 錄』을 교정하는 등 선고先考의 유고를 지속적으로 정리해 왔다.[106] 그러나 이른바 '회니시비懷尼是非' 등으로 노론과 소론 간의 정쟁이 격화되면서 윤 선거의 문집 간행은 의도적으로 늦추어졌다. 윤동원은 1711년 윤선거에 게 '문경文敬'이라는 시호가 내려지자 적극적으로 조부에게 간행을 권유 하였다. 마침내 윤동원이 사촌 윤동수尹東洙와 함께 노강서원에서 『노서유 고』를 목판으로 간행하였다.

『노서유고』가 간행되자 예견한 바와 같이 논란에 휩싸였다. 1716년 경 기도 유생 신구申球 등 육십여 명이 윤선거의 문집 가운데 일기와 편지 몇 몇 부분을 발췌하여 효종을 무함한 내용이 있다고 상소하였다. 이에 윤 동원은 부친 윤행교와 함께 대죄待罪하러 상경하였다. 그러나 좌의정 김 창집金昌集의 요청으로 『노서유고』의 각판刻板을 헐고 윤선거에 대한 '선정 先正'의 칭호를 금하였으며, 사액서원賜額書院도 철거되었다. 그리고 이듬해에는 윤선거와 윤증 부자의 관작이 추탈되었다.

　윤동원은 1715년 윤동수尹東洙·이진성李晉聖과 더불어 분암인 정수암淨水庵에 모여 조부 윤증의 유고를 교정하고 정리하는 작업을 시작하였다. 이 일은 윤선거·윤증 부자의 관작 추탈 사건으로 잠시 중단되었다가 1718년 능주綾州의 개천사開天寺에서 임상덕林象德과 함께 재개하였다. 1721년(경종 1)에는 이산의 유봉서당에서 유고를 교감, 편집하였으며, 1722년 소론이 득세하면서 윤증의 관작이 회복되고 문집 간행도 윤허를 받았다. 그러나 윤증의 문집『명재유고明齋遺稿』는 이른바 회니시비 등과 관련된 편지 등의 취사取捨와 산절刪節이 어려웠던 까닭에 1732년(영조 8)에 가서야 간행될 수 있었다.

　1722년 우의정 최석항崔錫恒과 이조판서 이조李肇가 학행學行으로 윤동원을 천거하여[107] 세자익위사世子翊衛司 세마洗馬에 임명되자, 서연書筵에 참가하여 당시 세제世弟로 있던 영조에게 위학爲學의 요점을 말해 주고〈위학도爲學圖〉를 올렸다. 그리고 영조가 즉위한 1724년에 지평에 임용되었다. 윤동원이 상소하여 사직을 청하자, 영조는 속히 올라와 학문을 펼치라고 다음과 같이 비답批答하였다.[108]

　옛날 제왕帝王이 은둔한 선비를 반드시 불러다가 좌우에 두려고 했던 것은 대개 그 이름을 사모한 것이었다. 더구나 그대는 서연書筵에 출입한 것이 과연 얼마였던가. 학문의 밝음과 자질이 곧은 것을 내가 이미 자세히 알고 있으면서도 제대로 초치하지 못하였으니, 어찌 애석하지 않겠는가. 그대는 모름지기 나의 뜻을 체득하여 속히 올라와서 그 온오蘊奧한 학문을 다 펼치도록 하라.

　영조는 윤동원이 경학으로 이름이 드러났으므로 항상 불러 경전의 뜻을 고문顧問하고 위유慰諭하며 곁에 머물러 있도록 권면하였다. 이후 1728

『명재연보明齋年譜』.
윤증의 일생을 연대별로
기록한 연보로, 활자본
6권 3책이다. 1749년
윤광소尹光紹가 간행하였다.

년(영조 4)에는 공조 좌랑이 되어 상경하여 소대召對에 입시하였다. 윤동원은 소대에 참여하거나 상소를 통해서 개혁안을 제시하였으며, 1730년에는 사론의 분쟁을 성의로써 제거할 것을 상소하였다.[109]

이후에도 사헌부 장령掌令과 집의執義, 사복시 정正, 시강원 진선進善 등을 역임하였다. 그리고 지방관으로 한산군수와 남원현감, 홍주목사 등을 역임하였는데, 특히 홍주목사로 있을 때 선정을 베풀어 고을 백성들이 그의 공적을 높이 치하하였다.

윤동원은 1740년 조부 윤증의 유작遺作인 『의례문답疑禮問答』『경의문난經疑問難』『언행록言行錄』『명재연보明齋年譜』 등을 윤광소尹光紹·윤동수尹東洙와 함께 간행하였다. 윤동원의 부탁을 받은 윤광소는 1742년 봄에 먼저 『의례문답』을 8권으로 산정刪訂하였고, 이것을 다음 해인 1743년에 전라감영과 충청감영에서 나누어 간행하였다. 또, 처음 문인들이 초본을 만들고 손자 윤동원과 윤동수가 다듬은 『명재연보』에 부록附錄과 후록後錄까지 합하여 1749년에 정읍 관아에서 간행하였다. 1776년에는 『언행록言行錄』을 편찬하여 1779년에 노강서원에서 간행하였으며, 같은 해 부록이 노강서원에서 속간續刊되어 7권 3책의 목판본으로 완성되었다.

1741년(영조 17) 윤동원은 지산정사芝山精舍에서 졸하였다. 저서로 『일암유고—庵遺稿』가 있다. 윤선거·윤증으로 이어지는 가학을 계승한 윤동원은, 조부 윤증의 사후 소론의 중심적인 인물로 소론계를 이끌면서 선조先祖의 문집을 간행하고 학문을 계승하는 데 평생을 바쳤다. 『명재유고』를 수습, 간행하는 과정에서 선조인 윤선거와 윤증의 관작이 추탈되었다가 회복되고 다시 추탈되는 과정을 겪으며 문집을 간행하는 데 온 힘을 쏟았기 때문인지, 정작 자신의 저술은 얼마 남기지 않는다. 이에 대해 문인 이양원李養源이 지은 행장에서는 "저술을 일삼지 않는 것이 선생의 가법家法"이라고 하였다.

윤행교와 윤동원, 명재고택에 살다

윤증은 1629년(인조 7) 한성부漢城府 정선방貞善坊 대묘동大廟洞 외갓집에서 태어났다. 1636년 12월 병자호란이 발생하여 부친 윤선거를 따라 강화도로 피란하였는데, 이듬해 1월 강화도가 함락되면서 어머니 공주이씨 부인이 순절하였고, 3월에는 오랑캐와의 화의를 앞장서서 반대했다는 이유로 영동永同으로 유배된 조부 윤황尹煌을 따라서 영동으로 갔다. 그리고 10월 윤황이 유배에서 풀려나 금산錦山에 우거하였는데, 윤증은 그곳에 정착하였다가 이듬해인 1638년 가을에 옛집으로 돌아왔다.[110]

1641년에 부친 윤선거가 조부 윤황의 상喪을 마치고 금산에 새 집을 지어 그곳으로 돌아가 생을 마치고자 하였으므로, 부친을 따라서 금산으로 갔다. 1646년 이산에서 유탁柳濯 등이 반역을 모의하고 병력을 모아 거사하려 하였는데, 윤증의 중부仲父인 윤문거가 마을 사람을 통해 알고 관청에 고하는 사건이 발생하였다. 이 사건을 계기로 윤선거는 어머니를 토적土賊들로부터 보호하고 가까이에서 자주 문안 드리기 위해 금산에서 이산의 미촌美村으로 돌아왔다. 윤선거는 당북堂北으로도 불리는 '미촌'을 호로 사용하기도 했다. 아버지 윤선거와 함께 세거지 이산으로 돌아온 윤증은 미촌에 있으면서 김집金集·송시열宋時烈 등을 찾아뵙고 스승으로 예를 갖추었으며, 송준길宋浚吉·조익趙翼 등을 배알하였다.

1654년(효종 5) 윤증은 외가로부터 재산을 상속받고 외손봉사자가 되었다. 외조부인 생원 이장백李長白에게 아들이 없었기 때문에 윤증이 외조부 이장백의 몫인 노비 아홉 명과 안성 전답 전부를 상속받았다.[111] 안성 전답의 규모는 확인할 수 없다. 이후 윤증은 외손봉사자로서 제사를 지극한 정성으로 받들었다. 제물도 매우 후하게 차렸으며, 별도의 사당을 세우고 사시四時에 따로 날을 정해서 가묘家廟의 제사에 앞서 제사를 행하였다.[112]

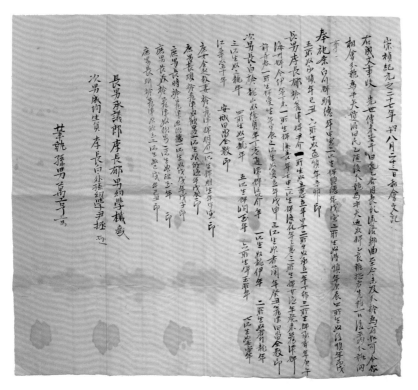

이장백李長白 분재기分財記.
윤증은 아들이 없었던 외조부 이장백의 재산을 상속받고 외손봉사를 하였다.

1669년(현종 10) 윤증은 부친 윤선거가 별세하자 경기도 파주 교산交山에 장사 지냈다. 그리고 교산에 묘려墓廬를 짓고 시묘살이를 하였다. 어머니 공주이씨 묘소와 합장하면서 거상居喪하는 데 예를 다하였으며, 슬픔에서 우러난 곡을 소상小祥이 되도록 그치지 않아 상복의 소매가 눈물에 절어서 모두 삭았다. 일 년이 되어서야 죽을 먹었고, 삼 년 동안 소식疏食을 하며 나물국도 올리지 못하게 하였다. 1671년 상제喪制를 마치고 미촌美村의 옛집으로 돌아왔다.

1676년(숙종 2) 1월 유봉酉峰에 새 집을 지어 이사하였다. 윤증은 숙부 윤문거의 장례를 치른 후에 파주 교산으로 거처를 옮길 계획을 하였으나 1674년(현종 15) 이차 예송禮訟으로 남인이 집권을 하는 등 정국이 급변하자 근기近畿 즉 서울과 가까운 곳에 머물고 싶은 생각이 없어졌다. 그리고 동생 농은農隱 윤추尹推가 죽리竹里에 살고 있었으므로 언덕 하나를 사이에 두고 살며 늘 만나는 즐거움을 누리고자 미촌에서 유봉으로 집을 옮겼다. 이때 토지신土地神에게 고하는 제문에 그의 심정이 그대로 담겨 있다.[113]

산골에 묻혀 사는 미미한 사람, 부모 여읜 외로운 여생입니다.

저 멀리 아득한 선영을 보니 거기 가서 죽는 게 옳겠습니다.

허명에 얽매일까 정말 두렵고, 주상主上 주변엔 시기가 허다합니다.

불현듯 돌아볼 때 두려운 마음 움직이려 하다가 그만둡니다.

지금껏 살던 집을 돌아보건대 미촌美村이란 마을에 있었습니다.

그곳도 누추하다 할 수 있지만 제 분수엔 도리어 사치합니다.

그래서 집을 지을 계획을 하여 이 산록에 세우게 되었습니다.

구차한 목숨 보전함이 다행 아니니, 안빈낙도의 뜻을 굳게 세워 봅니다.

아아, 제가 살아온 반평생 동안 이루어 놓은 일이 무엇입니까.

몸 죽어 해골 되기는 쉬운 일이나, 태평시대 기다리긴 어렵습니다.

사문이 갈라져서 분열되었고 학업이 황폐해져 실추되었으니,

조용히 생각하고 돌이켜 보면 한밤중에도 깊은 탄식을 합니다.

이곳에서 형제가 함께 지내고 부자지간 다 같이 살게 되었으니,

이제는 아침부터 한밤중까지 삼가고 또 삼가고자 합니다.

허물과 후회할 일 적게 만들어 그들에게 욕이 될 일 없애렵니다.

과일과 술을 올려 충정을 고하니, 신령은 부디 살펴 헤아리소서.

윤증은 집안 살림이 매우 가난하여 거처하는 곳이 비바람만 겨우 막아 줄 정도였고, 나물 반찬과 거친 밥도 떨어질 때가 있었다. 다른 사람이라면 거의 견디지 못했을 것이나 윤증은 태연하게 받아들였고, 날마다 학도學徒들과 강론하기를 게을리하지 않았다. 조카인 윤지교尹智敎 등 학도들이 재사齋舍 옆에 서실을 지어 거처하였는데,[114] 이를 숙야재夙夜齋라 이름 붙였다. 아침 일찍부터 밤늦게까지 부지런히 학문에 힘쓰자는 뜻을 취한 것이다. 이로부터 원근의 학자들이 더욱 많이 찾아왔다.

윤증의 맏며느리는 병조좌랑 박태소朴泰素의 딸로, 1678년(숙종 4) 십육 세의 어린 나이에 세상을 떠났다. 윤증은 며느리를 경기도 파주 교산에 있는 선영에 장사 지냈다. 이는, 지금은 이산의 유봉에 살고 있지만 여건이 조성되면 경기도 파주 선영 아래에 정착하고자 하는 희망을 가지고 있었기 때문이다. 윤증은 며느리가 세상을 떠난 유봉의 집에서 공주의 청림靑林으로 이사하였다. 그곳에는 동생 윤추가 있었기 때문이다.[115]

1679년에는 홍주 용계龍溪로 이사하였다. 윤증이 청림에 우거하고 있었으나 정착할 곳을 정하지 못한 상태였다. 문인 한배하韓配夏 · 이번李燔 등이 용계는 산수와 정취가 자못 넉넉하고, 또 예전에는 서기徐起가 살았던 곳이라 하여 그곳으로 옮겨 살기를 청하자, 마침내 이사하게 된 것이다. 이때 배우고자 하는 유생들이 많이 모여서 서실書室을 학업 연마의 장소로 삼았는데, 이를 경승재敬勝齋라 이름하였다.

〈유봉전도酉峯全圖〉.
『영당기적影堂紀蹟』에
수록된 그림으로, 윤증
사후 영당影堂으로 바뀌어
규모가 넓어진 모습이다.
이명기李命基가 그린 것을
1885년 이한철李漢喆이 베껴
그린 것으로 추정된다.

1680년 10월에 윤증은 유봉의 옛집으로 돌아왔다. 이때 동생 윤추가 유봉에 있었는데, 비증痞症으로 거의 목숨이 위태로웠으므로 윤증이 황급히 달려와 구완하였다. 형제가 노년에 떨어져 지내서는 안 된다고 생각하여 마침내 옛집으로 돌아온 것이다. 이후 윤증의 유생 교육은 노강서원에서 이루어졌다.

1690년 부인 안동권씨가 별세하자 이산 두사촌杜寺村에 장사 지냈다. 이는 이산에 정착하겠다는 윤증의 강한 의지의 표현이라고 할 수 있다. 앞서 살펴본 바와 같이, 나이 어린 며느리를 교산에 장사 지낸 것은 경기도 파주로 이사 가고자 하는 생각을 가지고 있었기 때문이다. 그러나 이때 부인의 묘소를 이산으로 정한 것은 파주로 이사 가고자 하는 생각을 단념

명재고택 전경.
윤증은 세상을 떠나면서
아들 윤행교에게 당쟁이
치열한 서울에 가까이 가지
말고, 이산현에 새로 집을
짓고 살도록 하였다. 이후
윤증의 후손들은 현재의
교촌리에서 살게 되었다.

하였음을 뜻한다. 1683년 서인이 노론과 소론으로 분열되면서 당쟁이 격화되었기 때문이다.

　1693년 9월 윤증은 윤순거의 둘째 아들로 사촌인 윤진尹搢과 친동생 윤추尹推 등과 서로 왕래하였다. 윤증이 살던 유봉과 윤진이 살던 덕포德浦, 그리고 윤추가 살았던 죽리竹里는 이웃한 동네였다. 때때로 정수암淨水庵에서 만나 십여 일씩 머물며 도의道義를 강마講磨하고 시를 주고받기도 하였다. 특히 윤추는 매일 아침 식사 후에 오솔길을 따라 언덕을 넘어 형을 찾아뵙고, 저녁쯤에 집으로 돌아가곤 하였다.[116]

　그런데 노론과 소론의 당쟁이 격화되면서, 소론의 영수였던 윤증의 집이 많은 과객들로 붐비기 시작하였다. 그리고 벼슬을 사양하고 문 앞을 나가지 않는데도 관직이 일품一品에 이르고, 나랏일을 맡지도 않았는데 하사품下賜品이 연이어졌다.[117] 이에 윤증은 공주 명가동明家洞에 새로 집을 짓고 이사하고자 하였다. 그곳은 공주 무성산茂城山과 천안 광덕산廣德山이 더불어 안팎이 되며, 그 안에 마곡사麻谷寺가 있었다. 마곡사에서 동쪽 오리 떨어진 지역에 있는 명가동이라는 마을은 지극히 그윽하고 명랑하여 살 만했다. 윤증은 이산의 노성은 큰길가이므로 늘그막에 안정할 수 있는 곳이 아니라고 여겨 그곳으로 거처를 옮기려 하였다.118 명가동은 지금의 공주시 사곡면 월가리이다. 그러나 그곳으로 이주하려던 윤증의 계획은 실현되지 못하였다.

한편 1707년 현재의 이산현 교촌 명재고택 자리에 역병疫病을 피하기 위한 작은 집이 마련된 것으로 추정되는데, 윤증은 이해 4월 공주목사로 재직 중이던 아들 윤행교에게 피역避疫과 관련하여 편지를 보냈다.

비록 역병을 피하는 것이라고 하더라도 한꺼번에 데려가는 것은 너무 함부로 행동하는 것이다. 자부子婦와 조실趙室을 가까운 마을에 내보내 두고, 동원에게 곁에 있으면서 간호하게 해라. 결코 읍내로 데려가서는 안 된다.119

역병을 피하기 위해 유봉의 집에 머물던 자부와, 조한보趙漢輔와 혼인한 둘째 딸 조실을 공주목사로 재직 중인 아들 윤행교로 하여금 공주 읍내로 데려가지 말고 가까운 마을로 피역시킬 것을 지시한 것이다. 이때 유봉에서 가까운 이산현 교촌, 현 명재고택 자리에 피역을 위한 집을 마련한 것으로 추정된다. 당시에 역병을 피하기 위해 이사하는 것은 일반적인 현상이었다. 그같은 사례는 노성 윤씨가에서도 여러 차례 확인된다.

한편, 1707년은 노성 윤씨가의 여러 집안에서 새 집을 지어서 이사하는 일이 빈번한 시기였다. 노성 윤씨의 대종가인 설봉공파雪峰公派에서 이산현 월명동에 새로 집을 지어 이사하였다. 윤도교尹道教는 현감을 지내면서 경제적 기반을 마련한 다음, 노성산 남쪽 기슭의 땅을 매입하고 전라도에서 목수를 초빙하여 종가에 걸맞은 집을 지었다. 그리고 윤증의 동

윤증 구세손 윤하중尹夏重. 1930년대.(왼쪽 위)
윤하중은 천문학에 밝아 해시계를 만들기도 했다.

명재고택 사람들. 1930년대.(왼쪽 아래)
명재고택은 종가로서 후손들의 구심점 역할을 했다.

윤증 십세손 윤석우尹錫禹. 1930년대.(오른쪽 위)
종손으로 일제 격동기에 종가를 지켰다.

윤증 십일세손 종부 남원양씨南原梁氏와 시누이.
1960년대.(오른쪽 아래)
남원양씨는 칠십여 년 고택을 지키며 장맛을 보존하고
내림음식을 계승 발전시켰다.

생 윤추도 집을 지어 이사하였다. 윤추가 유봉에서 산 지 이십칠 년이 되는 1702년에 부인과 아들, 며느리가 거의 동시에 세상을 떠났다. 이들의 초상을 치른 이듬해인 1703년에 피역을 위해 이사를 하였다. 특히 윤추는 손자 윤동수와 별거하였는데, 이웃 한영숙韓永叔의 집을 빌려 살다가 정수암으로 거처를 옮겨 외롭게 여생을 보내고 있었다. 마침내 1706년 손자 윤동수가 최석정崔錫鼎 등의 추천으로 벼슬길에 나아가게 되자 1707년 유봉의 옛 집터에 정사精舍 세 칸을 지어 육 년 만에 유봉으로 돌아왔다.[120]

윤증은 1707년 11월 동생 윤추가 칠십구 세를 일기로 세상을 떠나자 유봉에 머물러야 할 이유가 없어졌다. 그러나 당쟁이 격렬한 시기에 이사를 하는 것은 정치적인 허물이 될 수 있어 유봉을 떠날 수 없었다. 마침내 1714년 팔십육 세를 일기로 세상을 떠나면서, 아들 윤행교에게 이산현에 장사 지내고 이곳에서 살 것을 다음과 같이 유언하였다.[121]

내가 천 리 밖에 부모님을 장사 지내고 묘소 곁에 의지하여 살며 지키지 못했으므로 마음에 항상 통한이 되었다. 그래서 늘 나를 선영에 묻으라고 말하였고, 너희들이 그곳에 와서 살기를 바랐었다. 그러나 지금 생각해 보니 이것은 잘못된 계획이다. 지금 편파적인 의론은 장차 나라까지 망하게 할 것이니, 살육으로 부족해서 반드시 창칼을 겨누고야 말 것이다. 오늘날의 사대부가 비록 이런 폐단을 고치지 못할지라도 어찌 무익한 편파적인 의론을 거듭하여 국가에 화를 끼칠 수 있겠느냐. 너희들이 분잡하고 시끄러운 경기지역에 살게 되면 반드시 여기서 벗어나지 못할 것이니, 모쪼록 나를 깊숙하고 정결한 곳에 묻고 그곳에 살도록 하여라.

윤증은 아들 윤행교에게 당쟁이 치열한 서울 가까이에 가지 말고 이산현에 새로 집을 짓고 살 것을 유언하였다. 이후 피역을 위해 지은 이산현 교촌의 집은 보다 제대로 지어졌을 것으로 추정된다. 그러나 그곳에는 손자 윤동원이 거주하였으며, 아들 윤행교는 아버지 윤증이 거주하였던 유봉정사를 지키고 있었다.

1725년(영조 1) 정월에 윤행교는 교촌으로 이사하였다.[122] 유봉정사를 지키면서 풍토병에 시달렸기 때문이다. 윤행교는 아들 윤동원에게 윤증이 살았던 구거舊居 유봉정사를 지키라고 명하였다. 윤행교는 같은 해 4월 세상을 떠났다. 이때부터 윤동원은 조부인 윤증의 유의를 받들고, 부친 윤행교의 뒤를 이어 가학을 계승하고, 벼슬보다는 학문에 집중하면서 교촌리에서 평생 살았고, 이후 윤증의 후손들은 현재의 교촌리 고택에서 대를 이어 살아가게 되었다.

자연과 조화를 이룬 건축

사랑채 전경.
담도 대문도 없는
명재고택의 사랑채는
사람들과 소통하는 진정한
열린 공간이다.

1. 명재고택

명재고택明齋故宅은 윤증尹拯의 맏아들 윤행교尹行敎와 손자 윤동원尹東源에 의해 건축되었다. 건축 당시, 근검을 미덕으로 삼았던 윤증은 건축 자체를 반대하였던 것으로 전해진다. 이 집에서 윤증과 아들 윤행교, 손자 윤동원 삼대가 함께 살았을 가능성도 있지만, 윤증은 이곳에 상주하지 않고 유봉정사酉峰精舍에 머물면서 명재고택을 왕래했을 것으로 추정하는 것이 정황상 합리적이다.

명재고택이 언제 지어졌는지와 윤증이 머물렀는지에 대한 정확한 기록은 남아 있지 않다. 당시는 윤증을 비롯한 노성 윤씨 가문이 노소老少 분당 이후 당쟁의 소용돌이 한가운데 놓여 있었다. 노론의 집권이 장기간 지속되는 혼란한 정국 속에서 소론의 영수 역할을 하던 윤증은 상대 당파에게 어떠한 분란의 여지도 남기지 않고자 하였다. 따라서 문제가 될 만한 문서는 없애거나 아예 기록으로 남기지 않았을 것으로 추측된다.

고택의 풍수지리

명재고택은 충청남도 논산시 노성면 교촌리에 있다. 논산은 역사적으로 노성현魯城縣·연산현連山縣·은진현恩津縣의 세 지역으로 나뉘어 있었는데 삼국시대부터 1910년대 중반까지 관할 지역이 달랐고, 별도의 지방관이 파견되어 각각 다르게 발전하여 왔다. 일제강점기 때 지방제도가 개편되면서 세 지역은 논산군으로 통합되었다가 1996년 논산시로 승격되었다.[123]

공자의 고향을 닮은 명당

노성魯城은 백제시대에는 열야산현熱也山縣이었는데, 신라 경덕왕 때 이산현尼山縣으로 고쳐 웅주熊州의 속현으로 있었다. 조선조에 들어와 1414년(태종 14)에는 석성石城과 합해 이성현尼城縣으로 바뀌었다가, 이 년 뒤에 원래의 이름인 이산현으로 돌아왔다.[124] 1646년(인조 24)에 연산·은진과 합하여 은산현恩山縣이라 하였는데, 1656년(효종 7)에 다시 이산현이 되었다. 1776년(영조 52)에는 이성현으로 불렸다가 정조 때에 와서 노성현이라 불렸다. 1716년(숙종 42)에 권상하權尙夏·김만준金萬俊·이건명李健命·이이명李頤命·김창집金昌集 등이 주장하여 이성산에 궐리사闕里祠를 창건하고, 공자와 함께 중국 송나라 오현五賢인 주돈이周敦頤·정호程顥·정이程頤·장재張載·주희朱熹의 영정을 모셨는데, 이곳의 지형이 공자의 고향인 중국 산동성 노성魯城의 이구산尼丘山과 같다고 하여 지명을 노성으로 고치게 되었다.

노성은 삼남대로三南大路 중심지의 하나였다. 삼남대로는 삼남지방에서 한양으로 이어지는 천 리 길로, 조선시대 물자와 인적 교류가 활발했다. 역사적으로 충청도의 큰 고을이었던 노성은 호남지방에서 한양으로 가려면 반드시 거쳐야 하는 대로의 중요한 관문 역할을 했다. 또한 조선시대 통신망인 봉수대가 노성산魯城山에 있어 서울에서 전라도 순천으로 소식을 주고받는 통로 역할을 했다. 한편 교촌리校村里라는 지명은 이곳에 노성향교魯城鄉校가 있었기 때문이다.

호랑이 기운을 담은 옥녀탄금형玉女彈琴形의 터[125]

명재고택의 주산主山은 노성산이다. 계룡산에서 갈라져 내려온 노성산은 조선시대 노성현의 진산鎭山이다.『신증동국여지승람新增東國輿地勝覽』의「이산현」편에 의하면 "관아 북쪽 오 리의 거리에 노산魯山이라는 산이 있는데 현의 진산으로, 일명 성산城山이라고도 한다"고 하였다. 노성산 정상에는 노성산성이 있다. 노성산은 둥글게 산으로 둘러싸인 공주와 논산, 연산의 넓은 들판 한가운데 자리하고 있다. 산 정상에서 주변 지역을 조망할 수 있는 이곳은 군사적으로나 풍수지리적으로 명당임을 누구나 짐작할 수 있다. 정상 부분에는 경사면을 깎아 만든 토루土壘가 있으며, 산꼭대기에는 장대지將臺址로 추정되는 곳이 있고, 동쪽으로 조금 내려온 곳에 봉화대烽火臺로 추정되는 부분이 이십오 센티미터 정도의 석축으로 남아 있다. 성안에서는 백제시대와 신라시대, 조선시대에 이르기까지 다양한 토기편과 기와편 들이 발견되고 있어서, 조선시대까지 중요하게 사용되었던 산성이었음을 알 수 있다.

명재고택의 현무봉玄武峰은 옥녀봉玉女峰이다. 풍수지리에서 현무봉은 집 뒤에 위치한 작고 단아한 봉우리를 말한다. 노성산에서 갈라져 나온 맥은 계속 진행하여 집 뒤에 이르러 기세를 모으려는 듯 단아한 봉우리를 형성하였다. 둥그런 형상은 아름다운 여인의 머리 모양을 닮았고, 아주 잘생긴 형태는 옥과 같이 귀한 여자의 기운을 갖고 있다고 하여 '옥녀봉'이라 불렀다. 옥녀봉의 다른 이름은 이구산尼丘山이다. 이구산은 공자孔子의 고향인 중국 산동성 곡부曲阜에 있는 산의 이름이다. 공자의 어머니는 이구산에서 치성을 드리고 공자를 낳았다. 그래서 공자의 이름은 '구丘', 자는 '중니仲尼'라고 하였다. 이후 후손들은 이 산을 '이산尼山'이라 부르게 되었고, 산 동쪽 기슭에 공자묘孔子廟가 있다. 마찬가지로 이곳 이구산 기슭에도 공자를 모신 영당인 궐리사闕里祠가 있다.

옥녀봉에서 내려온 산줄기는 고택을 감싸며 좌청룡左靑龍과 우백호右白虎를 형성한다. 집에서 바라보면 왼쪽에 있는 산인 좌청룡은 길게 내려오면서 집을 한 번 감싼다. 그러나 좌청룡은 오른쪽에 있는 산인 우백호보다 높이가 낮다. 그래서인지 산 능선 낮은 부분을 보완하기 위한 비보裨補 목적의 아름드리 느티나무가 세 그루 서 있다. 이 느티나무들은 수령이 무려 사백 년이 넘었다. 이를 통해 좌우 산의 균형을 맞추는 의미도 있거

호랑이의 입에 자리한
사랑채.(위)
이구산은 호랑이 등에
해당하고, 집 뒤 봉우리는
호랑이의 머리에 해당하며,
사랑채는 호랑이의 입에
자리한다.

비보용裨補用
느티나무.(아래)
서쪽 좌청룡에 해당하는
능선이 낮은 것을 보완하기
위해 느티나무 세 그루가 서
있다.

고택 전경.(pp.120-121)
노성魯城에 정착한
파평윤씨는 입향한 지 백여
년 만에 호서 삼대사족 중
하나로 성장하였다.
사진 윤석환.

니와, 북동쪽에서 불어오는 찬바람을 막아 주는 역할을 한다. 한편 우백호 끝자락에는 노성향교가 있고, 좌청룡의 너머에는 궐리사가 있다.

옥녀봉을 배경으로 자리한 고택의 앞에는 거문고처럼 낮은 산이 가로로 누워 있다. 형국론形局論에 따르면, 옥녀가 거문고를 타는 전형적인 옥녀탄금형玉女彈琴形이다. 옥녀탄금형 자리는 '옥녀玉女'라는 말처럼 용모가 준수하고 귀한 자손이 나오는 명당이다. 그러나 유학자로서 평생을 관직에 나아가지 않고 꼿꼿하게 살았던 윤증의 강인함처럼 집터에는 호랑이의 기운이 가득하다. 즉, 이구산은 호랑이의 등에 해당하고, 집 뒤의 봉우리는 호랑이의 머리가 되며, 사랑채는 바로 호랑이의 입에 해당한다.

집을 감싸 안은 두 물길

계룡산에서 발원한 노성천魯城川은 고택에서 멀리 떨어져 있다. 그리고 마을 앞을 가로질러 흐르는 하천도 집에서는 보이지 않는다. 그러나 명재고택에는 땅속으로 흐르다가 용출하는 진응수眞應水와 물웅덩이에 고여 있는 지당수池塘水가 있다. 명당수라고도 부르는 진응수는 용의 기세가 왕성하여 땅 위로 솟구치는 것으로, 매우 길한 것이다. 진응수는 신령스런 영천靈泉으로, 항상 맑고 깨끗하며 사시사철 마르지도 넘치지도 않으며 물맛이 감미롭다. 진응수를 마시면 명당 터의 기운을 마시는 것이다. 사랑채 바로 앞에서 솟아오르는 샘물이 바로 진응수로, 이 집안에서는 수백 년간 이 물로 장을 담가 왔고, 식수로 사용하였다.

집안 서쪽에는 연못이 있다. 풍수에서 혈穴 앞에 고여 있는 이러한 물웅덩이를 '지당수池塘水'라 한다. 지당수는 샘에서 흘러나온 물과 빗물이 모여 조성된 곳이다. 지당수는 집 안의 기운을 밖으로 흘려 보내지 않고 오래도록 집 안에 머물게 하는 역할을 한다. 건축적으로 지당수인 연못은 집 안에 있는 모든 물을 이곳에 모이도록 함으로써 집 안 전체를 건조하게 할 뿐만 아니라, 골짜기를 겨울에는 따뜻하게, 여름에는 시원하게 만

지당수池塘水.
집 앞의 연못으로, 집 안의
기운을 오래 머물게 한다.

들어 준다.

연못은 천원지방天圓地方 사상에 근거하여 조성되었다. 연못은 땅을 상징하는 장방형으로 만들어졌으며, 가운데 섬은 하늘을 뜻하는 원형으로 조성되었다. 현재의 연못은 새로 조성된 것으로, 원래 크기보다 확장되었다. 그러나 섬의 위치는 예전 그대로이다. 따라서 섬이 연못의 가운데가 아닌 한쪽 모서리에 자리하고 있다. 섬에는 배롱나무가 심겨 있다.

비보裨補를 통한 보완

풍수적 결함이 전혀 없는 전기지지全氣之地는 어느 땅에서도 찾을 수 없다. 명재고택도 예외는 아니다. 명재고택은 비보裨補를 통해 집터의 결함을 보완하였다. 비보는, 기가 허한 곳을 보완하고 드센 곳은 눌러 주는 것이다.

사랑채 앞에 있는 연못과 섬 안에 있는 배롱나무는 허한 우백호를 보완해 주는 역할을 한다. 사랑채에서 내려다보면, 좌청룡은 사랑마당을 감싸고 있는 데 반해, 우백호는 상대적으로 약하다. 즉 오른쪽의 내백호는

진응수眞應水.
사랑채 앞에서 솟아오르는
샘물로, 신령스러운
영천靈泉이다.

짧고 외백호에 해당하는 산은 멀리 나지막하게 있어서 허하다. 이를 보완하기 위해 연못을 조성하고, 가운데 섬에 배롱나무를 심었다. 그리고 안산案山은 산이라고 부르기 쑥스러울 정도로 아주 작다. 이에 산 위에 소나무를 심어 허한 기운을 보완해 주었다.

풍수에서 물이 빠져나가는 곳을 '수구水口'라고 한다. 대문의 내외벽은 수구에서 흐름의 유속을 조절하여 서서히 빠져나가도록 하는 기능을 하는데, 이를 '수구막이'라고 한다. 물이나 기체는 흘러 다니는 유체流體인데 기운도 유체와 같은 성질이 있다. 이처럼 흘러 다니는 것을 조절하는 방법은 막거나 틈을 줄이면 된다. 그리고 방향을 바꿔 체류 시간을 길게 하여 오래 머물도록 할 수도 있다. 내외벽은 풍수적으로 집 안의 복을 안으로 간직하는 역할을 하였다.

대문에는 하인방下引枋이 있다. 하인방은 지표면에서 올라와 떠 있다. 하인방은 통행 시 매우 주의가 필요하다. 때문에 집안사람도 손님도 잠깐 멈춰선 후 조심히 건너야 한다. 기氣도 생명체와 마찬가지로 여기서 속도를 줄여야 하므로, 마당에 좀 더 오래 붙잡아 둘 수 있다. 그리고 대문 앞에는 기를 조절하기 위한 또 다른 장치들이 있다. 첫번째 장치로 층계의 폭을 줄였다. 폭이 줄어드니 한 번에 빠져나가지 못하고 속력이 늦춰진다. 두 번째 장치로 곡선의 적용이다. 좁아진 끝 계단 밑에서는 방향을 오른쪽으로 틀어 직선일 때보다 서서히 빠져나가도록 하고 있다. 또한 바닥에 깐 얇은 돌도 불규칙한 형태로 놓아 기의 흐름을 늦추어 준다.

한편, 대문으로 올라가는 계단과 사랑채로 올라가는 계단 양쪽에 있는 돌확과 같은 석조물에도 풍수적 의미가 숨어 있다. 풍수에서 수구 양쪽에 바위가 마주 보고 있는 것을 '한문扞門'이라 하여, 글자 그대로 기운이 빠져나가는 것을 막아 주는 문 역할을 한다.

명재고택은 여느 사대부가와는 달리 비교적 소박한 규모이다. 집의 규모는 소박할지 모르나, 집터의 격이나 요소요소에 담긴 내용들은 결코 가볍지 않다. 호랑이의 기상이 숨어 있는 옥녀탄금형의 단정한 터에 깊숙이 자리한 이 집은 풍수를 세심하게 고려한 흔적이 여기저기서 느껴진다. 명재고택은 집터를 정하고 집을 지으면서 결코 요행을 바란 것이 아니라, 자연의 흐름을 살피고, 그 흐름을 고려하여 자연과 조화를 이루며 살고자 한 의도가 담겨 있음을 알 수 있다.

실학사상을 담은 집

윤증尹拯은 덕행을 실천하는 데 남다른 모범을 보인 지행겸병知行兼併의 참다운 지식인이었다. 항상 '무실務實'과 '실심實心'을 강조하면서 헛된 담론을 일삼거나 이익만을 추구하는 잘못된 공부 방법을 비판하였다. 참된 도리를 제대로 깨우쳐 실생활에서 실천해 나아갈 것을 주장하였다.

집은 사람을 닮는다. 명재고택은 윤증의 실학사상을 그대로 반영하고 있다. 윤증이 최한신崔漢臣에게 보낸 편지에서 서원누설書院累設의 폐단을 논하면서 "다만 큰 가옥만이 있고 실학이 없는 것이 가장 큰 폐단이다"라고 하였다. 윤증이 허영과 화려함을 추구하지 않고 실용實用과 실질實質을 중요시하는 실학사상을 추구한 것처럼, 명재고택에도 이같은 윤증의 성리학적 사상이 반영되어 있다.

현판에 담긴 사상

윤증의 사상은 명재고택의 현판에서도 분명하게 드러난다. 선비 집안의 풍모를 잘 보여 주는 것은 사랑채이다. 윤증고택의 사랑채는 정면 네 칸, 측면 두 칸의 홑처마 팔작지붕이다. 규모가 크거나 사치스럽지 않다. 그리고 사랑채 이름은 '이은시사離隱時舍'다. 윤증의 구세손으로 조선 말기 개

사랑채의 당호인
이은시사離隱時舍 현판.
'이은시사'는『주역周易』에
나오는 구절로, 선비는
출처진퇴出處進退를 때에
맞추어 잘해야 한다는
의미이다.

화기 때 사람인 윤하중尹昰重(1874-1944)이 붙인 것이다. 이곳 사랑채는 출세出世와 은거隱居 사이에서 마음을 안온하게 가다듬는 공간이다.

그런데 '이은시사'란 무슨 뜻일까. 기문記文이 없어 오히려 다양한 풀이가 가능하다. '이리저리 떠돌아다니다 때때로 숨어 쉬는 곳'이라는 견해와 '세속을 떠나 은둔하며 천시天時를 연구하는 집'이라 풀이하기도 한다. 후자는 아마도 천문학과 관련된 윤하중의『성력정수星曆正數』를 염두에 둔 해석이라 생각된다.

'이은시사離隱時舍'는『주역』에서 그 유래를 찾을 수 있다.[126]『주역』중천건괘重天乾卦 구이九二의「효사爻辭」를 보면 "현룡재전見龍在田 이견대인利見大人"이라는 구절이 있다. "나타난 용이 밭에 있으니 대인을 보는 것이 이로우니라"라는 뜻이다. 이에 대해 주자朱子는『주역본의周易本義』에서 "구이는 강건중정을 의미하는 효위이니, 깊이 숨은 곳에서 나와 만물에 그 덕을 미치게 한다九二 剛健中正爻位 出潛離隱 澤及於物"고 해석하였다.[127] 여기에 나오는 '출잠이은出潛離隱'이라는 구절은 "잠겨 있는 곳에서 나오고, 숨은 곳에서 벗어난다"는 의미이다. 따라서 '이은'은 숨어 있던 곳에서 벗어난다는 뜻이다.

한편, 구이九二「문언전文言傳」에는 "나타난 용이 밭에 있는 것은 때에 따라 멈추는 것이다見龍在田 時舍也"라고 한 대목이 있다. 앞의 '이은'이 세상에 나오는 것이라면, 뒤의 '시사'는 때에 따라 멈추는 것이다. '이은시사'는 한마디로 선비는 모름지기 출처진퇴出處進退를 때에 맞게 해야 한다는 말이다. 때가 아닐 때는 숨어 수양하면서 때가 오기를 기다려야 한다는 '기다림'의 철학을 담은 것이다.

윤증은 한 번도 벼슬길에 나서지 않았다. 단지 백의白衣로 정승의 반열

에 올랐을 뿐이다. 그는 1658년(효종 9) 삼십
세에 처음으로 학문과 덕행이 뛰어난 선비로
천거되면서 조정의 부름을 받기 시작하여 공
조좌랑, 사헌부의 장령과 집의, 호조와 이조
의 참의, 사헌부 대사헌 등의 관직에 임명되
었으나 나아가지 않았다. 특히 오십오 세였
던 1683년(숙종 9)에는 송시열宋時烈·박세채
朴世采와 함께 국정 안정을 위해 왕의 부름을
받아 과천까지 갔다가 그가 제시한 선행 조
건이 수용되지 않자 다시 돌아오기도 하였
다. 1694년 갑술환국甲戌換局으로 남인이 실권

귀은허청歸隱虛淸 현판.(위)
'귀은허청'은 은둔하며
마음을 비우고 맑게
지낸다는 의미이다.

청백전가淸白傳家
현판.(아래)
'청백전가'는 청백리淸白吏의
정신을 실천한 윤증의
가르침에서 연유한다.

하고 서인이 재집권하면서 이조참판·공조판서·우참찬·좌참찬 등 종
이품 이상의 고위 관직에 임명되었으나, 역시 상소하여 사직하였다. 팔
십일 세였던 1709년에는 숙종이 얼굴 한 번 보지 못한 윤증을 우의정右議
政에 제수하는 파격적인 인사를 단행하였다. 그러나 윤증은 열네 차례나
상소하여 사직하였고, 이듬해에도 계속 왕의 부름이 이어지자 다시 열여
덟 차례 상소하며 사양하면서 평생 관직에 나아가지 않았다.[128]

　명재고택의 가규家規와 학문적 전통을 나타내는 편액은 사랑채뿐만 아
니라 안채에도 걸려 있다. 안채 대청 중앙에 있는 '귀은허청歸隱虛淸'과 대
청 동쪽에 걸려 있는 '청백전가淸白傳家'가 그것이다. '귀은허청'은 "은둔하
며 마음을 비우고 맑게 지낸다"는 의미이다. 윤증은 노론의 영수였던 송
시열로부터 사문난적斯文亂賊으로 지목되었지만, 굴하지 않고 오직 백의
정승白衣政丞으로 유봉영당에 머물면서 실사구시實事求是의 학풍을 고수하
였다. '귀은허청'은 이렇듯 자연에 묻혀 마음을 비우고 맑게 살았던 윤증
의 삶을 그대로 반영한 것이다. '청백전가'는 재야에서 후학을 양성하며
청렴을 실천했던 윤증의 가르침을 후손들이 계승하고 있음을 보여 준다.

윤증의 후손들은 선조의 가르침을 부월斧鉞과 같이 무섭게 느끼면서 감히 이를 지키지 않는 자가 있으면 그 부월이 용서치 않을 것이라는 인식이 있었다. 윤증 이후 많은 후손들이 벼슬길에 올랐지만, 한결같이 청백리의 정신을 실천한 것은 윤증의 가르침에서 연유한 것이다.

무릉도원武陵桃源을 꿈꾸다

윤증이 실학과 실용의 정신을 실천한다고 하여 경직된 실심실학實心實學의 정신만이 있었던 것은 아니다. 고택 곳곳에는 풍류와 운치가 살아 있다. 사랑채에 걸려 있는 '도원인가桃源人家'라는 현판과 '허한고와虛閑高臥'라고 쓴 편액이 그것이다.

'도원인가'는 "무릉도원에 사는 사람의 집"이라는 뜻이다. 무릉도원은 도연명陶淵明의 『도화원기桃花源記』에 나오는 선경仙境이다. 이상향을 꿈꾸었던 도연명은 전란과 극심한 정치적 혼란이 되풀이되던 시대에 자신의 소신과 생활방식을 굳게 지키기 위해 세속을 떠나 은거하였다. 그리고 별천지인 무릉도원을 꿈꾸었다. 병자호란丙子胡亂과 당쟁黨爭이라는 정치적 혼돈기에 살았던 윤증은 도연명처럼 무릉도원과 같은 이상향을 그리워하였다.

'도원인가桃源人家' 현판의 글씨를 자세히 살펴보면 '桃'자의 '木'이 위로 올라가 있다. 이는 이곳이 하늘에 있는 신선 세계임을 상징하기 위한 것으로 보이며, 글자 색깔 또한 하늘의 색인 옥색을 의도적으로 사용하고 있다. 『도화원기』의 내용을 보면, 한 어부가 물고기를 잡기 위해 강을 거슬러 올라가다 물 위로 떠내려 오는 향기로운 복숭아 꽃잎 향기에 취해 꽃잎을 따라가다 신세계를 발견한다. 그런데 그곳은 어른 한 명이 간신히 통과할 정도의 작은 동굴을 통해 들어갈 수 있다. 고택 사랑채 누마루의 전퇴 쪽문이 사람 한 명이 겨우 들어갈 만한 크기인 것은 이같은 사실과 무관하지 않다.

사랑채 툇마루에서 바라본
'도원인가桃源人家' 현판.
'무릉도원에 사는
사람'이라는 의미로,
사랑채가 신선 세계임을
상징한다.

'허한고와虛閑高臥' 현판.
다 비우고 한가하게 높이
누워 있으니 여기가
무릉도원이라는 의미로,
고택의 풍류와 운치를
상징한다.

무릉도원은 복숭아꽃이 만발한 가운데 가없이 너른 땅과 기름진 논밭, 풍요로운 마을, 그리고 뽕나무밭과 대나무밭 등 그야말로 속세에서는 보기 힘든 아름다운 풍경으로 묘사되고 있다. 명재고택 주변도 너른 땅과 논밭이 있고, 안채 뒷마당의 대나무밭과 예전에는 뽕나무밭 등이 있었다는 기록을 살펴볼 때 무릉도원을 구현하려는 의도가 있었던 듯하다. 특히 연못 근처에 안개가 끼면 사랑채 누마루 기둥 아래까지 묻혀 마치 구름 위 무릉도원에 있는 것처럼 느껴진다.

한편 사랑채 기단基壇은 상하 이단으로 구성되어 있다. 이상세계를 구현하기 위해 하부 기단은 구름을 형상화하여 부드러운 곡선으로 조성하였다. 그리고 상부 기단에는 반원형의 못을 파고 삼십 내지 오십 센티미터 정도 크기의 크고 작은 괴석으로 석가산石假山을 조성해 놓았다. 반원형의 못은 하늘을 상징하고 기암괴석으로 가득 찬 것이 마치 일만이천봉으로 이루어진 금강산金剛山처럼 보인다. 그리고 거기서 더 아래쪽 정원에는 열두 개의 돌로 중국의 무산십이봉巫山十二峰을 만들었다. 무산십이봉은 중국 사천성에 실재하는 산으로, 빼어난 경치와 그곳에 선녀가 살고 있다는 전설 때문에 시인 묵객들의 이상향이 되었다. 따라서 우리나라에서도 보통 연못의 섬이나 중정中庭의 첨경물添景物로 사용하는 석가산에서 이 형태를 모방하였다.

사랑채에서 방문을 열면 바로 밑에는 인공으로 조성한 금강산과 무산십이봉이 보이고, 멀리 동쪽으로 계룡산鷄龍山의 암봉들이 눈에 들어온다. 금강산과 무산십이봉은 가산假山이요, 계룡산은 진산眞山의 경치이다. 사랑채에 앉아서 삼대 명산을 한눈에 감상할 수 있도록 주변의 정원을 조성한 것이다.

현실에서는 예제禮制를 실천하는 예학자로서의 모습이지만, 윤증의 마음 한구석에서는 조용하고 평화로운 무릉도원의 이상세계를 그리워했던 것 같다.

사랑채 대청마루에 걸려 있는 편액 '허한고와虛閒高臥'는 "모든 것을 비우고 한가로이 누워 하늘을 본다"는 의미이다. 마음을 텅 비우고 한가함을 즐기며 고상하게 누워 하늘을 바라보면, 이곳이 바로 무릉도원이 아닐까. 무릉도원은 내 마음속에 있는 이상향이리라.

고택에 숨어 있는 실용과 과학의 상징들

명재고택은 소박하고 단출하다. 그러나 집안 곳곳에 과학적인 원리와 아녀자에 대한 배려 등 기술적으로 철저하게 논리적인 측면이 돋보인다. 집은 사람을 닮고 사람은 집을 닮듯이, 명재고택은 윤증의 기품을 닮아 고졸하면서도 단아하다. 사람의 인격人格과 집의 가격家格이 하나라는 사실을 단적으로 보여 주고 있다.

첫째, 명재고택은 바람을 가장 과학적으로 이용하였다. 우리나라의 바람은, 여름에는 남동풍이 불고 겨울에는 북서풍이 분다. 우리 조상들은 여름에 시원한 바람을 얻기 위해 한옥에 남동 방향으로 바람길을 만들었다. 바람이 지나다니기 좋도록 집의 끝에서 끝까지 일직선으로 뚫기도 하고, 여러 개의 사선을 교차시켜 ＋자형의 바람길도 만들었다. 창의 위치도 모두 일직선으로 놓아서 바람이 막히지 않게 하였다.

명재고택 안채와 곳간채 사이에 우리나라 최고의 바람길이 지난다. 두 건물을 평행으로 배치하지 않고 의도적으로 삐뚤어지게 하였다. 건물을 삐딱하게 놓은 것은 바람길의 양쪽 간격을 다르게 하기 위함이다. 남쪽은 넓고 북쪽은 좁다. 이렇게 하면 넓은 남쪽 길에서 들어온 바람이 좁은

안채와 곳간채 사이의
바람길.
여름의 남동풍을 더욱
시원하게, 겨울의 북서풍을
순하게 만들어 주는 구조로,
자연과학의 '베르누이
정리'와 같은 이치이다.

북쪽 길로 빠져나갈 때 바람의 속도가 빨라져서 더 시원한 바람이 불고,
반대로 북쪽에서 들어온 바람은 남쪽으로 빠져나가면서 속도가 느려지
고 순해진다.

명재고택에 있는 바람길은 자연과학의 '베르누이Bernoulli 정리'와 같은
이치로 만들어졌다. 여름에 불어오는 남동풍을 북쪽에서 시원하게 만들
고, 겨울에 부는 차가운 북풍은 남쪽에서 순하게 만들어 주는 구조이다.
두 건물의 간격을 일정하지 않게 만들어서 바람이 시작하고 끝나는 지점
의 속도를 조절한 것이다. 그리고 이를 이용하여 바람이 빨리 흘러가는
북쪽에는 여름철에 음식을 보관하는 곳간채와 더위를 피할 수 있는 안채
툇마루를 마련하였고, 남쪽에는 겨울철의 차가운 북풍을 막을 수 있어서
부엌과 방을 배치하였다.

둘째, 명재고택에서 실용의 상징은 사랑채의 문과 창문이다. 사랑방에
서 북쪽 방으로 들어가는 문은 미닫이와 여닫이가 결합된 형태이다. 한

옥의 창호는 개폐 방식에 따라 여닫이와 미닫이로 구분된다. 여닫이는 바깥이나 안쪽으로 밀어서 여닫는 것인데, 바깥쪽으로 여닫는 것이 기본이다. 미닫이는 문을 옆으로 밀어서 여닫는 것으로, 가로닫이라 부른다. 여닫이는 전체를 열 수 있는 장점이 있지만, 안팎으로 문을 열 수 있는 공간을 확보해야 하는 단점이 있다. 반면 미닫이는 문 안팎으로 문을 열 수 있는 공간은 필요 없지만, 문 전체를 열 수 없는 단점이 있다. 명재고택 사랑채의 경우 미닫이 문 끝의 문짝에 돌쩌귀를 달아서 여닫이 문으로도 사용할 수 있도록 하였다. 미닫이와 여닫이를 합해서 단점을 보완하고 장점을 최대한 살린 것이다. 좁은 공간을 최대한 활용하려는 목적에서 만들어진 문은 실용을 강조한 윤증 가문의 가풍을 가장 잘 보여 준다.

한편 사랑채 누마루 창문의 비율은 16 대 9이다. 16 대 9 비율의 가장 큰 장점은 풍경을 감상할 때 가장 편안하다는 것이다. 사람의 눈은 상하보다 좌우로 넓게 볼 때 더 생생한 느낌을 받을 수 있기 때문이다. 최근 지상파 방송 콘텐츠가 아날로그 방송에서 에이치디HD급 디지털 방송으로 바뀌면서 화면 비율이 16 대 9로 바뀐 것도 같은 이유 때문이다. 누마루에 앉아서 바깥 경치를 감상하는 데 가장 적절한 비율이 16 대 9라는 사실을 삼백여 년 전에 이미 알고 있었던 듯하다. 주변 풍경을 넓게 감상할

사랑채 문.
미닫이문과 여닫이문의 단점을 보완하고 장점을 최대한 살렸다.

사랑채 누마루 창문.
누마루 창문의 비율은
풍경을 감상하기 가장 편한
16 대 9로, 요즘 와이드
티브이의 비율과 같다.

수 있는 16 대 9 비율의 누마루 창은 의정부에 있는 박세당朴世堂 가옥의
사랑채에도 그대로 영향을 주었다. 윤증과 박세당은 정치적 학문적으로
밀접한 관계를 맺고 있었을 뿐 아니라, 박세당의 셋째 형인 박세후朴世垕
는 윤증의 누이와 혼인하였기 때문에 혈연적으로 매우 가까운 사이였다.

셋째, 명재고택에는 솟을대문이나 울타리가 없다. 주변을 둘러싼 나무
와 숲이 이를 대신한다. 자연을 이용한 가장 환경 친화적인 건축이다. 명
재고택은 이산尼山을 주봉으로 하고, 바로 이십 미터 앞에 안산案山이 있다.
산이라고 부르기 어려울 정도로 작아, 윤증은 안산 위에 소나무를 심어
보완하고 그 사이에 행랑채와 솟을대문을 건축하거나 담장을 하지 않았
다. 노론이 정국을 주도할 당시, 소론의 영수였던 윤증은 한 점 부끄럼 없
이 모든 것을 다 보여 주겠다는 당당함과 자존심의 상징이라 할 수 있다.

고택은 내외벽을 통해 이를 보완하였다. 대문을 들어서면 내외벽이 있
다. 안채가 ㄷ자형이지만 사랑채와 마주하고 있어서 전체적으로는 ㅁ자
형이다. 여성들의 공간인 안채를 남자들이 함부로 볼 수 없게 한 것이다.
내외벽의 아래쪽은 뚫려 있어서 안채에서 오가는 사람들의 발을 볼 수 있
도록 하였다. 환경적으로 내외벽은 바람을 막는 방풍벽의 역할을 하였

다. 마을의 평균적인 지표면보다 높은 곳에 자리한 고택은 논산의 광대한 평야에서 불어오는 바람을 많이 받았다. ㄷ자형 안채는 서쪽에는 곳간, 남쪽에는 사랑채가 있어서 대문으로 들어오는 바람만 막는다면 겨울철에 따뜻하게 지낼 수 있었는데, 내외벽이 바로 안채로 들어오는 바람을 막는 역할을 한 것이다.

넷째, 윤증의 구세손인 윤하중尹昰重이 해시계의 영점零點을 잡아 천체를 관측하기 위해 만든 '일영표준日影表準'이라는 표지석이 있다. 윤하중은 개화기 때 인물로 천문학에 밝았다. 그는 1910년 이십사 시간제 해시계를 독자적으로 개발하고 천문학 관련 저서인『성력정수星曆正數』를 한문으로 편찬하여 당시의 시각 기준이 잘못되어 있음을 밝혔다. 이같은 사실은 1938년 12월『동아일보』에 관련 기사가 세 차례나 소개되었다. 내용은 서기 원년 1월 1일부터 병자년(1936) 말일까지 시간의 오차가 하루 여덟 시간 십육 분의 차이가 발생하였는데, 그 원인은 일 년이 365일 5시간 50분이 정상이나, 영국 그리니치 천문대에서는 365일 5시간 49분으로 계

대문 안쪽의 내외벽.(왼쪽)
이 내외벽은 안채로
들어오는 바람을 막는
방풍벽의 역할도 한다.

표지석.(오른쪽)
'일영표준日影表準'이 새겨진
표지석은 해시계의 영점을
잡아 천체를 관측하기 위한
것이다.

산하여 발생한 매년 일 분의 시간 오차가 누적된 결과라는 것이다. 그때 왕래한 편지들이 지금도 이곳에 남아 있다. 또한 당시 해시계의 영점을 놓고 천체를 살필 수 있는 위치를 정하고, 이곳에 '일영표준'이라는 글을 댓돌에 새겼다. 지금도 고택 사랑채를 오르는 돌계단 윗부분에 네모난 댓돌을 확인할 수 있다. 이런 가문의 실용적인 학풍으로 인하여 명재고택에서는 윤하중 때부터 음력 대신 양력을 사용하고, 제사 역시 모두 양력으로 지내고 있다.

고택의 공간 구성

조선시대 상류 주택의 전형적인 모습으로 사랑채, 행랑채, 안채, 사당으로 이루어져 있다. 높은 기단 위에 사랑채가 있고, 왼쪽 한 칸 뒤로 一자형의 행랑채가 있다. 행랑채에는 안채가 바로 보이지 않도록 한 칸 돌아 들어가게 중문中門을 냈다. 중문을 들어서면 ㄷ자형의 안채가 있다.[129] 사당은 안채 우측 높은 지대에 담장을 둘러 배치하였다. 사랑채 우측에는 넓은 공터가 있는데, 현재 장독이 즐비하게 늘어서 있다. 행랑채 앞에는 밭이 있고, 그 좌측에 고작사庫直舍를 두었다. 그리고 집 앞에는 넓은 바깥마당과 함께 정원을 꾸몄으며, 인공 연못을 파고 가운데에 원형의 섬을 만들었다.

　명재고택은 과거와 현재와 미래를 모두 담고 있다. 고택의 과거는 사당과 안채이다. 우리나라 종가의 가장 중요한 의무는 '봉제사奉祭祀 접빈객接賓客'이다. 봉제사는 과거에 살았던 조상을 제사 지내는 것이다. 조상은 죽은 자로, 산 자보다도 높은 위치에 있다. 따라서 조상의 위패를 모신 사당은 고택에서 가장 높은 자리에 위치한다. 안채의 대청마루는 봉제사가 이루어지는 곳이다. 봉제사는 조상에 대한 제사를 중심으로 후손들이 모이고 화합하기 위함이다. 즉 과거를 통해 현재를 살고 있는 사람들이 서로의 관계를 이해하고 화목하며 단결하는 데 의미가 있다.

고택의 현재는 접빈객을 위한 사랑채이다. "사람 사는 집에 사람 많은 것이 좋다"는 말처럼, 찾아오는 손님을 접대하는 접빈객의 문화는 사회적 배려와 상통한다. 인간을 소중하게 여기는 문화로, 접빈객을 위하여 음식을 마련하고 사랑채와 누정 등을 두었다.

고택의 미래는 자녀 교육을 위한 서당이다. 향교나 서원 등 공적인 교육기관도 있었지만, 전통교육에서 가장 기본적인 것은 가정교육이다. 그리고 가학家學이었다. 사랑채는 자녀 교육을 위한 공간이다. 명재고택의 경우 그것을 확대하여 문중 서당인 종학당宗學堂을 운영하기도 하였다.

열린 공간, 사랑채

명재고택의 사랑채는 열린 공간이다. 흔히 한옥에서는 집 외곽을 담으로 둘러싸고 대문을 만든다. 담은 집 밖과 안을 구분하는 경계이며, 대문은 이들 공간의 소통을 위한 구조물이다. 사랑채도 담의 안쪽, 즉 집 안에 두는 것이 일반적이지만, 명재고택에는 담도 대문도 없다. 따라서 명재고택의 사랑채는 담 밖에 있는 셈이다.

명재고택에 담과 솟을대문이 없는 것은 첫째, 풍수지리적인 이유 때문이다. 담을 두지 않은 것은 앞서 살펴본 바와 같이 낮은 안산이 집 가까이에 있으며, 좌청룡과 우백호가 담장의 역할을 할 뿐만 아니라 언덕 위에 있는 나무들이 그 역할을 보태고 있기 때문이다. 둘째, 정치적인 이유 때문이다. 윤증은 소론의 영수로, 집권 세력이었던 송시열 중심의 노론과 정치적 사상적으로 대립하였다. 따라서 명재고택은 노론의 경계 대상이었다. 고택의 서쪽에 향교를 배치하고, 동쪽 언덕 너머에는 궐리사闕里祠를 배치하였다. 노론의 감시에 대해 숨고 감추는 것이 아니라 오히려 사랑채를 과감하게 개방하는 적극적인 대응을 선택하였다. 사랑채를 과감하게 열어 놓은 것은 당당함과 자신감의 표현이다. 그리고 외부인의 출

상류주택의 전형인 사랑채.
사랑채는 손님을 접대하기
위한 곳으로, 사회적 배려와
소통의 공간이다.

입을 막는 배타성이 아니라, 누구에게나 열려 있다는 개방성을 나타낸 것이다. 열린 마음이 열린 공간을 만들어냈다.

사랑채의 마당은 담장 역할을 한다. 집에서 앞으로 툭 튀어나와 있는 사랑채는 담장 대신에 마당으로 둘러싸여 있다. 남쪽에는 넓은 마당이 있고, 동쪽에는 장독이 도열해 있는 공간이 있으며, 북쪽에는 행랑채 앞의 텃밭이 있다. 명재고택의 길은 다른 고택에 비해 길다. 그래서 고택에 도달하기 위해서는 한참 동안 걸어야 한다. 기단 또한 높은데, 사랑채는 이중 기단으로 되어 있다. 단 위와 아래의 공간을 제법 떨어뜨려 놓았다. 대문이 집의 안팎을 구분하듯이, 명재고택에서는 기단과 길이 그 역할을 대신하고 있는 것이다.

사랑채는 명재고택의 상징이다. 넓은 사랑마당 끝에 우뚝 자리잡은 사랑채의 단정함이 인상적이다. 사랑채는 수직적인 동시에 수평적 공간이

다. 충청·전라 지역 살림집은 지형이 경상도에 비해 평지이기 때문에 수평적 구조를 가지는 것이 특징이다. 명재고택도 안채와 행랑채는 수평적으로 이루어져 있다. 그런데 사랑채도 안채와 높이를 같이하기 위해 기단을 높게 쌓아서 수직적 구조를 이루고 있다. 이렇게 수평과 수직으로 상반된 구조는 다소 이질적이다. 따라서 명재고택에서는 사랑채 기단을 이단으로 나누어 구성함으로써 사랑채의 수평성을 보장함과 동시에 바닥의 높이를 높였다.

사랑채의 이중 기단은 상단과 하단 모두 모서리만 살짝 접어 쌓았지만, 각각 다른 모습이다. 상단은 일정한 크기로 정교하게 다듬은 돌을 두 벌로 가지런히 배열하였다. 이는 엄격하고 근엄하여 마치 예제禮制를 지키기 위한 예학자의 위엄이 느껴진다. 반면 하단은 크고 작은 돌을 모서리만 살짝 다듬어 그 모습이 자연스럽고 정감이 간다. 그리고 돌들의 높낮이가 서로 달라 부드러운 곡선을 이루는데, 이는 영락없는 충청도 산의 모습이다. 상단이 엄격한 예제를 지키는 예학자禮學者가 살고 있는 유교 세계라면, 하단은 주변의 자연과 조화를 이루는, 신선이 노니는 도교의 세계이다.[130]

'도원인가桃源人家'라는 현판이 걸려 있는 사랑채의 누마루방은 실제 무릉도원이다. 다락처럼 높게 만든 누마루는 차를 마시고 손님을 접대하며, 사색을 즐기는 공간이다. 큰사랑방보다 오십 센티미터 정도 높게 만들어진 누마루는 고택에서 가장 높은 곳이다. 따라서 집 전체를 조망하면서 통제하는 망루와 같은 역할을 하였다. 누마루방의 남쪽 문은 16 대 9의 비율로 된 들창이다. 문을 들어 올리면 고택의 연못을 감상할 수 있을 뿐만 아니라 각종 수석 등 여러 조경물을 한눈에 볼 수 있으며, 멀리 입구와 마을까지도 내려다볼 수 있다.

누마루 앞 상부 기단에는 작은 괴석으로 이루어진 석가산石假山을 조성해 놓았다. 그리고 기단 아래 정원에는 열두 개의 돌로 중국의 무산십이봉巫山十二峰을 만들었다. 누마루에서 내려다보면 인공으로 조성한 석가산은 금강산을 연상시키며, 정원의 열두 개 돌은 무산십이봉을 상징한다.

사랑채 대청마루.
공적인 공간으로,
종계·학계·제례 등
큰 행사가 열리곤 했다.

그리고 멀리 동쪽으로 진산인 계룡산鷄龍山이 있어서 전체적인 풍광은 무릉도원 그 자체이다.

사랑채 좌측의 대청마루는 우측에 있는 누마루에 비해 상대적으로 공적이며 열린 공간이다. 대청마루는 종계宗契나 학계學契, 제례祭禮 등 비교적 규모가 큰 행사가 열리던 곳이다. 또한 앞쪽은 바깥쪽을 향해, 오른쪽은 화초 등으로 꾸며진 뜰을 향해, 그리고 뒤쪽은 사당을 향해 열려 있다.

석가산.
인공적으로 조성한 석가산은 금강산을 연상시킨다.

사랑채에는 큰사랑방과 작은사랑방, 안사랑방이 있다. 큰사랑방에는 노종손老宗孫인 할아버지가 거처하고, 작은사랑방에는 종손인 아들이 지내며, 안사랑방에는 차종손인 손자가 거처하였다. 사랑채에 삼대三代가 함께 살았던 것이다. 방의 크기와 위치를 통해 위계질서와 그들의 역할을 확인할 수 있다.

큰사랑방은 집안의 가장 웃어른이 사용하는 공간이다. 사랑채의 중앙에 위치하고 있을 뿐만 아니라 크기도 가장 크다. 대청·툇마루·누마루방·작은사랑방과 사방으로 연결되어 있어서 사랑채의 중심인 동시에 집안의 중심이다. 사방으로 통하는 큰사랑방의 문 가운데 작은사랑방과 통하는 '안고지기문'이 특징적이다. 여닫이문과 미닫이문이 합쳐진 것으로, 둘의 장점을 모두 갖고 있어 명재고택의 작은 상징처럼 되었다.

작은사랑방은 종손인 아들이 거처하는 공간이다. 작은 고방이 큰사랑방과 연결되어 언제나 아버지와 소통할 수 있도록 하였다. 그리고 외짝문을 통해 안채와 직접 소통하도록 하여 사랑채와 안채를 연결하는 중간 역할을 하였다. 서쪽으로는 손자의 안사랑방과도 통한다. 그러나 동쪽으로는 바로 외부로 통할 수 있도록 툇마루를 배치하여 작은사랑방의 독립

성을 보장하였다.

안사랑방은 차종손, 즉 손자가 거처하면서 학문을 정진하던 곳이다. 네 짝으로 이루어진 문은 작은사랑방과 통하도록 하였다. 언제나 아버지로부터 가르침을 받을 수 있도록 배려한 것이다. 그리고 손자는 안채와 가까이 있어서 할머니와 어머니의 보호를 받았고, 출입문은 대문간 옆 안채 마당에 설치하였다. 큰사랑방과 작은사랑방은 문을 열면 외부와 통하는 개방적인 공간인 점과는 대조적으로, 안사랑방은 벽체로 되어 폐쇄적이다. 미성년자가 사용하는 공간이기 때문이다.

한편 큰사랑방과 작은사랑방 사이에는 작은 고방庫房이 있다. 안채의 작은 부엌에서 내어 온 차와 다과 등이 고방을 거쳐 큰사랑방과 누마루방으로 전달되었다. 고방은 온돌바닥으로 되어 있어 이불 등이 보관되었으며, 큰사랑방과 작은사랑방을 수발하던 하인이 대기하던 공간이기도 하다. 누마루방이 온돌방보다 한 층 높기 때문에 고방의 활용 가치는 훨씬 높았다. 큰사랑방과 고방 사이의 문은 앞서 살펴본 것처럼 미닫이와 여닫이를 합한 실용적인 문이다.

한편 노종부老宗婦의 증언에 의하면, 사랑채의 동쪽 편에는 장판각藏板閣과, 손님이 머무를 수 있는 상당히 큰 규모의 건물이 있었다고 한다.[131]

절제와 균형을 갖춘 안채

안채는 안주인이 생활하는 공간으로, 가족을 제외한 외부인은 접근하기 어렵다. 안방을 비롯한 여러 개의 방과 대청·부엌·창고·툇마루 등으로 구성되어 있다.

안채의 평면은 마당을 중심으로 한 ㄷ자형이다. 중앙의 대청을 중심으로 좌우측에 익랑翼廊이 연결되어 있어 일견 완벽한 대칭으로 보인다. 그러나 안채는 대칭이 아닌 균형의 공간이다. 대청은 정면 일곱 칸 반에 측면 두 칸의 팔작지붕이지만, 익랑은 그 규모와 모양이 다르다. 안방과 연

안마당에서 바라본 안채 전경.
여성의 공간으로, 마당을 중심으로 한 ㄷ자형이다.

결된 좌측 익랑은 정면 세 칸에 측면 두 칸으로, 지붕 경사가 완만하다. 건
넌방이 있는 우측 익랑은 정면은 세 칸이나 측면은 한 칸 반으로, 지붕 경
사가 급하다. 구조적인 면에서도 좌측 익랑은 앞뒤에 툇간을 둔 전후퇴
구조이나, 우측 익랑은 앞에만 툇간이 있는 전퇴 구조이다. 좌측 익랑의
뒤편은 고방 마당으로 안살림을 하는 곳이기 때문에 툇마루가 필요하지
만, 우측 익랑은 뒤편이 사당이기 때문에 툇마루가 필요 없다. 그리고 좌
우 양측에는 모두 부엌과 방이 배치되어 있으나 크기와 역할 및 모양은
다르다. 우리의 한옥은 균형과 비례는 맞추지만 좌우 대칭은 경직된 분
위기를 연출하기 때문에 지양한다. 명재고택은 비대칭의 균형을 통해 여
유를 느끼게 하는 편안한 집이다.

안채에는 안방을 비롯하여 윗방과 고방·건넌방·작은건넌방·마루방
등이 있다. 안방은 가장 웃어른인 시어머니가 거처하는 공간이다. 아래

안채 대청에서 내다본
안마당.
안채의 중심으로, 이곳
안마당과 대청에서 제례가
이루어진다.

로는 쪽문을 통해 부엌과 연결되어 있으며, 위로는 사분합문을 통해 윗
방과 연결되어 있다. 그리고 좌측으로는 툇마루와 곳간채로 연결되고,
대청과 연결된 우측 문은 안방의 주출입문이다. 안방은 안채의 모든 곳
과 통하는 집안 살림살이의 중심이다.

윗방은 안방 위에 있는 온돌방으로, 어린 손자와 손녀가 거처하거나 중
요한 손님을 접대하는 접객 공간으로 활용되었다. 대청 좌측에 있는 고
방은 마루바닥으로 되어 있으며, 부식이나 곡식을 보관하는 공간이다.
지금까지 원형을 잘 간직하고 있으며, 현재 생활 집기를 보관하는 창고
로 사용하고 있다. 안채의 우측 익랑에는 건넌방과 작은건넌방이 있다.
이들 공간에 삼대三代가 거처할 경우, 안방에 종부인 노모가 거처하고, 건
넌방에는 차종부인 시어머니가 거처하며, 작은건넌방은 며느리인 손부
가 사용하였다. 건넌방과 작은건넌방 사이에 있는 마루방은 안채의 여성

들이 모여 바느질을 하며 담소를 나누던 공간으로, '바느질방'이라고도
한다.

안채에는 안방 아래 큰 부엌과, 건넌방 아래 작은 부엌이 있다. 서쪽의
큰 부엌은 두 칸으로, 실질적으로 취사가 이루어지는 안채의 중심 부엌
이며, 서쪽으로 고방 마당과 연결되어 있다. 동쪽의 작은 부엌은 한 칸으
로, 안채의 취사와 난방을 담당하는 공간이기도 하지만, 사랑채 손님을
접대하기 위한 음식이나 다과를 준비하는 공간이다. 사랑채와 가장 가까
운 곳에 자리하고 있으면서 음식을 나를 때는 부엌 뒷문으로 나와 담장에
설치된 일각문과 사랑채 뒷문을 이용하였다.

안채는 제례祭禮의 공간이다. 대청과 안마당에서 제례가 이루어졌다.
명재고택의 안마당은 안채의 중심이다. 안마당의 형태는 정방형으로, 다
른 고택들의 안마당이 길쭉한 장방형으로 되어 있는 것과는 대조적이다.
이는 안마당의 중심성을 확보하여 제례를 지내기 위해서이다. 안마당의
폭은 대청의 전면 폭과 같이 넓게 만들어졌으며, 길이 또한 같다. 그리고
풍수지리적으로 혈穴이 모이는 곳이다. 따라서 엄숙하고 단정한 안마당

건넌방.
차종부인 시어머니가
거처하는 곳이다.

은 제사 공간으로서의 분위기를 자연스럽게 연출한다.

안마당은 무척 밝고 수평적인 방향감으로 충만하다. 수직적이고 어두운 경상도 고택들과는 대조적이다. 안마당이 밝은 것은 다른 고택에 비해 마당이 넓을 뿐만 아니라 비어 있기 때문이다. 장독대나 개수대는 물론 난방에 필요한 아궁이들마저도 안채의 뒤편에 설치하였다. 그리고 마당에 깔린 왕모래에 반사된 빛이 대청마루와 방 안으로 들어와 간접 조명의 역할을 하도록 하였다. 따라서 명재고택의 안마당은 서원이나 재실의 안마당처럼 의례적이고 엄숙한 공간으로 자리잡고 있다.

반면 안채 주변의 마당은 안마당과는 달리 긴 장방형으로 자유롭다. 안채의 동쪽 뒷마당은 한쪽은 담으로, 다른 한쪽은 벽으로 막혀 있다. 기다란 공간의 종착부에는 계단식 화단이 조성되어 있다. 사당과 연결되어 제례를 준비하는 공간이지만, 엄숙하기보다는 편안하고 자유로운 공간이다. 안채의 북쪽 뒷마당은 마당이라기보다는 복도와 같은 공간이다. 뒷산을 절토하여 화계花階를 만들고, 중간에는 다양한 높이를 자랑하는 장독들을 줄지어 배열하였다. 이 화계에는 기나긴 세월을 보여 주는 꽃들이 심겨 있고, 멀리 사당 쪽에는 계단식 담장이 운치를 더한다. 이처럼 안채는 규범적인 엄숙함과 자유로운 여유가 공존하는 공간이다.

안채의 대청마루는 제례의식이 이루어지는 공간으로, 열 칸의 넓이로 되어 있으며, 모든 칸의 크기가 동일하다. 그리고 대청의 양쪽 끝에 있는 기둥은 팔각기둥이다. 마루와 대청을 구분하는 기준선인 동시에 경계선이다. 팔각기둥의 의미는 천원지방天圓地方 사상의 반영으로 생각된다. 하늘은 둥글고 땅은 네모나다는 인식에서 하늘을 상징하는 건물 즉 궁궐이나 사찰에는 원기둥을 사용하였으며, 땅을 상징하는 건축물 즉 일반 주택에서는 사각기둥을 사용하였다. 팔각기둥은 하늘과 땅을 연결하는 중간 과정인 것이다. 제례가 이루어지는 명재고택의 정사각형 마당은 땅을 의미하며, 조상의 제사를 모시는 대청마루는 하늘이다. 따라서 땅을 상징하는 마당에서 하늘을 의미하는 대청으로 올라가는 연결점에 위치한 대청마루의 양쪽 끝에 원과 사각형의 중간적인 의미로 팔각형의 기둥을 사용하였다.

곳간은 정면 네 칸, 측면 두 칸의 건물이다. 좌측면에 2×1칸 규모의 세면장과 화장실을 덧붙였다. 곳간채 내부는 세 개의 공간으로 구분된다. 좌측의 광은 밀실형으로 꾸며져 소금이나 감자, 고구마 등 저온 저장 작물을 보관하였다. 가운데 광은 살창을 설치해 통풍이 잘 되도록 하여 쌀과 보리, 콩 등 곡식을, 우측 광은 마루바닥과 다락을 설치해 음식물과 부식재료, 찬류 등을 보관하였다.

곳간채는 안채와 나란히 있지 않고 비스듬히 자리하고 있다. 앞쪽의 폭이 백오십 센티미터인 데 비해 뒤쪽의 폭은 육십 센티미터이다. 이같은 건물의 배치는 앞서 살펴본 바와 같이, 첫째, 두 건물의 인동隣棟 간격이 가까워 곳간채 처마의 낙숫물이 안채 기단에 떨어지는 것을 방지할 수 있고, 둘째, 안채 툇마루와 안방의 일조량을 확보할 수 있다. 셋째, 건물의 좌향상 겨울철의 북서풍은 좁은 건물에서 넓은 건물 사이로 통과하여 추위를 막을 수 있고, 여름철 남동풍은 넓은 건물에서 좁은 건물 사이를 빠져 나가면서 안채 툇마루에 시원함을 가져다 줄 뿐만 아니라 곳간채의 통풍을 원활하게 하였다.[132]

예학을 실천하는 사당

명재고택의 사당은 가장 높은 곳에 자리하고 있다. 조상은 비록 돌아가셨지만, 살아 있는 후손보다 위계가 높기 때문에 집 안에서 가장 높은 곳에 모셨다. 주로 뒤뜰이 높은 경사지에 위치하도록 한옥은 지형이 가장 높은 장소가 위계도 가장 높다. 집 안에서 가장 높은 곳에 조상을 모심으로써 자손들이 그 아래에서 조상의 보살핌을 받으며 살아가고 있음을 의미한다. 실제 명재고택의 사당은 집 안에서뿐만 아니라 마을 전체에서 가장 높은 곳에 위치하고 있다. 사당에서 밖을 내다보는 경관은 집 안 어디보다도 훌륭하다.

사당은 안채의 동쪽에 자리하고 있다. "사당은 정침正寢의 동쪽에 자리한다"는 『가례家禮』의 규범에 따른 것이다. 윤증尹拯은, 사당을 정침의 동쪽에 두는 것은 정침의 왼쪽은 양陽이며 인도人道의 고향이기 때문이라고 해석하였다. 사당을 동쪽에 배치한 것은, 어버이가 비록 육신은 세상을 떠났지만 언제나 죽지 않고 자손의 마음속에 살아 있다는 뜻이다.[133]

사당은 담장을 둘러 구획하고 일각문을 두었다. 그런데 일각문이 사당의 축에 맞추어 중앙에 있는 것이 아니라 안채와 사랑채 쪽으로 치우쳐 있다. 일각문을 담장 면의 정중앙에 배치하면 권위적이며 사당 중심의 문이 된다. 그러나 음식을 준비하는 안채와 제관들이 오는 사랑채 쪽으로 배치하면 거리를 가깝게 하여 접근성을 높일 수 있다. 집 안쪽으로 치

비보용裨補用 느티나무에서
바라본 사당 영역.
명재고택의 사당은 가장
높은 곳에 자리하고 있다.

우친 사당의 일각문이 사당을 안채와 사랑채 등과 묶어 주는 장치이며, 실제 거리와 함께 심리적인 거리감을 좁혀 주고 있다.

실제로 안채에서 준비된 제사 준비물이 안채 담장 안쪽 건넌방과 작은건넌방 마당을 지나 담장 끝에 설치된 협문을 통해 사당으로 옮겨진다. 협문을 나오면 사당으로 올라가는 계단이 나온다. 그리고 제관祭官들은 사랑채 뒤쪽, 안채 바깥쪽 길을 따라 사당으로 들어가도록 되어 있다. 사당으로 가는 남녀 이동 동선動線이 확실하게 구분되어 있는 동시에 사당의 일각문에서 만나도록 되어 있다.

대문으로 올라가는 길. 계단의 폭을 줄여서, 서두르지 않고 조심해서 출입하도록 하였다.

사당은 정면 세 칸, 측면 한 칸 반 규모이다. 기단은 장대석 기단으로 두벌대 쌓기를 하였고, 정면에 세 개의 계단을 배치하였다. 가구는 1고주 5량의 전퇴 구조이고, 민도리집이며 맞배지붕이다. 벽체는 정면을 제외한 삼면이 회벽이며, 툇마루와 내부는 마룻바닥이다. 단아하지만 조상을 모시는 엄숙함과 장중함이 있다.

열림과 닫힘의 대문과 행랑채

명재고택의 행랑채는 중문간채이다. 행랑채의 다섯 칸 가운데 서쪽 두번째 칸이 대문이다. 대문에는 하인방下引枋이 있는데, 지표면에서 약간 높게 설치되어 있어서 오가는 사람들이 통행 시 주의가 필요하다. 그리고 대문으로 올라오는 계단의 폭도 줄여서 서두르지 않고 조심해서 출입하도록 하였다.

대문을 들어서면 내외벽이 있다. 내외벽은 안채 앞에 설치되어 안채에 거주하는 여성들의 사생활을 보호하기 위한 것이다. 또한 풍수지리적으

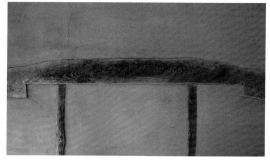

대문채의 좌우 벽면.
음陰을 상징하는
좌측 벽면(왼쪽)과
양陽을 상징하는 우측
벽면(오른쪽)은 음양의
조화를 통해 자손의 번성과
가정의 화목을 기원하고
있다.

로 수구막이 역할도 한다. 즉 명당의 기운이 밖으로 빠져나가지 않도록 막아 주는 기능을 함께하고 있다. 이처럼 내외벽으로 인해 안채가 외부와 단절된 폐쇄적인 공간이 될 수도 있다. 그러나 내외벽의 아래를 터서 오가는 사람들을 안채에서 식별할 수 있도록 함으로써 열린 공간의 기능을 부여하였다.

한편 내외벽이 있는 대문채의 좌우 벽면은 음양을 상징한다. 대문을 열고 들어서면, 음陰을 상징하는 좌측 벽면은 여성의 공간인 안채와 연결되어 있고, 양陽을 상징하는 우측 벽면은 남성의 공간인 사랑채와 연결되어 있다. 대문채 좌우 벽면은 음양의 조화를 통해 자손의 번성과 가정의 화목을 기원하고 있다.

행랑채는 안채와 사랑채를 연결시켜 주는 역할을 한다. 행랑채에 있는 안사랑방은 기능적으로 사랑채에 속하지만 안채에 가깝다. 행랑채는 ㄷ자형 안채의 남쪽을 막음으로써 안마당을 제례祭禮를 거행할 수 있는 ㅁ자형으로 만들어 안채의 기능을 완성시키고 있다. 그리고 대문은 사랑채와 안채를 소통하게 하는 가장 중요한 통로이다.

정려각

정려각旌閭閣은 윤선거尹宣擧의 부인이자 윤증尹拯의 어머니인 공주이씨公州李氏를 기리기 위해 세워졌다. 명재고택 진입로 우측에 자리한 정려각은

한 칸짜리 건물이다. 사면에 홍살을 꽂아 벽을 꾸미고, 정면에 살문을 달았다. 내부에는 붉은 바탕에 "烈女 故徵士 贈大匡輔國崇祿大夫 領議政 兼領經筵 弘文館 藝文館 春秋館 觀象監事 世子師 諡文敬公 尹宣擧之妻 贈貞敬夫人 公州李氏之閭"라고 씌어진 현판이 걸려 있다.

공주이씨는 병자호란丙子胡亂이 일어나자 남편 윤선거를 따라 아들 윤증을 데리고 강화도로 피란하였다. 그러나 1637년(인조 15) 1월 22일에 강화성이 함락되어 오랑캐 병력이 성안에 들어왔다. 공주이씨는 사우師友들과 대처 방안을 의논 중인 윤선거를 모셔 오도록 하였다. 그리고 "적의 칼날에 죽기보다는 일찍 자결하는 것이 낫습니다. 한번 만나 뵙고 죽기를 원할 뿐입니다"라고 말하였다. 윤선거가 다시 사우를 만나러 돌아가자, 종들에게 어린 아이를 부탁하고 스스로 목을 매어 자결하였다. 당시 윤증은 아홉 살이었다. 윤증은 시신을 거두어 의복을 반듯하게 겹쳐 입힌 뒤 판상板商의 집에서 관棺을 얻어 입관하였다. 이어 거처하는 집의 대청 아래 가매장하고, 흙을 모아 수북하게 덮은 뒤 돌덩이 여덟 개를 사방 모

정려각 旌閭閣.
공주이씨는 병자호란 당시 강화도로 피란하였다가 강화성이 함락되자 자결하였다. 1681년 이민서의 청에 따라 이 정려각이 세워졌다.

통이에 묻고 가운데에 숯가루를 뿌려 표시하였다가, 이듬해 2월에 경기도 파주 교하交河에 장사 지냈다.134

공주이씨는 성균관 생원 이장백李長白의 무남독녀 외동딸이다. 1607년 (선조 40) 외조부인 돈녕도정敦寧都正 윤민일尹民逸의 집에서 태어났다. 여덟 살 때 아버지가 돌아가시자 아침저녁으로 올리는 제전祭奠에 반드시 참여하여 슬피 우는 등 효심이 지극하였다. 총명하고 영리함이 남보다 뛰어나 외조부로부터 글을 배웠는데 "남자 열 명보다 낫다"는 평을 받았다. 이십 세에 윤선거와 혼인하였으나 시어머니 못지않게 친정어머니도 정성으로 봉양하였다. 그리고 집터를 사서 집을 지을 때 의복을 내다 팔기까지 하면서 남편에게는 걱정을 끼치지 않는 등 내조에 최선을 다하였다. 병자호란으로 삼십일 세에 스스로 목숨을 끊으니, 당시 강화도에서 부녀자들 가운데 가장 앞선 것이었다.135

윤선거는 부친 윤황尹煌을 뵙고, 죽기로 결심하고 남한산성으로 갔다가 죽지 못하고 목숨을 부지하였다. 강화도 사건은 그에게 평생 한이 되었다. 참회하는 뜻에서 집의 이름을 '삼회三悔'라 하고, 서재의 현판을 '회와悔窩'라 하였으며, 부인 공주이씨를 추모하며 세상을 떠날 때까지 재혼을 하지 않았다. 그리고 윤증은 숙종이 우의정의 벼슬을 내리자 "어머니 한 분도 지키지 못한 주제에 어떻게 나라를 지키겠는가"라며 벼슬길에 오르지 않았다.

1681년(숙종 7) 경연經筵에서 지사知事 이민서李敏敍가 "병자년의 난리에 충신·열사 가운데 절의를 지켜 죽은 사람들은 거의 모두 포상하였습니다. 집의 윤선거의 아내 이씨李氏는 강화도 난리 때 적군의 칼날이 핍박하려 하자 먼저 스스로 자결하였습니다. 조정에서 정절을 포상하여 정표해야 합니다"라고 공주이씨에게 정려旌閭할 것을 청하자, 임금이 그대로 따랐다.136 윤증은 별유別儒로 징소徵召한 것에 대해 사양하는 상소를 올리면서, 함께 어머니에게 정려를 내린 은혜에 대해서 사은하였다.

2. 유봉영당과 초상화

유봉영당

유봉영당酉峰影堂은 윤증尹拯의 영정을 봉안한 사우祠宇이다. 남북으로 길게 형성되어 있는 산자락의 서편에 자리잡고 있는 유봉영당은, 영정을 봉안한 영당影堂, 강당인 경승재敬勝齋, 그리고 고택 유허지遺墟址로 구성되어 있다. 구릉지의 약간 높은 후면에 영당을 배치하고, 정면 좌우에 경승재와 고택을 배치하였다.

유봉영당은 유봉 아래 자리하고 있다. '유봉酉峰'이라는 지명의 유래에는 두 가지 설이 있다. 첫째, 서쪽에 있는 봉우리라는 의미이다. 전통적인 방위 구분 체계인 이십사 방위 가운데 '유酉'가 정서正西 쪽을 지칭하는데, 문중 재실인 병사丙舍를 기준으로 할 때 이곳은 정서 쪽이다. 둘째, 지형을 기준으로 유봉마을의 뒷산이 닭 모양을 하고 있어서 유봉이 되었다. 실제 유봉영당의 뒷산은 닭이 알을 품고 있는 형상이다. 윤증은 이같은 지명을 따서 자신의 호를 '유봉酉峰'이라 하였다고 전해진다.

유봉의 오른쪽에 있는 마을의 입구는 닭의 꼬리에, 그리고 왼쪽은 닭의 머리에 해당한다. 특히 닭의 눈에 해당하는 곳에는 예전에 우물이 있었다. 실제로 윤씨 문중에서 소유하고 있는 〈유봉전도酉峰全圖〉를 보면 마치 닭이 알을 품고 있는 형상, 즉 금계포란형으로 표현되어 있다. 유봉마을 남쪽에 있는 복와대伏蛙坮 마을은, 유봉의 닭과 유봉 남쪽에 있는 매봉의 매에 놀란 개구리가 납작 엎드린 형국이라 하여 '복와대'라고 부른다는 설이 있다.[137]

유봉영당은 원래 윤증이 살았던 고택 즉 유봉정사西峰精舍가 있던 자리이다. 윤증은 사십팔 세 되던 1676년(숙종 2) 1월 유봉에 새 집을 지어 이사하였다. 그는 선영이 있는 경기도 파주 교산으로 이사할 계획을 가지고 있었으나 당쟁의 실상을 보면서 서울 가까운 파주로 이사 가는 것을 포기하고, 동생 농은農隱 윤추尹推가 살고 있는 죽리竹里 근처의 유봉으로 이사하였다. 언덕 하나를 사이에 두고 살며 동생을 늘 만나는 즐거움을 누리기 위하여 아버지 대부터 세거하였던 미촌美村에서 유봉으로 집을 옮긴 것이다.

유봉정사는 윤증이 안빈낙도安貧樂道를 꿈꾸며 지은 집이다. 지금껏 살던 미촌의 집이 누추해서가 아니라 오히려 자신의 분수에 넘친다고 느꼈기 때문이다. 그래서 유봉 고택은 비바람만을 겨우 막아 줄 정도의 초가로 지었다. 1681년 가을에 윤주익尹周翊이 유봉으로 윤증을 처음 찾아뵈었을 때, 거처하는 집은 초가삼간인데, 그것마저도 무너지려 하므로 긴 나무토막으로 떠받쳐 놓았지만 책은 선반에 가득 차 있었다고 기록하고 있다. 그러나 날마다 학도들과 강론하는 것은 게을리하지 않았다. 학도들

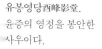

유봉영당西峰影堂.
윤증의 영정을 봉안한
사우이다.

은 재사齋숨 옆에 서실書室을 지어 거처하였는데, 윤증은 이를 아침 일찍부터 밤늦게까지 부지런히 학문에 힘쓰라는 뜻으로 '숙야재夙夜齋'라 이름하였다. 이로부터 원근의 학도들이 더욱 많이 찾아와 많은 인재를 배출하였다. 그리고 윤증은 1714년 팔십육 세를 일기로 세상을 떠날 때까지 오직 후진 양성과 성리학 연구에만 힘썼다.

유봉정사의 규모와 모습은 『영당기적影堂紀蹟』 내에 수록되어 있는 〈유봉전도酉峰全圖〉에서 추정할 수 있다. 〈유봉전도〉에는 윤증이 거처하였던 사랑채가 기와집으로 되어 있으나, 이는 윤증이 세상을 떠난 후 영정을 봉안하면서 기와집으로 바꾼 것이다. 그리고 〈유봉전도〉에 그려진 담장도 후대에 유봉정사가 유봉영당으로 바뀌면서 만들어진 것으로 생각된다. 윤증이 거처하던 당시의 유봉정사는 초가삼간의 단아한 모습이었을 것으로 추정된다. 왼쪽 산기슭에는 윤증이 강론하던 송단松壇이 소나무로 숲을 이루고 있고, 경승재 담의 앞뒤에는 오죽烏竹이 가득하였다. 이곳은 윤증이 제자들과 더불어 시를 읊었던 곳이다.

유봉정사는 청빈한 삶의 상징이다. 윤증은 한 가지 반찬과 보리밥에 나물국만 고집하였다. 아들들이 고위 관직에 나아가 부양할 때에도 이 습관을 고집하였다. 특히 손님이 왔을 때도 같은 음식으로 대접하였다. 윤증이 먹으니 차마 못 먹겠다는 소리는 하지 못하고, 먹고는 바로 밖으로 나와 집 앞에 있는 논에다 토했다는 이야기도 전해지고 있다. 그 논을 '토한 논'이라 한다.

윤증은 가난하지 않았다. 비록 벼슬을 위해 향리를 떠난 적은 없지만, 정승으로 임명될 정도로 역대 집안은 학문적으로 뛰어났을 뿐 아니라 재력이 상당했던 것으로 전해진다. 아버지 윤선거尹宣擧로부터 재산을 물려받았고, 1654년에는 외가로부터 재산을 상속받았다. 어머니 공주이씨가 외조부 이장백李長白의 무남독녀였기 때문에 윤증은 외조부 소유의 노비 아홉 명과 안성 전답 전부를 상속받았다. 이처럼 상당한 재산을 소유하

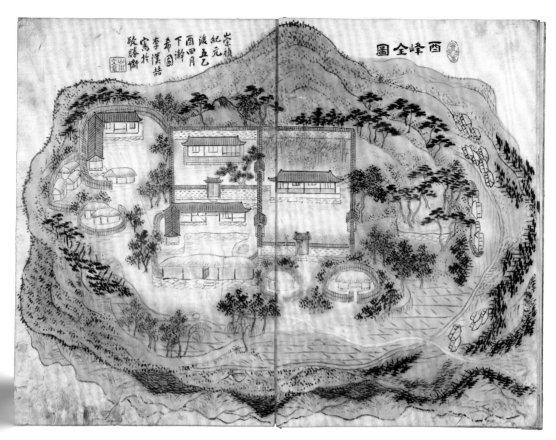

〈유봉전도酉峰全圖〉.
『영당기적影堂紀蹟』에
수록된 것으로, 유봉정사의
규모와 모습을 보여
준다. 화기畵記에 따르면
이한철李漢喆이 1885년 4월
하순에 경승재에서 옮겨
그린 것임을 알 수 있다.

고 있었음에도 불구하고 청빈한 삶을 살았다.

　1714년 윤증이 세상을 떠나자 유봉정사는 유봉영당酉峰影堂으로 바뀌었
다. 삼년상이 끝나고 탈상한 해인 1716년(숙종 42) 여름, 윤증의 문인들
은 1711년에 제작하여 재종손인 윤동수尹東洙 집에 보관하고 있던 윤증의
초상화를 유봉정사에 봉안하면서 이를 영당으로 삼았다. 당시 유봉영당
은 비가 새는 초가를 기와집으로 바꾸었을 뿐, 윤증이 살아생전 거처하
던 유봉정사는 그대로였다. 그 후 유봉영당이 퇴락하여 기둥이 썩고 서
까래가 무너지자, 1744년(영조 20)에 인근 유림들에 의해 크게 중수하고
북벽에 감실龕室 두 개를 설치하는 등 본격적인 영당의 형식을 갖추었다.

　영당은 조상이나 선현을 제향하는 사우祠宇의 일종으로, 신주神主 대신

에 영정을 모시는 곳이다. 제향 공간인 사묘만 있는 사우는 강학 공간인 강당까지 갖춘 서원書院에 비해 위상이 낮았다. 그런데 윤증의 문인들이 위상이 높은 서원 대신에 사우의 일종인 영당을 설립한 것은, 당시의 서원 통제책과 관련된다. 윤증을 영수로 모신 소론은 서원을 통해 사회적 지지 세력을 확대하려는 노론을 견제하기 위해 서원 통제책을 적극적으로 지지하고 있었다. 따라서 그들은 서원 대신 영당을 통해 윤증에 대한 숭모를 실현하였다. 그리고 1737년에는 영당 옆에 강학 공간인 경승재敬勝齋를 건립하여 서원과 유사한 건물 구성을 갖추게 되었다.

유봉영당은 단순히 초상화를 모시고 제사를 지내기 위한 장소가 아니었다. 윤증이 거처하던 유봉정사의 모습대로 꾸며진 공간으로, 윤증의 책이나 편지, 생활도구 등을 생전 쓰던 그대로 두었다. 초상화와 유품이라는 매체를 통해 윤증이라는 인물을 시각적으로 보여 주고, 이곳을 찾는 후학들에게 그대로 전달하고자 하였다. 또한 초상화와 유품은 매달 한 번씩 햇볕에 말려 습기를 제거하는 등 체계적으로 관리하였다. 그리고 춘추로 제향을 봉행하여 왔는데, 제향일은 매년 음력 9월 15일이다. 이처럼 유봉영당은, 단순히 윤증의 초상화를 봉안한 장소가 아닌, 일종의 윤증 박물관과 같은 곳이었다.

유봉영당은 여러 차례 중수를 거듭하면서 변화하였다. 당초 윤증이 강학했던 강당은 1940년경에 헐리고 주초석만 남아 있으며, 고택 유허지에는 작은 비석 하나가 그 자리를 말해 주고 있다. 최근 윤증의 팔세손인 윤덕병尹德炳이 희사하여 경승재와 영당을 중수한 후 세 차례에 걸친 주변 정리가 이루어졌다. 현재는 영당과 경승재·관리사·아래채 등이 남아 있다. 경승재는 정면 세 칸, 측면 두 칸의 누마루식으로 조영되었다.

명재 선생 유허지.
유봉영당은 윤증이 살던
유봉정사가 있었던 곳이다.

유봉영당은 경승재의 북서쪽에 자리하며, 정면 세 칸, 측면 두 칸이고, 영정은 중앙의 어각(御閣)에 봉안되어 있다. 현재 둥근 돌을 박아 별 모양의 문양을 만들고, 전돌로 '同' 자 무늬를 새긴 담장 안에는 역사를 지켜온 향나무가 윤증의 정신을 계승하고 있다.

윤증 초상화

윤증의 초상화는 측면 전신좌상(全身坐像) 석 점, 정면 전신좌상(全身坐像) 두 점, 반신상(半身像) 두 점, 초본(草本) 여덟 점 등 방대한 양이 전해진다. 문인들의 주도로 본인 몰래 1711년에 제작된 이래로 이백여 년 동안 후학들에 의해 지속적으로 이모(移模)되었다. 초상화의 제작 과정은 『영당기적(影堂紀蹟)』에 상세하게 기록되어 있다.[138]

　처음으로 초상화가 제작된 것은 윤증이 팔십삼 세 되던 1711년(숙종 37)이다. 1711년은 숙종이 윤황(尹煌)과 윤선거(尹宣擧)에게 영의정을 증직함과 동시에 윤황에게는 문정(文正), 윤선거에게는 문경(文敬)이라는 시호를 하

『영당기적影堂紀蹟』.
윤증의 초상화 제작
과정이 상세하게 기록되어
있다. 화기畵記에 따르면
이한철李漢喆이 1885년 4월
하순에 경승재에서 옮겨
그린 것임을 알 수 있다.

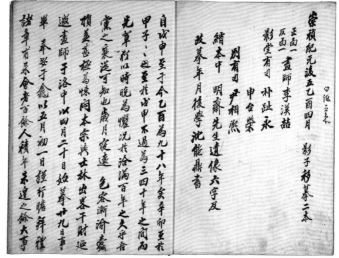

사한 해이다.[139] 이처럼 윤증이 '백의정승白衣政丞'에 오르고 조부와 부친 양대가 영의정에 추증되며 시호까지 하사를 받아 삼대가 정승에 오르는 등 가문의 숙원이 이루어진 시기에 윤증의 초상화는 제작되었다.

친족과 문인 들이 주희朱熹의 예를 들면서 윤증에게 초상화 제작을 권유하자, 부친 윤선거도 초상화가 없다는 것과 터럭 하나라도 같지 않으면 곧 다른 사람이라는 '일호불사론一毫不似論'을 근거로 엄하게 초상화 제작을 불허하였다. 결국 초상화는 윤증 몰래 제작되었다. 윤증이 향음주례鄕飮酒禮에 참석한 기회를 이용하여 화사畵師 변량卞良을 몰래 선비 복장으로 들어가게 하여 군중들 속에서 안색을 바라보고 창문 틈으로 엿보게 하였다. 이후 변량은 분암인 정수암淨水庵에서 초본을 그리고, 노강서원魯岡書院 재실에서 정면과 측면 정본을 각각 한 본씩 제작하였다. 윤증의 모습은 팔십삼 세의 노인임에도 불구하고 "기상이 크고 얼굴이 온화하며 인자한 기운이 얼굴에 넘쳐 항상 충만한 모습"이었다.[140]

초상화를 일차로 모사한 것은 1744년(영조 20)이다. "구본舊本이 오래되어 점점 바래고 육색이 더욱 변하여" 화사 장경주張景周로 하여금 이모移摹케 하였다. 경종이 승하한 후 소론에서 노론으로 바뀐 정국이, 영조의 탕평책蕩平策으로 다시 소론이 활발하게 정계에 진출하게 되었다. 윤증의 손자 윤동원尹東源과 윤동함尹東涵, 종증손 윤광소尹光紹가 정계에 진출하면서 집안이 번창하였다. 이에 초상화의 이모작업과 함께 유봉영당의 중수 작업도 함께 이루어졌다. 『영당기적影堂紀蹟』에 그 과정이 상세하게 기록되어 있다.

영정은 처음에 선생께서 평소 거처하시던 옛집에 봉안하였다. 이후 초가인 영당에 비가 스며들어 기와로 덮었다. 그러나 세월이 흘러 기둥이 상하고 서까래도 무너지고 담장도 갖추어지지 못하여 사람들이 탄식을 자아낸 지가 오래되었다. 지금 영정을 옮겨 봉안함에 중수重修하자는 견

윤증 초상.(전신 좌상, 보물
제1495호, 왼쪽)
1788년 어용화사御用畫師
이명기李命基가 그린
것이다.

윤증 유상.(중요민속문화재
제22호, 오른쪽)
평상복 차림의 정면
초상이다. 묵서를 통해
1919년에 제작되었음을
알 수 있다.

해에 따라 상하고 벗겨진 것을 바꾸고 새롭게 칠을 하였으며, 또한 감실
두 개를 북쪽 벽에 두어 삼가 봉안하는 방으로 삼고 담장을 두른 후 문을
설치하였다. 중랑中廊의 경우 띠를 기와로 교체하여 선비들의 처소로 만
들었다.141

1788년(정조 12)의 이모는 어용화사 이명기李命基에 의해 진행되었다.
모습과 모발이 많이 변하지는 않았지만 오래되어 점점 바래서 안타까운
마음에 이모작업을 하였다. 당시 이모를 주도한 인물은 윤광소尹光紹였다.
1755년(영조 31)의 나주괘서사건羅州掛書事件 즉 을해옥사乙亥獄事로 소론은
완전히 정계에서 배제되었다. 정조 즉위년 1776년에는 윤광소가 역모사
건에 연루되어 윤증 부자가 또다시 삭탈관작되고 문집이 훼판되었으며,

노강서원의 사액도 철거되는 등 최대 위기를 맞이하였다. 그러나 1780년 정조의 탕평책으로 윤광소가 다시 동지돈녕부사同知敦寧府事로 출사하고, 1782년 원자元子가 태어난 경사를 기려 윤증 부자도 복관하면서 활기를 되찾았다. 1786년에는 상소를 통해 시호諡號도 회복되었다. 이를 계기로 윤광소는 윤증 초상화의 이차 이모를 주도하였다. 윤증의 초상화 이모작업은 소론계 인물들의 부조로 이루어진 만큼, 윤증에 대한 인식을 환기시키고 집단의 결속을 다지는 계기가 되었다.

삼차 이모는 백여 년이 지난 1885년(고종 22) 화사 이한철李漢喆에 의해 이루어졌다. 이모작업이 긴 공백기를 가진 것은 노론에 의해 주도된 세도정치로 집안이 위축되었기 때문이다. 삼차 이모는 윤증의 육세손 윤자덕尹滋悳이 주도하였다. 윤자덕은 외조부인 영의정 정원용鄭元容의 적극적인 후원을 받아 이조판서와 병조판서, 판의금부사를 지내는 등 현달하였다. 그리고 그의 장남인 윤상만尹相萬이 대사성과 이조참의를 지내고, 차남 윤상연尹相衍도 이조참판에 오르면서 집안이 다시 활기를 띠었다. 흥선대원군의 서원철폐령에도 유일하게 보존된 노강서원과 유봉영당이 대대적으로 중수되면서 윤증 초상화에 대한 삼차 이모작업도 친인척들의 적극적인 부조를 통해 1885년 4월에 이루어지게 되었다.

이후 초상화는 1919년과 1935년 두 차례 더 이모되었는데, 작가는 미상이다. 1919년 초상화는 바닥의 돗자리 표현과 배경의 담묵 처리가 채용신蔡龍臣의 화풍을 연상시킨다는 점에서 채용신의 작품으로 추정되기도 한다.

3. 윤증 가문의 다른 건축물

윤황고택

윤증의 증조부 윤황의 종택宗宅이다. 윤황은 병자호란丙子胡亂 때 척화斥和를 주장하다가 1637년(인조 15) 2월 영동에 유배되었다. 그리고 8월 유배에서 풀려나 금산錦山에 잠시 기거하다가 10월에 고향인 노성 병사리로 돌아왔다. 세상과 인연을 끊고 선조들의 묘소를 지키며 살다가 1639년(인조 17) 6월에 육십구 세를 일기로 세상을 떠났다.

윤황과 후손들은 병사리에서 살았다. 윤황의 자손들이 이산현에 정착한 것은 윤황의 증손 윤경교尹敬教 때부터였다. 윤경교는 윤황의 묘소가 있는 장구동에서 삼 킬로미터 정도 떨어진 이산현 천동면 장호동長湖洞(현 광석면 천동리)에 자리를 잡고, 호를 스스로 '장호長湖'라 하였다. 그리고 윤황고택을 장구동으로 이건한 것은 윤경교의 아들 윤동로尹東魯였다. 윤동로는 삼십일 세 되던 1693년(숙종 19)에 현 윤황고택에서 서남쪽으로 오십 미터 전방에 종가를 건축하였다.

윤황고택을 현재의 위치로 이건한 사람은 윤황의 팔대손 윤정진尹定鎭이다. 1798년(정조 22) 사대 봉사가 끝난 윤황의 신주神主를 옮기려 한다는 소식을 듣고, 정조가 윤황의 부조묘不祧廟를 세우도록 명하고 윤황의 부조지전不祧之典 편액을 하사하였다. 편액에는 정조가 병자호란 당시 척화를 주장하였던 윤황의 절개를 칭송하여 하사한 어제시御製詩가 새겨져 있다.

세상에서 팔송의 절개를 일러	世謂八松節
푸르고 푸른 대와 같다 하는데	靑靑孤竹如
삼학사와는 마음을 같이하였고	同心三學士
만언서를 올려 의리를 밝히었네	明義萬言書
북해의 이름은 아직 남아 있거니와	北海名猶在
동창의 음모에 소홀함을 어찌하랴	東牕計奈疎
사당의 향사를 백년토록 연장함은	方禋延百歲
대보단 망배례로부터 비롯되었네	肇自拜壇餘

윤정진은 불천위 제사를 모시게 되면서 사당을 마련하고자 윤황고택
을 마을 앞에서 마을의 가장 뒤쪽으로 다시 이건移建하였다. 그리고 문객

윤황고택 전경.
윤증의 증조부 윤황의
종택이다.

윤황 재실.
윤황을 모시는 재실로,
단아하고 소박한 모습이
마치 윤황을 보는 듯하다.

을 접대할 사랑채를 지었다. 그 뒤 지금까지 윤황의 종가로 대대로 내려
오고 있다. 윤황고택은 사랑채와 안채·아래채·사당으로 구성되어 있
다. 가옥 배치는 호암산虎岩山 끝자락을 뒷배경으로 전면에 一자형 사랑채
를 두고 후면에 크게 담을 두른 다음, ㄱ자형 안채와 아래채, 그리고 사당
을 두었다. 사랑채는 전면에 담을 두지 않고 넓게 개방된 열린 구조이다.
반면, 안채는 주변을 담으로 둘러 공간을 폐쇄하였다. 그러나 안마당이
넓고, 안채가 ㄱ자형으로 트여 있어 여유로운 공간 구조를 하고 있다.

　사랑채는 정면 여섯 칸이다. 가운데 다섯 칸을 두고 양쪽에 반 칸 규모
의 사방으로 툇간을 두었다. 전후좌우 모두 툇간이 마련되어 있기 때문
에 사랑채는 규모가 훨씬 크게 느껴진다. 가운데 대청을 두고 좌우에 온
돌방을 두었다. 정면에 있는 기둥에 다른 부재를 끼웠던 흔적이 남아 있
어 이 건물이 다른 곳에서 이건되었음을 말해 준다. 한편, 사랑채 옆에는
연당蓮塘이 있다. 사랑채의 동쪽에 높임마루 형식으로 만들어진 내루內樓
에서 연당을 감상할 수 있도록 하였다.

ㄱ자형 안채 옆에는 一자형의 아래채가 있다. 그리고 앞에는 사랑채와 구분하기 위한 담을 쌓았다. 따라서 안채의 배치 구조는 전체적으로 ㅁ자형을 이룬다. 안채는 정면에서 보면 좌측에 부엌과 안방이 있고, 우측 ㄱ자형으로 꺾인 곳에 대청과 건넌방이 있다. 건넌방 앞에는 높임마루를 두었다. 안채 동편에는 정면 다섯 칸의 아래채가 있는데, 지붕의 형태는 다른 건물과 달리 우진각지붕이다.

사당은 집 안에서 가장 높은 곳인 동쪽에 자리하고 있다. 사당은 담장으로 둘러싸여 있으며, 안채에서 들어갈 수 있는 서쪽 문과 사랑채에서 들어갈 수 있는 남쪽 문이 나 있다. 1798년(정조 22) 윤황은 척화의 공을 인정받아 불천위不遷位가 되었는데, 정조正祖가 부조묘不祧廟를 세우도록 명하고 부조지전不祧之典 편액을 하사하였다. 부조묘는 불천위 제사를 모시는 사당을 말한다. 불천위란 사대봉사가 끝나도 신주를 천묘遷廟하거나 매장하지 않고 계속 봉사한다고 하여 부조위不祧位라 부르기도 한다.

윤황고택은 윤황의 심성을 닮아 화려하지 않고 정숙하다. 윤황은 사치함을 버리고 검소할 것을 주장하였다. 그리고 스스로 그것을 실천하였다. 「계제자서戒諸子書」에서 자식들에게 사치하지 말고 근검절약하여야 한다고 당부하였다. 옷은 몸만 가리면 되고 음식은 배를 채우면 되니, 비단옷을 굳이 입으려 하지 말고 맛있는 음식만을 찾지 말며, 주색을 삼가도록 하였다. 그리고 「시제자示諸子」에서는 자신이 죽은 후 관은 변두리 산의 나무를 쓰고 좋은 목재를 구하지 말며, 염습에는 평상시 입던 홑옷과 겹옷 한 벌을 쓰고 비단을 쓰지 못하도록 하였다. 사회지도층으로서 사대부가 근검절약의 모범을 보여야 한다고 강조하였다. 특히 낮은 굴뚝은 난방과 끼니를 이어 가는 것도 어려운 주위 사람들을 배려하는 겸손함의 상징이다. 집은 주인을 닮는다는 말처럼, 윤황고택은 그의 모습처럼 검소하고 간결하다.

한편, 장구리 마을 어귀에는 윤황의 제사를 모시는 재실이 있다. 재실의 상량문에 의하면, 1665년(현종 6)에 본채 영사당永思堂을 건축하여 상량하였으며, 1695년(숙종 21)에 문간채와 동재, 서재를 건축하였다. 전체적으로 본채와 동재·서재, 그리고 아래채가 ㅁ자형을 이루고 있으며 단아하고 소박한 모습이다. 재실의 뒤편에는 윤황과 큰아들 윤훈거尹勛擧, 증손자 윤경교尹景敎의 묘소가 있다.

병사와 묘역

병사丙舍는 병사리에 있는 노성 파평윤씨의 대종중 재사齋舍이다. 병사는 본래 대종가의 사저로서 대종손 윤도교尹道敎까지 백칠십여 년간 살았으며, 대종가가 이구산 월명동으로 새로 집을 지어 이사하면서 병사는 문중 서당인 종학당宗學堂으로 사용되었다. 1817년(순조 17) 유봉영당 좌측에 종학당을 새로 건립하면서 병사는 대종중의 재사로 바뀌었다.

병사는 중국 후한의 광무제光武帝 당시 황제의 처소를 '갑사甲舍'라 하고, 태자나 황자의 처소를 '을사乙舍', 부마와 외척의 처소를 '병사丙舍'라 한 것에서 비롯된다. 병사는 후일 상喪을 당하면 병사를 비우고 황제의 국상을 치름으로 인하여 묘막, 염하는 집, 제사 지내는 집 등으로 의미가 바뀌게 된 것이다. 병사는 결국 제사를 모시는 재사라는 의미이다.

논산의 노성면 병사리가 파평윤씨가의 터전이 된 것은 윤증의 증조부 윤창세尹昌世가 이곳으로 이주한 이후부터이다. 윤창세가 병사리로 이주한 것은 이곳에 처가의 전답이 있고, 부친인 윤돈尹暾의 묘소를 노성면 병사리 비봉산 자락에 모셨기 때문이다. 이후 윤창세는 외조부 류연柳淵의 묘소도 병사리로 옮겨 와 외손봉사를 하였다. 한편,『파평윤씨족보』에는 윤창세가 윤돈의 묘소 자리를 찾는 과정이 전해지고 있다.

우리 선조 승지공 윤돈의 묘소는 노성현 북쪽 비봉산에 있다. 전해 오는 어른들의 말씀에 의하면, 아드님인 효렴공 윤창세께서 부친의 묘소 자리를 찾고자 소를 타고 이 산 저 산을 다니셨다. 하루는 비봉산 서쪽을 지날 무렵 소가 갑자기 풀이 무성한 숲에 가서 제멋대로 엎드려 아무리 힘을 주어 끌어도 움직이지 않았다. 효렴공이 이상하게 생각하여 "이곳이 바로 아버님의 산소가 될 명당이란 말이냐"라고 하자 소가 비로소 일어났다. 이에 바로 하늘이 점지해 준 명당이라고 여기고 이곳에 묘소를 정하였다.

풍수지리적으로 '누워 있는 소' 즉 와우형臥牛形의 병사리 묘역은 1953년 준공된 병사 저수지(가곡저수지)가 건설되면서 더욱 명당의 기운을 받게 되었다. 즉 저수지가 소의 여물통에 해당하기 때문이다. 이와 관련

병사丙舍.
병사리에 있는 노성 파평윤씨의 대종중 재사齋舍이다.

정수루에서 본 병사丙舍와 묘역.
문중 재사인 병사와 묘역이 문중 서당인 종학당 정수루에서 바로 보이도록 하여 과거와 미래가 교감할 수 있도록 하였다.

하여 파평윤씨의 중심 마을인 병사리에 대해 "병사리(누워 있는 소)의 병사 저수지(소의 여물통)가 마르지 않는 한 윤 씨는 절대 쇠퇴하지 않는다"는 풍수적 해석이 이 집안에 전해 내려온다.

병사리의 묘역은 노성 파평윤씨의 병사리 세거世居와 맞물려 있다. 재실 병사丙舍는 병사리 세거의 출발이 되는 장소이자 철저한 성리학적 가례를 강조한 윤 씨 집안의 상징적 근원이다. 이는, 노종 오방파의 가문 전통과 결속의 상징인 종약을 윤순거尹舜擧의 주도 아래 윤원거尹元擧 · 윤선거尹宣擧가 함께 논의하고 완성한 곳이 바로 병사의 재실이기 때문이다. 병사에 있는 선대 묘소를 관리하고 제례를 다하는 일을 종약의 으뜸으로 삼은 것이다.

윤증은 1712년(숙종 38)에 조천祧遷한 선조를 사당에 제향하는 예를 마련하였다. '조천'은 제사를 받드는 대수代數가 다 된 조상, 즉 사대봉사가 끝난 조상을 가묘家廟에서 모셔내는 것을 말한다. 이때 윤증의 고조부인 윤돈과 증조부인 윤창세가 사대봉사가 끝난 조상이 되었으므로 예법에 따라 조천해야 하는데, 방계의 후손이 가난하여 제사를 받들 수 없고

또 돌아가면서 제사 지내는 일도 본래의 정례가 아니라는 점을 염려하였다. 마침내 종인宗人들과 논의하여 묘 아래 사당을 세워 제사를 받들기로 하고, 곡물을 모아 제전祭田을 마련한 뒤 종계宗契의 유사有司에게 맡겨 제사를 받들게 하였다. 이로써 마침내 돌아가며 신주를 받들고, 돌아가며 제사를 지내는 절목節目을 폐지하였다.[142]

병사 재실 앞에 있는 윤 씨 묘역에는 노성 파평윤씨 입향조인 윤돈의 묘소부터 그의 아들 윤창세, 손자 윤수와 윤전, 그리고 증손자인 윤순거와 윤순거의 아들 윤진尹搢 묘소와 신도비가 자리잡고 있다. 또한 윤돈의 장인인 류연柳淵과 동서인 한여헌韓汝獻의 묘소가 있어, 윤돈이 처가의 인연으로 노성에 입향한 사실을 보여 준다. 종중의 본분은 제사와 봉분 수호에 있으며, 노성 파평윤씨의 가장 큰 행사는 바로 조상의 묘소에서 제사를 지내는 세일사歲一祀이다. 윤돈과 윤창세 양대는 대종계大宗契라 하여 음력 3월 첫번째 정일丁日에 세일사를 봉행하며, 윤수와 윤순거 양대는 소종계小宗契라 하여 세일사는 10월 첫번째 정일丁日에 직계 후손들이 의창義倉의 재정으로 봉행하였다. 그러나 1905년 을사늑약 이후 관직에 나아가지 않으면서 재정적인 부담 때문에 모든 세일사를 음력 3월 첫번째 정일 丁日에 합솔合率하여 모시고 있다.

묘역의 하단에 병사丙舍와, 최근에 준공된 덕포공 윤진尹搢의 재실이 있다. 병사는 윤순거가 선조 묘의 수호사守護舍로 지었던 건물과 성경재誠敬齋·영사당永思堂·관리사管理舍 등으로 구성되어 있다. 1630년(인조 8) 윤순거가 건립한 재사는 현재의 묘정 앞 논에 있었으나, 1934년경 도유사 윤정중尹正重에 의해 철거되었다. 현 종중 재실인 병사의 영사당은 본시 종가의 사당이었으나, 역시 윤정중에 의해 헐리고 제각祭閣으로 재건축하여 영사당으로 명명되었다. 영사당의 현판은 윤순거의 장자 윤절尹晢 재실의 영사당 것을 복사하여 각자刻字한 것으로, 윤절의 넷째 아들 윤인교尹仁教의 글씨이다. 윤인교는 생후 육 개월에 아버지 윤절이 동래 접위관接慰官으로 풍토병에 걸려 졸하고, 삼학사 윤집尹集의 딸로 삼십대에 홀로 오남매를 눈물로 길러 주신 어머니의 은혜에 대한 보답으로 부모님의 행적을 수집하여 『영사록永思錄』을 편찬하고, 윤절의 재사를 영사당이라 하였다. 수호사는 정면 일곱 칸, 측면 두 칸의 민도리집이며, 영사당은 정면 다섯 칸으로 둥근 기둥을 사용하였다. 이곳에서 문중 모임이 이루어졌으며, 이와 관련한 『종약宗約』『종회록宗會錄』을 비롯한 여러 문서와 서책 들이 보관되어 있다.

종학당

종학당宗學堂은 노성면 병사리에 위치한 문중 서당이다. 문중의 자녀 교육을 위해 건립한 것으로, 자녀와 문중의 내외척, 처가의 자녀들까지 합숙하여 교육시킨 곳이다. 종학당은 윤순거尹舜擧가 사촌 윤원거, 동생 윤선거와 함께 종약宗約과 가훈家訓을 제정하고 창설하였다. 윤순거는 자신이 종학당의 당장堂長이 되어 책과 기물, 재산 등을 마련하는 등 초창기 학사

운영의 기반을 닦았다. 종학당의 전신은 병사리에 있는 문중 재실 병사丙
舍였으나, 1628년(인조 6) 백록당白鹿堂과 정수루淨水樓, 그리고 수호 암자
인 정수암淨水庵 등 세 채의 건물이 건립되면서 구체적인 종학당의 면모를
갖추었다.[143]

　1817년(순조 17)에는 유봉酉峰에 독립된 서당으로서 종학당이 건립되
었다. 종중 회의에서 종장이 윤정규尹正圭 형제에게 명하여 유봉영당酉峰影
堂 좌측에 학당을 건립하도록 하였다. 그리고 종학당이 현재의 위치로 이
건하여 규모를 일신한 것은 1829년이다. 종학당의 기틀을 마련한 윤순거
의 오세손인 윤정규는 종중의 대소사를 처리하면서, 의창義倉과 의곡義穀
의 전수, 병사丙舍의 석물 재건 등을 주도하고, 아울러 종학당의 이건도 주
관하였다. 윤광안尹光顔은 건축 자재와 사백여 권의 서책, 그리고 이백 석
의 전답을 출연하였고, 이를 바탕으로 윤정규는 정수루 앞에 서당을 새
로 건축하였다. 정수루 앞 백 보쯤에 서당을 새로 축성하고, 앞뒤로 층계
를 쌓고 주위에 담장을 둘러서 수려한 서재를 창건하였다. 이것이 바로
현재의 종학당이다. 이로써 정수암과 더불어 이곳을 종학당골이라 부르
게 되었다.

　이후 종학당은 1853년(철종 4)과 1893년(고종 30) 두 차례에 걸쳐 중
수되었다. 1853년 윤자연尹滋淵이 종학당을 중수하고 윤상진尹象鎭을 사장
師長으로 임명하여 여러 종인들을 교학하도록 하였다. 그리고 사십 년이
지난 1893년에는 윤상철尹相喆의 주도로 중수가 이루어졌다. 이후 종학당
은 1910년 일본의 강압으로 상급 과정을 폐쇄하고 초학 과정만 교육하
였다. 1910년 5월 24일자『대한매일신보』에 의하면, 노성군에 근대 사립
학교 보인학교輔仁學校가 세워졌으나 폐쇄되어, 파평윤씨의 종손 윤헌병尹
憲炳이 자기 소유의 정수암 이십여 칸을 교사로 기부하고 답토畓土를 매매
하여 받은 돈 천오백 원을 기본금으로 하여 5월 15일 개학하였다. 그런데
1915년 대화재로 백록당과 정수루 일부가 불타고, 1919년 삼일독립만세

운동 이후 초학마저 폐문되었다.[144] 1999년에 종학당, 그리고 2000년에 정수루를 각각 원형 복원하였고, 이를 계기로 2001년 강당인 보인당과 함께 이 일원을 종학원으로 통칭하게 되었다.

종학당은 호암산虎岩山의 동남쪽 구릉에 자리하고 있다. 호암산이 남쪽으로 흘러가면서 만든 자락에 유봉영당과 윤황고택, 그리고 노강서원이 있다. 그리고 병사 저수지와 문중 재실인 병사丙舍와 선대 묘역이 보이는 동남쪽에 종학당이 있다. 멀리 높게 솟은 노성산 아래에는 명재고택과 노성향교, 궐리사가 자리하고 있다.

종학원은 종학당·정수루·백록당·보인당 등 네 동으로 구성되어 있다. 종학당은 작은 일각대문을 남쪽에 두고 담으로 둘러싸여 하나의 구역을 이루고 있다. 구릉지를 정지整地하여 기단을 만들고, 정면 네 칸, 측면 두 칸으로 가운데 대청마루를 두고, 양 옆에 온돌방을 두었다. 그리고 앞에는 작은 마당을 두고, 뒤에는 화계花階를 조성하였다. '종학宗學'은 가장 으뜸가는 학문이라는 의미이며, 동시에 문중에서 내려오는 규례와 법도를 의미하기도 한다. 따라서 종학당은 문중 서당인 종학원의 상징적인

건물이다.[145]

　백록당白鹿堂과 정수루淨水樓는 학문을 토론하고 시문을 짓던 곳이다. 호암산 중턱에 맑은 샘물이 솟아 이 물로 목을 축이고 몸을 정갈히 하려는 사람들의 발길이 이어졌으며, 누군가에 의해 정수암淨水庵이라는 암자가 지어졌다. 정수암은 원래 세 채의 건물로 구성되어 있었다. 샘물에 가까운 서쪽에 경내를 정갈하게 유지하기 위하여 승방을 지어 스님을 상주토록 하였다. 그리고 동쪽에 서재를 짓고, 앞에는 이층의 누각인 정수루를 지었다.

　백록당의 '백록白鹿'은 중국 강서성 여산廬山에 있던 백록동서원에서 유래한 것이다. 백록동서원은 중국 당나라의 이발李渤이 창건하여 북송 초기에는 중국 사대 서원의 하나로 꼽혔으며, 남송시대에는 주희朱熹가 학문을 가르친 곳으로 유명하다. 백록당은 정면 일곱 칸, 측면 세 칸으로, 가운뎃대청을 기준으로 양쪽에 세 개씩 방이 마련되어 있다. 방들은 서원이나 향교의 양재兩齋처럼 공부하는 학동들을 위한 공간이며, 대청마루에는 서가를 설치하고 서책을 보관하였다.

　정수루淨水樓는 '맑은 물을 바라보는 누각'이라는 의미이다. 정수루 앞에는 연못이 있고, 멀리는 병사 저수지와 문중 재실 병사丙舍를 바라볼 수 있다. 윤순거는 정수루에 '오가백록吾家白鹿'이라는 현액을 걸어서 여산의 백록동서원처럼 문중의 후손들이 학문과 덕행을 닦기를 기원하였다. 정수루 왼쪽에 있는 '향원익청香遠益淸'은 주돈이周敦頤의 「애련설愛蓮設」에 나오는 구절로, '연꽃의 향기는 멀리 갈수록 더욱 맑아진다'는 뜻이다. 즉 군자의 덕은 세월이 오래될수록 더욱 빛이 난다는 의미이다. 한편 정수루 기둥에는 '湖西第一樓호서제일루' '背山西水第一堂배산서수제일당' '登科後初上樓등과후초상루' '人傑在齋인걸재재' 같은 학동들의 낙서가 남아 있다. 그러나 선비의 풍모를 나타내 주던 낙서는 그 위에 붉은 칠을 하여 더 이상 볼 수 없다.

보인당輔仁堂은 현재 문중의 교육 장소로 활용하고 있는 곳이다. 보인당은 1666년(현종 7) 노성현감이었던 유몽열柳夢說이 이 지역의 강학처로 사용하기 위해 현의 동쪽 오 리에 건립하였던 건물로, 윤순거도 운영에 직간접적으로 참여하였다. 그러나 세월에 퇴락하여 없어졌던 것을 1987년 종학원 내에 강당을 신축하면서 보인당의 이름을 계승하였다. '보인輔仁'은 『논어論語』의 '君子 以文會友 以友輔仁'이라는 구절에서 인용한 것으로, 친구들끼리 서로 인仁을 실천할 수 있도록 도우라는 의미이다.

4. 고택 주변 건축물

서인西人이 노론과 소론으로 분열되면서 논산지방의 재지사족들도 노론과 소론으로 갈라졌다. 호서지방을 대표하는 삼대 사족士族, 즉 연산連山의 광산김씨와 회덕懷德의 은진송씨, 그리고 이산尼山의 파평윤씨 역시 노론과 소론으로 분기하여 대립하였다. 먼저 '회니시비懷尼是非'로 불리는 회덕 은진송씨의 송시열宋時烈과 이산 파평윤씨 윤증尹拯 사이의 대립은 서인이 노론과 소론으로 분기되는 계기가 되었다. 그리고 노론과 소론이 분기된 뒤 논산지역은 지역적으로 분화하여, 연산천連山川을 사이에 두고 남쪽 연산지역은 광산김씨를 중심으로 하는 노론이 지배하였으며, 북쪽 노성지역은 파평윤씨를 중심으로 하는 소론이 지배하였다. 이들은 서원의 건립과 운영을 통해 지역사회에서 주도권을 확보하고자 노력하였다. 결국 논산은 연산-광산김씨-돈암서원과 연결되는 노론과, 노성-파평윤씨-노강서원으로 연결되는 소론으로 분화되었으며, 이들은 '연니분쟁連尼紛爭'이라 할 만큼 서로 대립하였다. 명재고택과 노성향교, 궐리사는 두 세력의 대립과 견제의 상징이다.

노강서원

노강서원魯岡書院은 1672년(현종 13)에 건립이 발의되었다. 서원의 건립을 위해 김수항金壽恒이 「영건통문營建通文」을 작성하였고, 민유중閔維重·김만기金萬基·박세견朴世堅·여성재呂聖齋·이선李選·김만중金萬重 등이 서원 건립을 발의하는 데 참여하였다. 노론에 참여했던 인물들이 함께한 것은

노강서원魯岡書院 전경.
윤황을 주향으로 하고
윤문거·윤선거·윤증
세 분을 추향하였다.

서인과 남인이 대립하던 시기로, 노소 분당이 이루어지지 않았기 때문이다. 그러나 이미 노론과 소론 간의 갈등 분위기가 반영되어 후에 노론 핵심 인물인 송시열 등이 빠져 있다.

노강서원은 1675년(숙종 1) 광석면 오강리에 건립되었으며, 1682년에 사액賜額되었다. 제향 인물은 윤황尹煌을 주향으로 하고, 윤문거·윤선거·윤증 세 분을 추향하였다. 창건 당시에는 윤황과 윤선거 부자만 봉안하였는데, 1682년 사액과 더불어 윤문거가 봉안되었고, 1723년(경종 3)에 윤증이 추향되었다.

이후 1717년(숙종 43) 노론과 소론 간의 갈등으로 윤선거와 윤증의 관직이 삭탈되면서 사액 현판까지 철거되었다가, 1722년 소론이 재집권하면서 두 사람의 관직이 회복되고 현판이 복원되었다. 노강서원은 홍선대원군興宣大院君의 서원철폐령에도 철폐되지 않을 만큼 호서지방을 대표하는 서원이다. 연산에 광산김씨가 주도하는 노론의 돈암서원遯巖書院이 있다면, 노성에는 파평윤씨가 주도하는 소론의 노강서원이 있다고 할 수 있다.

호암산虎巖山 자락이 끝맺은 오강리 산자락에 자리한 노강서원은 전학후묘前學後廟의 양식이다. 외삼문을 들어서면 넓은 마당이 있고, 마당을 중심으로 북쪽에 강당을 두고 동편에 동재, 서편에 서재를 배치하였다. 장중한 규모의 강당 뒤편에는 높은 단을 조성하고 사당을 배치하였다. 사당 주위에는 담을 둘러 엄수함을 유지하도록 하였으며, 사당으로 들어가는 묘문은 일각대문 형식으로 세 개의 문을 하나씩 떨어뜨려 세워 놓은 것이 특징이다.

궐리사

궐리사闕里祠는 공자孔子의 영정을 봉안한 영당影堂이다. '궐리闕里'라는 명칭은 공자가 자란 마을 궐리촌闕里村에서 유래한다. 궐리사 건립은 송시열宋時烈에 의해 처음으로 시도되었다. 송시열은 윤증과 결별한 지 삼 년이 지난 1687년(숙종 13) 궐리사 건립을 추진하였다. 그 위치는 후대 그의 제자들이 노성산 아래 궐리촌에 궐리사를 세운 것으로 보아 노성 일대가 아니었을까 짐작된다. 그러나 송시열의 궐리사 건립 계획은 그가 1689년 왕세자(후일 경종) 책봉 반대 상소로 제주도로 귀양을 가게 되고, 상경 도중 정읍에서 사약을 받고 세상을 떠남으로써 실현되지 못하였다.

노론의 영수 송시열의 궐리사 건립 계획은 노성의 파평윤씨를 자극하는 촉매제가 되었다. 파평윤씨는 노론이 지배하던 연산 오산리에 구산서원龜山書院을 건립하였다. 구산서원은 연산지역에 거주하던 파평윤씨 혈족들이 주도하여 1702년에 완성되었다. 그러나 이곳에 윤증의 직계 혈족인 윤전尹烇과 윤선거尹宣擧·윤원거尹元擧·윤문거尹文擧가 배향되면서 노론은 충격을 받았다.

이에 노론은 1705년 휴정서원休亭書院을 건립하여 구산서원을 견제하는 한편, 궐리사 건립을 적극적으로 추진하였다. 1715년 숙종은 유상기劉相基가 올린 『가례원류家禮源流』에 수록된 정호鄭澔의 서문과 권상하權尙夏의 발문에서 윤증을 헐뜯고 있음을 보고, 그 글을 불태우고 정호를 파직시킨 다음 윤증을 애도하는 어제시御製詩 두 수를 내렸다. 그리고 이듬해인 1716년에는 윤선거의 문집 『노서유고魯西遺稿』의 내용 중 효종에 대한 불손한 언사가 발견되자 노론의 손을 들어 주는, 이른바 병신처분丙申處分을 내렸다. 이처럼 노론과 소론 간의 갈등이 격화된 상황에서 노론은 곡부공씨曲阜孔氏의 후손과 함께 궐리사 건립을 발의하였다. 권상하가 노론 사대신四大臣 김창집金昌集 · 이이명李頤命 · 이건명李健命 · 조태채趙泰采 등과 상의하여 파평윤씨의 핵심 영역인 노성산 아래 1716년 궐리사를 건립하였다. 내각內閣에 간직하던 공자상孔子像과 진사 이홍주 집에 간직하고 있던 공자상을 함께 봉안하고, 권상하가 직접 '闕里祠'라는 세 글자를 써서 현판을 걸었다. 처음 궐리사가 세워졌던 궐리촌은 현 위치의 서쪽에 있었다고

궐리사闕里祠.
공자의 영정을 봉안한
영당影堂으로, 소론인
윤증가를 견제하기 위해
노론에 의해 건립되었다.

전해진다.

1774년(영조 50)에 노론은 공자상과 함께 궐리사의 중수를 예조에 청하였다. 1777년(정조 1)에는 안동김씨 김이공金履恭 등이 궐리사의 낭무廊廡와 문숙門塾 등의 건물 신축과 사액 등을 청하여 국가적인 차원에서 중수가 이루어졌다. 그리고 공자의 화상을 세 본 더 모셨다. 1784년 성균관에 있는 공자의 화상을 이봉하였으며, 1791년(정조 15)에는 함창현의 신안서당新安書堂에서 공자 화상 한 본과 중국 송나라 오현五賢의 화상을 봉안하였다. 이듬해에는 홍주 이명록李命祿의 집에 소장하고 있던 공자 화상 한 본을 봉안하였다.

한편 궐리사가 현 위치로 이건한 것은 1805년(순조 5)이다. 충청도 관찰사 박윤수朴崙壽의 주관으로 이건하였으며, 노성현감 최문현이 상량문을 짓고, 왕명에 따라 주자朱子를 배향하였다. 이처럼 궐리사를 명재고택과 가장 가까운 곳에 지은 것은 노론 세력들이 윤증 후손들을 중심으로 하는 소론을 철저하게 견제하고자 하는 의도가 있었다.[146]

궐리사는 세 구역으로 나누어져 있다. 외삼문을 지나면 현송당絃誦堂이 있고, 현송당의 뒤편의 내삼문을 지나면 궐리사 사우인 대성전大成殿이 있다. 그리고 궐리사의 서쪽에 모성재慕聖齋와 관리사管理舍, 문간채가 있다. 한편 궐리사의 서쪽에는 '闕里'라고 새겨진 화표華表가 있다. 화표는 마을의 입구나 중요 시설물 앞에 세운 표지물이다. 궐리사의 화표는 긴 돌기둥인데, 하부에는 석탑의 기단을, 상부에는 석탑의 옥개석을 이용하여 처마를 달았다. 부근에 있던 사원 터에서 가져온 것으로 추정된다. 그리고 2007년에는 공자孔子와 안자顔子·증자曾子·자사子思·맹자孟子의 동상을 봉수奉竪하였다.[147]

노성향교

노성향교魯城鄕校는 조선 초기에 설립되었다. 노성은 조선이 건국된 후 1414년(태종 14) 석성石城과 합해서 이성현이 되었다가 1416년 다시 이산현尼山縣으로 환원되었다. 이때 향교도 함께 설치된 것으로 생각된다. 당시 향교는 노성현의 북쪽 이 리, 즉 현재의 노성초등학교 터에 창건되었으며, 임진왜란과 병자호란을 겪은 후 현재의 위치인 노성면 교촌리로 이건되었다.

노성향교가 현재의 위치로 이건된 것은 윤선거尹宣擧가 살았던 당시의 일로 생각된다. 윤선거가 현감을 대신하여 이산향교 명륜당 건설에 앞서 성현들에게 고하는 글 「이산향교명륜당건설시고선성문尼山鄕校明倫堂建設時告先聖文」을 남기고 있기 때문이다.[148]

노성향교魯城鄕校 전경. 윤선거가 현재의 위치로 이건하였으나, 오히려 파평윤씨 가문을 견제하는 기관으로 바뀌었다.

윤선거가 지방 수령을 대신해서 글을 지은 것은 향교를 이건하는 데 중요한 역할을 하였음을 보여 주는 것이다. 당시 향교와 명재고택이 있는 노성산의 산기슭은 모두 파평윤씨 집안의 소유였으며, 일대에 집성촌을 이루었다. 따라서 향교의 이건을 위해 윤선거가 땅을 내놓고 「고선성문告先聖文」을 작성한 것으로 생각된다. 이처럼 노성면 교촌리로 이건하였을 당시에는 향교가 파평윤씨 가문과 상당히 우호적이었다.

그러나 서인이 노론과 소론으로 갈라지면서 향교는 오히려 파평윤씨 가문을 견제하는 기관으로 바뀌었다. 노소 갈등 속에서, 노론이 정국의 주도권을 장악하면서 향교에는 노론계 인물이 배향되었다. 즉 김장생金長生·김집金集·송시열宋時烈·송준길宋浚吉 등이 그들이다. 소론계 인물로 박세채朴世采가 있었으나 노론계 인물이 집중적으로 배향되면서, 명재고택은 노성향교와 궐리사에 의해 포위를 당하는 형국이 되었다.

고택과 향교.
오른쪽의 고택 안채 너머로 보이는 붉은 지붕이 향교다. 고택 바로 옆에 위치한 노성향교는, 서인이 노론과 소론으로 갈라지면서 파평윤씨 가문을 견제, 감시하는 기관으로 바뀌었다.

노성향교는 대성전과 명륜당, 동·서재로 구성된 전형적인 전학후묘前學後廟의 형식이다. 대성전은 정면 세 칸, 측면 세 칸의 겹처마 맞배지붕이다. 대성전에는 공자를 중심으로 오성五聖 이십현二十賢을 모시고 있다. 중국 송조宋朝 이현二賢은 정이程頤와 주희朱熹이며, 동국 십팔현十八賢은 신라시대 최치원崔致遠·설총薛聰, 고려시대 안향安珦·정몽주鄭夢周, 조선시대 김굉필金宏弼·조광조趙光祖·이황李滉·정여창鄭汝昌·이언적李彦迪·이이李珥·성혼成渾·김장생金長生·송시열宋時烈·송준길宋浚吉·박세채朴世采·김인후金麟厚·조헌趙憲·김집金集 등이다. 명륜당은 정면 세 칸, 측면 세 칸의 겹처마 맞배지붕이다. 동재와 서재는 정면 세 칸, 측면 한 칸의 홑처마 맞배지붕이다.

무실과 실심의 사상과 문화

느티나무와 장독대.
세월을 지켜 온 느티나무와
장독대는 명재고택의
상징이다.

1. 무실과 실심의 학문

파평윤씨 노종파의 학문적 연원은 가학家學으로 계승되었다. 윤증을 중심으로 이루어진 소론계 학통은 조광조趙光祖-성수침成守琛-성혼成渾-윤황尹煌-윤선거尹宣擧-윤증尹拯으로 이어졌으며, 윤증 이후에는 윤동원尹東源·윤동수尹東洙-윤광소尹光紹, 그리고 강필효姜必孝-성근묵成近黙·윤동방尹東昉으로 학맥이 이어졌다.

윤증을 중심으로 하는 파평윤씨 노종파의 성리학은 실용을 강조하는 무실務實과 실심實心의 성리학이다. 윤증은 입지立志와 무실務實을 학문의 근본으로 삼았는데, 이것은 가학으로 전해 내려오는 지결旨訣이었다.[149]

가학으로 이어진 학통

파평윤씨 노종파의 학문적 기반을 마련한 인물은 윤탁尹倬이다. 윤탁은 김굉필金宏弼과 주계군 이심원李深源의 문인으로, 성균관에서 후진 양성을 통해 성리학을 확산시키는 데 전념하였다. 도학정치의 실천을 위해 조광조가 정치적 개혁에 집중하였다면, 윤탁은 교육을 통한 도학道學의 확산에 집중하였다. 1519년(중종 14) 기묘사화己卯士禍가 일어나자 스스로 사직하였다가 다시 성균관 대사성으로 돌아와 가장 오랜 기간 대사성의 지위에 있으면서 후학을 양성하였다.

윤탁 문하의 대표적인 제자는 이황李滉·송인수宋麟壽·홍섬洪暹·원혼元混 등이다. 송인수와 이황은 그의 강론을 들었으며, 선조 연간에 영의정을 지낸 홍섬과 판서를 지낸 원혼도 제자의 예절을 끝까지 다하였다. 특히

이황은 윤탁으로부터 들은 강론을 제자들에게 설명할 적에 '윤선생尹先生'
이라 존칭을 사용하면서 예의를 갖추었다.

윤황尹煌은 윤탁의 고손자로, 일시 단절되었던 가학의 학문적 연원을
부활시켰다. 그는 당대의 명유名儒인 성혼의 문하에서 공부하였으며, 이
십 세에 성혼成渾의 딸과 혼인하였다. 성혼은 조광조의 문인이며 당대 유
일遺逸로 명망이 높았던 성수침成守琛의 아들이다. 성혼은 이이李珥와 함께
도학과 성리학을 도야한 당대 최고의 학자로, 그의 학문은 한국의 정통
도학파에 연원하고 있다. 윤황이 성혼의 사위가 되어 그의 학문을 이어
받으면서 그의 아들 윤선거가 『우계선생연보牛溪先生年譜』와 『계갑록癸甲錄』
등을 통해 성혼의 학문을 정리하고 현창하는 등 윤황 일가의 가학적 전통
이 되었다.[150]

한편, 성혼의 문하에는 윤황 이외에 강항姜沆이 있었는데, 윤황이 영광
군수로 재직할 때 그곳에 살고 있던 강항에게 아들 윤순거를 보내 배우도
록 하였다. 훗날 윤순거는 강항의 문집인 『수은집睡隱輯』을 정리하여 간행
하는 등 두터운 사제 관계를 맺었다.

윤선거는 우계牛溪 성혼成渾과 율곡栗谷 이이李珥의 학통을 모두 전수받았
다. 그는 강화도 사건 이후 과거시험에 대한 뜻을 버리고 오직 은거하면
서 평생 학문 연구의 길을 걸었다. 성혼의 외손으로서 가학적인 학통을
통해 '은거자수隱居自守 성인자기聖人自期'를 가규家規로 하는 성혼의 가르침
을 받았다. 그리고 율곡학파의 학통을 정통으로 계승한 신독재 김집에게
사사하였다. 김집金集은 이이, 김장생으로 이어진 학통을 계승한 조선조
예학의 대표적인 인물이었다. 윤선거는 김집의 총애를 받았으며, 당시
산림 출신 학자였던 송시열宋時烈·송준길宋浚吉·이유태李惟泰·유계俞棨·권
시權諰·윤휴尹鑴 등과 매우 친밀한 학문적 관계를 유지하였다. 이처럼 윤
선거는 우계와 율곡의 학통을 겸함으로써, 두 개의 물줄기가 합쳐 하나
로 나아가는 합수머리와 같은 역할을 하였다.

윤선거는 이이의 『격몽요결擊蒙要訣』
과 성혼이 초록한 『주문지결朱門旨訣』
을 먼저 읽어야 할 필독서로 강조하였
다. 『격몽요결』은 평이하지만 실질에
가까우면서 큰 강령을 갖추고 있으며,
『주문지결』은 공경을 지키고 이치를
궁구하는 방도와 아래로 인사를 배우
고 공부하는 것을 내용으로 하고 있기
때문에 학문의 '지결旨訣' 즉 핵심적인
가르침이라고 보았다.[151] 이처럼 윤선

성혼成渾 신도비명 탁본첩.
성혼은 윤황尹煌의
스승이자 장인으로,
율곡栗谷과 함께 우리나라
도학道學의 한 학파를
형성하였다.

거는 성혼과 이이를 존숭하였으며, 그의 학문도 두 사람에게 닿아 있었
다.[152] 그러나 그에게는 외조부인 성혼에 대한 존숭과, 그로부터의 영향
이 더욱 커서 『우계선생연보』와 『계갑록』 등을 저술하였다.

윤선거는 이론 유학보다는 실천 유학을 중요시하였다. 저술에 힘쓰지
않고 철저하게 수양에 힘써 위기지학爲己之學으로 일관하였다. 그리고 그
의 학문은 철저하게 실심實心에 바탕을 두었다. 그는 조정에서 지나치게
명성만을 숭상하여 학자들이 실심을 버리고 허명虛名만을 추구할까 염려
하였다.[153] 이같은 실심의 학문은 아들 윤증에게로 계승되었다.

윤증尹拯은 외증조부 성혼으로부터 부친 윤선거로 이어지는 가학적 전
통을 계승하면서 유계·권시·김집·송시열·송준길·조익 등 당대의 명
유名儒 들과 사제 관계를 맺거나 직접 찾아가 배움을 구하여 학문적 깊이
를 더하였다. 부친 윤선거가 조부 윤황의 상을 마치고 다시 금산錦山으로
돌아가자 윤증은 그곳에서 부친을 모시고 학문 연구에 힘썼다. 그때 윤
선거의 친구인 유계兪棨가 유배를 끝내고 금산에 자리잡았는데, 십오 세
의 윤증은 유계에게, 유계의 아들 유명윤俞命胤 형제는 윤선거에게 각각
수학하였다. 윤증은 유계에게 수학하면서 경서와 사서를 두루 섭렵하였

다. 그리고 이십 세에 권시權諰의 딸과 혼인한 것을 계기로 그의 문하에 들어가 심학心學에 관심을 가지게 되었다.

이후 윤증은 과거에 대한 뜻을 버리고 성리학 공부에 전념하였다. 이십사 세에 부친의 스승이자 예학의 대가였던 김집金集을 찾아가 그의 문하에 들었으며, 이듬해에는 송준길宋浚吉을 방문하여 가르침을 받았다. 이때부터 그는 사우師友들 사이에서 학문으로 주목받기 시작하였다. 이들과 왕래 편지가 많아지자 그 중에서 장려하고 경계할 만한 글을 뽑아『사우간독첩師友簡牘帖』을 만들기도 하였다. 이십칠 세에는 조익趙翼의 가르침을 받았으며, 삼십 세에는 김집의 추천으로 송시열의 문하에 들어가 수 개월 동안『주자대전朱子大全』을 배우고 사제 관계를 맺었다. 그리고 예학에 조예가 깊었던 이유태李惟泰에게 또한 스승의 예를 갖추었다.

그런데 윤증의 학문 형성에 가장 중요한 바탕은 가학적家學的 연원이었다. 그는 성혼의 학풍을 가학으로 계승하여 조부 윤황과 부친 윤선거로부터 유학의 학문적 기초를 배웠다. 더욱이 노성을 중심으로 노종 오방파의 후손들인 윤훈거尹勛擧·윤순거尹舜擧·윤상거尹商擧·윤문거尹文擧·윤선거尹宣擧·윤민거尹民擧·윤경거尹耕擧·윤시거尹時擧·윤원거尹元擧 등이 당대 호서사림湖西士林으로 크게 활약하고 있었다. 이렇게 볼 때 성리학은 송시열, 예학禮學은 김집·유계와 부친 윤선거, 무실학풍務實學風은 장인인 권시와 부친 윤선거로부터 배운 것이다.[154]

윤증은 가르침을 받고자 청하는 사람이 있으면 반드시 그 언행과 성의를 살펴보고 허락하되, 지체가 높거나 부잣집 자제 들은 고사하여 권세를 가급적 멀리하였다. 그리하여 박태보朴泰輔·권이진權以鎭·정제두鄭齊斗 등 팔십여 명의 문인門人을 길러냈으나 문하에는 호화로운 서울 출신의 제자는 드물었다.[155]

박태보는 윤증의 생질이다. 박태보는 박세당의 둘째 아들이지만, 윤증의 누이와 혼인한 박세후朴世垕에게 입양되면서 윤증을 외삼촌으로 모시게 되었다. 정제두鄭齊斗는 우리나라 양명학陽明學의 독보적인 존재이다. 그러나 윤증은 양명학에 대해 가까운 선비들이 우려한다고 하면서 정제두에게 성리학으로 돌아올 것을 권하였다. 권이진은 송시열의 외손이다. 사십 세 연하이지만 학구열을 북돋우는 동시에 조목조목 검토하여 틀린 부분을 정정해 주는 친절을 아끼지 않았다. 그러나 송시열에 대한 심정은 일절 드러내지 않았다.[156]

한편 가학으로서 윤증의 학통은 윤동원尹東源과 윤동수尹東洙로 계승되었다.[157] 윤동원은 윤증尹拯의 손자이자 윤행교尹行敎의 아들이다. 그리고 윤동수는 윤증의 동생 윤추尹推의 손자로 윤동원과는 육촌지간이었다. 노성의 유봉정사酉峰精舍에서 태어난 윤동원은 조부 윤증의 사랑을 받으며 가학家學과 경사經史를 배웠다. 관직에 나아간 부친 윤행교를 대신하여 과거를 포기하고 조부를 봉양하면서 학문을 익혔다. 1712년(숙종 38)에는 노강서원魯岡書院에 머물면서 육촌 윤동수와 함께 증조부 윤선거의 문집『노서유고魯西遺稿』를 간행하였다. 조부 윤증이 면학시勉學詩를 남기고 세상을 떠나자 1715년(숙종 41) 윤동수·이진성李晉聖과 함께 정수암에 모여 조부 윤증의 유고遺稿를 교사校寫하였다. 이후 윤선거·윤증 부자의 관작이 추탈되는 사건으로 잠시 중단되었다가 1718년 능주綾州의 개천사開天寺에서 임상덕林象德과 함께 윤증의 유고를 교정하고 1732년(영조 8)에 간행하였다.

윤동원은 1722년(경종 2) 우의정 최석항崔錫恒과 이조판서 이조李肇에 의해 학행學行으로 천거되어 세자익위사世子翊衛司 세마洗馬에 임명되었다. 서연書筵에 참가하여 세제世弟로 있던 영조에게 위학爲學의 요점을 말해 주고〈위학도爲學圖〉를 올렸으며, 이후 영조는 윤동원이 경학으로 이름이 드러났으므로 항상 불러 경전의 뜻을 고문顧問하도록 하였다. 1740년에는 윤증의 유서遺書인『의례문답疑禮問答』『경의문난經疑問難』『언행록言行錄』을 모아서 편집하였다. 가학을 계승한 윤동원은 윤증의 사후 소론의 중심적

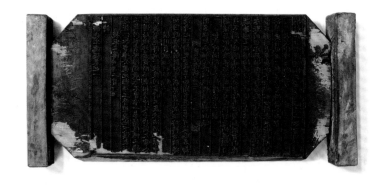

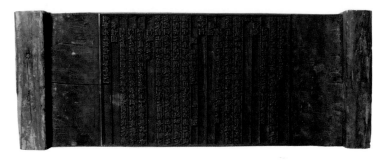

『노서유고魯西遺稿』
목판.(위)
『노서유고』는 윤선거의
문집으로, 노·소론 간의
대립으로 훼판毀板되기도
하였다.

『의례문답疑禮問答』
목판.(아래)
『의례문답』은 윤증이 제자
및 학자들과 예禮에 관하여
문답한 내용을 엮은 것이다.
현재 목판 백육십오 장이
남아 있다.

인 인물로 소론계를 이끌고, 선조先祖의 문집을 간행하고, 학문을 계승하는 데 평생을 바쳤다. 그러나 저술보다는 배우고 익혀 실천하는 것을 우선하는 가법家法에 따라 저서는 『일암유고—庵遺稿』6권이 있을 뿐이다.

윤동원·윤동수의 가학은 윤광소로 계승되었다. 윤광소尹光紹(1708-1786)는 동토 윤순거尹舜擧의 오세손으로 친부는 윤동로尹東輅이며, 이조판서 윤동규尹東奎에게 입양되었다. 1723년(경종 3) 생원시에 급제하고, 곧 노성으로 돌아와 윤동원과 윤동수에게 배웠다. 1739년(영조 15) 증광별시 문과에 병과로 합격하여 승문원에 분관分館되었으나, 1740년 한림소시翰林召試에 낙방하고 곧바로 노성으로 돌아와 은거하면서 1742년 윤증의 『의례문답疑禮問答』을 편찬하였다. 1743년 관직에 천거되어 세자시강원 설서, 세자시강원 사서, 홍문관 수찬, 호서염찰어사, 홍문관 수찬, 세자시강원 필선, 홍문관 부교리, 사헌부 집의 등의 관직을 거쳤다.

윤광소는 선조先祖인 윤선거와 윤증의 신원과 복관을 위하여 노력한 결

『명재유고明齋遺稿』.
윤증의 시문집으로,
1732년 아들 윤행교와
손자 윤동원에 의해 편집
간행되었다.

과 1782년(정조 6) 윤선거와 윤증 부자가 복관되기도 하였다. 1786년 3월 지돈령부사가 되고, 기로소耆老所에 들어간 뒤 사직 상소를 올리면서 윤선거와 윤증에게 '선정先正'의 칭호를 쓰도록 주장하였다. 같은 해 4월 15일 향년 칠십구 세를 일기로 세상을 떠났다.

윤광소는 윤선거-윤증-윤동원-윤동수를 이은 소론의 학자로서 형 윤광찬尹光纘과 함께 영조 대에 소론 준론계峻論系와 가깝게 교유하고 주장을 펴는 데 앞장섰다. 젊은 나이에 윤증의 『명재유고明齋遺稿』를 간행할 때 교정을 담당하면서 학문에 대한 이해의 폭을 넓혔고, 이를 바탕으로 연구와 저술에 힘썼다.

영조의 명을 받들어 『속오례의續五禮儀』 등을 편수하였고, 평생 윤증과 윤동원 등의 연보와 『의례문답』 『가례원류』를 수윤修潤하였다. 또한 『갑을록甲乙錄』 『임하총설林下叢說』을 편차編次하여 회니시비懷尼是非와 관련된 사문사斯文事의 본말을 정리하였고, 가문의 세보世譜와 세승世乘, 세고世稿를 『노종세편魯宗世編』으로 편차하여 소론 가문으로서의 맥을 정리하였다. 저서로 『소곡유고素谷遺稿』 22권 11책을 남겼는데, 1915년 오세손 윤교병尹喬炳이 간행하였다.

파평윤씨 노종파 가학 계보

*이름과 생몰년 아래의 것은 '본관本貫'과 '호號'이다.

조광조趙光祖 1482-1519

한양漢陽/정암靜庵

성수침成守琛 1493-1564

창녕昌寧/청송聽松

성혼成渾 1535-1598

창녕昌寧/우계牛溪

윤황尹煌 1571-1639

파평坡平/팔송八松

박지계朴知誡 1573-1685

함양咸陽/잠야潛冶

윤선거尹宣擧 1610-1669

파평坡平/노서魯西

유계兪棨 1607-1664

기계杞溪/시남市南

권시權諰 1604-1672

안동安東/탄옹炭翁

윤증尹拯 1629-1714

파평坡平/명재明齋

박태보朴泰輔 1654-1689

반남潘南/정재定齋

윤행교尹行教 1661-1725

파평坡平

정제두鄭齊斗 1649-1736

연일延日/하곡霞谷

윤동원尹東原 1685-1741

파평坡平/일암一庵

윤광소尹光紹 1708-1786

파평坡平/소곡素谷

이이李珥 1535-1598

덕수德水/율곡栗谷

김장생金長生 1548-1631

광산光山/사계沙溪

김집金集 1574-1656

광산光山/신독재愼獨齋

송준길宋浚吉 1606-1672

은진恩津/동춘당同春堂

송시열宋時烈 1607-1689

은진恩津/우암尤庵

권이진權以鎭 1669-1734

안동安東/유회당有懷堂

무실의 성리학

윤증은 성리학을 실학이라고 여겼으며, 실제로 실학實學이라고 불렀다. 이는 우리가 흔히 이야기하는 17세기 이후의 탈성리학적 관점에서의 실학과는 구분되는 개념이다. 실학에 힘쓰는 무실務實은 윤증의 특징적인 학풍이다. 그는 입지立志와 무실務實이 학문하는 자가 가장 먼저 힘써야 하는 것이라며, 입지와 무실을 학문의 기초로 삼았다.[158] 윤증의 무실학풍務實學風은 율곡 이이와 우계 성혼의 사상을 계승한 것이다. 윤증은 〈제위학지방도題爲學之方圖〉에서 '뜻을 세우다立志'와 '실제에 힘쓴다務實'는 율곡과 우계 두 스승의 뜻을 위하여 추가한 것임을 밝히고, 대개 '입지'가 아니면 시작할 수 없고, '무실'이 아니면 마칠 수 없다고 하였다. 이처럼 윤증이 입지와 무실을 중시한 까닭은 율곡 이이의 『격몽요결擊蒙要訣』, 우계 성혼의 『주자서위학지방朱子書爲學之方』에 근거한 것이다. 윤증은 이한유李漢遊와 이한영李漢泳에게 답한 글에서 다음과 같이 적었다.

선인先人께서는 초학자를 볼 때마다 반드시 『격몽요결』을 우선으로 하시면서 "이 책이 간략하기는 하지만 실로 학자의 지남指南이다. 그 다음은 우계 성혼 선생이 초록한 『주자서위학지방』보다 중요한 것이 없다"고 하셨습니다. 이 때문에 선인께서는 반드시 학자로 하여금 먼저 이 두 권을 읽어야 한다고 하셨습니다.[159]

이처럼 윤증이 율곡의 『격몽요결』과 우계의 『주자서위학지방』을 강조한 이유는 부친인 윤선거의 가학적家學的 영향이 매우 컸다. 윤증은 "선인先人(윤선거)의 학문은 내향적이고 실질을 추구하는 것이나, 우옹尤翁(송시열)의 학문은 외향적이고 명분에 치우친 것이다"라고 평가하였다.

윤증의 무실학풍의 근본은 실심實心이다. 옛사람이 학문하는 방법은 책에 모두 갖추어져 있지만, 세상의 학자들 가운데 진실된 마음, 즉 실심을 가지고 있는 경우가 드물다. 때문에 처음에는 열정적으로 시작했다가 금방 마음이 식어서 포기하고, 내면적인 것을 경시하고 외면적인 것을 중시하여 끝에 가서는 전혀 득력得力이 없다고 한탄하였다.[160] 학문은 모름지기 실심이 기본임을 강조하였다.

인간 중심의 실심이 있은 뒤에 실공實功이 있고, 실공이 있은 뒤에 실덕實德이 있으며, 실덕이 있은 뒤에 밖으로 드러나게 되면 어디서든지 실實하지 않은 것이 없게 된다. 그리고 마음이 실實한지 부실不實한지는 다만 본인만 아는 것이 아니라, 남들도 모두 알게 되는 것이다. 비록 현재는 알지 못한다 하더라도 후세에는 반드시 알게 되는 것이라고 하였다.[161]

윤증이 주장하는 무실의 성리학은 네 가지 특징으로 요약할 수 있다. 첫째, 형식보다는 내용을 중요시하였다. 윤증은 문인 최시옹崔是翁에게 보낸 서한에서 서원 남설濫設의 폐단에 대해 논하면서 "다만 큰 집만 있고 실제 학문은 없는 것이 근래의 하나의 폐단이니, 실로 퇴계 선생이 「서원십영書院十詠」을 지은 뜻과 너무나 다르다"고 하였다.[162] 즉 퇴계退溪가 당시에 있던 풍기의 죽계서원竹溪書院 등 열 개의 서원에 대해 열 수의 시를 지었는데, 모두 실질적인 학문을 할 것을 권장하는 내용이다. 윤증은 서원이 많이 세워져 외형적으로는 화려해졌지만, 실제 그곳에서 실학이 이루어지지 않음을 한탄하였다.

둘째, 윤증은 내 마음에 있는 것이 실덕實德이고, 남에게 영향을 주는 것이 실학實學이라 하여, 수기修己의 측면에서 실덕을 말하고 치인治人의 측면에서 실학을 말하였다. 그리고 학자들이 글을 외우거나 강설하는 것만을 일삼을 뿐, 자신을 반성하고 마음을 고요하게 가지며 참으로 알고 실천하는 도리가 있는 줄 모르는 것이 문제라고 하였다.[163] 윤증은 실학을 권면하던 박태보朴泰輔가 세상을 떠나자 묘표墓表에서 그가 진정한 실학자였음을 지적하였다. 그리고 "(박태보가) 일찍이 암행어사로 일하다가 돌아

와 올린 장계狀啓에서 호남 일
대에 장사의 폐단이 일어나
안팎으로 이익을 좇는 것은
나라가 망할 징조라 했는데,
이는 맹자의 의義와 이利를 변
별한 것과 같다"며 높게 평가
하였다. 진실된 지식을 실제
에 적용하는 것이 궁극적인
목적임을 분명히 하였다.

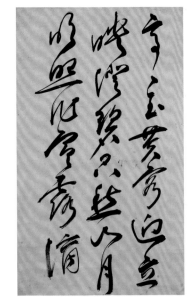

윤증의 초서草書 유묵遺墨.
주희朱熹가 안휘성
여구의 운곡산云谷山에
살 때 지은 오언절구
「연소蓮沼」(왼쪽)와
퇴계退溪 이황李滉이
오십 세 때 지은
오언절구(오른쪽)로, 윤증의
활달한 초서를 엿볼 수 있다.

셋째, 과거를 위한 사장詞章
을 버리고 실학에 힘쓸 것을
강조하였다. 윤선거는 실사實
事에 힘쓰지 않고 사장 위주의 당시 풍조를 비판하였다. 그리고 과거제科擧
制의 폐단을 논하면서 정기 시험 이외에 과거를 개설할 필요가 없으며, 과
거에서 먼저 실학實學을 강론하게 한 다음에 제술製述을 시험하도록 할 것
을 주장하였다. 윤증도 실학을 몸에 갖춘 뒤에 입신출세의 길로 나아가
야 한다고 하였다. 즉 실학을 먼저 행한 후에 과거 공부를 할 것을 문인들
에게 권하고 있다.

넷째, 저술보다는 참된 지식을 실천하는 데 힘쓸 것을 당부하였다. 손
자 윤동원尹東源이 쓴 「가장家狀」에 의하면, 윤증은 평생 동안 저술을 즐겨
하지 않았다. 그는 "지금은 경전을 비롯하여 정주程朱의 여러 서적에 이르
기까지 다 갖추어지지 않은 것이 없으니 굳이 저술에 힘쓸 필요가 없다.
학자는 다만 거기에 나아가 자세히 읽고 정밀하게 생각하여 참된 지식을
실천할 따름이다. 진실로 거기에 힘쓰지 않고 헛되이 저술을 일삼는 것
은 무실務實의 학문이 아니다"라고 하였다.[164]

윤증의 실학은 조선 후기 영·정조 연간의 본격적인 실학과는 거리가

있지만, 적어도 성리학 내지 예학의 사변성思辨性이나 관념성觀念性에 대한 반성과 보완의 의미를 갖는 성리학적 실학이었다. 윤증의 이같은 무실론務實論 실학은 한말 도산島山 안창호安昌浩의 무실역행務實力行 사상으로 계승되었다.165

지행합일의 예학사상

우리나라는 전통적으로 예禮의 정신이 존중되어 일찍부터 '동방예의지국東方禮儀之國'이라고 일컬어져 왔다. 그 학문인 예학은 유교의 이념을 예의 실천을 통해 실현하는 실천유학이라 할 수 있다. 특히 17세기는 '예학의 시대'로 그 중심지는 호서지방이었다. 김장생金長生과 김집金集 문하의 송시열宋時烈·송준길宋浚吉·윤선거尹宣擧·이유태李惟泰 등이 김장생이 확립한 예학을 계승하였다. 그리고 윤휴尹鑴·권시權諰·유계兪棨 등이 예학에 많은 관심을 가지고 활동하였다. 윤증에게 윤선거는 부친이며, 권시는 장인이고, 김집·유계·송시열은 스승이었다.

『가례원류家禮源流』 필사본. 윤증은 부친 윤선거를 도와 『가례원류』를 수정하고 교정하였다.

윤증은 부친 윤선거를 도와 수십 년 동안 『가례원류家禮源流』를 수정하고 교정하였다. 또한 예송에서는 서인의 입장을 지지하였고, 김장생의 『상례비요喪禮備要』를 교정하고 중간重刊하였으며, 김집의 『의례문해속疑禮問解續』을 교감하고 발문을 지었다. 송시열과 심한 갈등 속에서도 서인계의 원류인 김장생과 김집의 예서禮書를 교정, 간행하고 발문까지 붙인 것은 사계학파沙溪學派의 예학을 집대성할 필요성을 느꼈기 때문이다. 송시

박세채朴世采의 간찰.
윤증은 박세채와
글을 주고받으며
「국휼중사례사의
國恤中四禮私議」를 지었다.

열과 송준길이 작고한 뒤에 사계학파의 예학을 집대성함으로써 윤증의 예학적 위상은 정통성을 가지게 되었다. 그리고 1680년(숙종 6)에는 국휼國恤(국상國喪) 중 사가私家의 사례四禮에 변절이 많다고 여겨, 박세채朴世采와 글을 주고받으며 「국휼중사례사의國恤中四禮私議」를 지었다.

윤증의 예학사상은 『의례문답疑禮問答』과 「상례유서喪禮遺書」「제례유서祭禮遺書」 등을 통해 알 수 있다. 『의례문답』은 윤증이 친구 및 제자 들로부터 예禮에 대한 물음을 받고 대답한 글을 모아 항목별로 분류하여 편집, 간행한 것이다. 이 책에는 서문이나 발문이 없어 간행 연도를 정확하게 알 수 없으나 내용을 미루어 보아 만년까지 예禮에 관한 문답은 계속되었던 것 같은데 문답은 예에 대한 학술적인 검증을 통해 일상생활에서 보다 적극적으로 실천하기 위함이 목적이다. 이는 무실務實을 중요시했던 사계沙溪 예학파의 전통으로, 윤증이 계승한 것이다.

『의례문답』은 「가례도家禮圖」「통례通禮」「관례冠禮」「혼례婚禮」「상례喪禮」「제례祭禮」「국휼중사례國恤中私禮」「왕가례王家禮」「예서의의禮書疑義」 등으로 구성되어 있다. 그 중 주관심사였던 상례喪禮와 제례祭禮가 가장 큰 비중을 차지하고 있다. 이같은 경향은 윤증 예학의 대본을 이루는 주자朱子의 『가례家禮』의 구성상 특징이고, 또한 당시 사람들의 일반적인 경향이었다. 다만 윤증의『의례문답』은 그 비중이 관례와 혼례, 통례로 확대되고 있다는 점이 특징이다.166 한편,「상례유서」와「제례유서」는 윤증이 세상을 떠난 해인 1714년(숙종 40) 장손인 윤동원에게 구술한 것이다. 각각 다섯 개 조문으로 구성된 것으로 이미『의례문답』에 소개된 것이다.

윤증 예학사상의 성격은 다섯 가지로 요약할 수 있다.167 첫째, 주자朱子의『가례』를 중요시하였다. 사계 예학파의 전통에 따라 윤증도 주자의『가례』가 예학의 기본이라는 확고한 신념을 가지고 있었다. 그래서 박세채와의 문답에서 예설禮說의 차이로 발생하는 여러 문제에 대해 한결같이『가례』를 기준으로 해결하는 것이 원칙이라고 하였다.168 그런데『가례』의 미진한 부분을 보완하는 데는 사계 예학파와는 달리 자주적인 면이 강하였다. 즉 사계 예학파가『가례』에 대한 검증을 위해 중국 예서인『의례』와『예기』에 비중을 둔 것과는 대조적으로, 윤증은 조선 예학자의 예서禮書와 예설禮說을 더 많이 이용하였다.

둘째, 윤증의 예설에는 우리 문화에 대한 강한 자긍심이 담겨 있다.『가례』가 조선조 예학의 근간이 되는 예서이기는 하지만, 이는 분명 중국의 예서이기 때문에 예의 구체적인 적용에서 많은 문제점을 가지고 있었다. 조선과 중국은 지역이 다르고, 문화가 다르고, 형편이 달랐기 때문이다. 윤증은 예禮의 합리성과 시의성, 그리고 지역성을 중시하여 판단하였다. 예를 들어 독축讀祝을 할 때 우리나라에서는 주인이 무릎을 꿇는데,『가례』에는 관련된 기록이 없다. 이에 대해 윤증은 우리나라와 중국의 공경의 표현 방식이 다르기 때문이라며, 우리나라의 풍속을 좇아 무릎을 꿇는 것이 온당하다고 판단하였다.169

셋째, 윤증은 종법적인 예론을 주장하면서도 보편지향적인 예禮 인식을 가지고 있었다. 종법宗法은 적장자 상속을 핵심으로 하는 친족 조직의 원리이다. 윤증은 종자宗子가 있는데도 지자支子가 제사를 지내는 것은 예가 아니라고 판단하였다. 이는 적장자 상속을 철저히 고수하는 종법주의적인 입장으로 종지宗支의 구분을 분명히 하고자 하는 율곡 이래의 종법주의宗法主義를 계승한 것이다. 그러나 조선시대의 예는 성리학적 이념의 구현을 목표로 하는 것이었기 때문에 신분에 관계 없이 누구나 삼년상을 하고 사대봉사를 드리는 것과 같은 보편지향성을 추구하였다.

넷째, 윤증은 무실務實의 예禮 인식을 가지고 있었다. 예제의 정립과 운영에서 명분보다는 실질을 추구하고, 예출어정禮出於情의 원리와 예의 시의성을 중시하여 정례情禮와 시의時宜에 맞는 예의 실천을 추구하였다. 그는 실생활에서의 문제들을 학술적인 검증을 통해 보다 의식적인 예의 실천을 이루고자 하였다. 윤증은 유언으로 묘갈墓碣 없이 묘표墓表만 세우고, 묘표에는 음기陰記를 쓰지 말고 간단히 이름만 적도록 유언하였다.

묘표墓表는 가장 긴요하고 절실한 것인데, 사람들은 그것을 소홀히 하고 있다. 간혹 묘표를 세우지 않고 있다가 몇 세대가 지난 뒤에 묘소의 위치를 알지 못하는 경우도 있다. 그러므로 반드시 삼 년 이내에 세워야 한다. 반드시 음기를 필요로 하지 않으니, 단지 성명만 새겨도 된다. 옛 무덤들을 둘러보면 비록 짧은 표석이 풀밭에 묻혀 있지만, 오히려 누구의 묘인지 알 수가 없다. 비갈碑碣은 반드시 필요하지 않지만 표석表石은 마땅히 반드시 삼 년 이내에 세워야 한다.

묘표는 묘소의 위치를 알리는 것이기 때문에 비갈이나 묘표의 음기는 반드시 필요한 것이 아니라는 것이다. 그리고 이를 몸소 실천하였다. 허례허식을 비판하고 실용적이고 합리적인 예를 실천하고자 했던 윤증의 예禮 의식을 엿볼 수 있다.

윤증 묘소의 묘표墓表.
윤증은 명분보다는 실질을 추구하여 묘표에는 음기를 쓰지 말고 간단히 이름만 적도록 유언하였다.

다섯째, 윤증은 예학에 대해 자주적인 태도를 견지하였다. 예서禮書에 구체적인 사례가 없을 경우에 자주적인 입장에서 자신의 견해로 대답하거나 자신의 가문의 예로써 결론을 내렸다. 자신의 견해를 밝힐 때는 항상 예의 정례情禮와 예제禮制의 합리성에 바탕을 두고 있었다. 그리고 가학家學으로 계승되어 온 가문의 전통이 바탕이 되었으며, 선현들의 견해를 폭넓게 수용하여 조화시키려고 노력하였다.

윤증은 예학을 몸소 실천함으로써 지행합일知行合一의 전통을 수립하였다.[170] 윤증은 아버지나 어머니의 기일忌日이 다가오면 나흘 동안 소찬素饌만 먹고 근신하면서 간절한 마음으로 부모님을 추모하였다. 또한 제사 때에는 반드시 집 안팎을 청소하고, 그릇을 깨끗이 닦아 쓰게 하며, 제사 음식을 정결하게 다루고, 구차하게 그릇 수를 채우려고 하지 말라고 하였다. 그리고 "제사는 정성이니, 터럭만큼이라도 구차하고 어려운 생각이 있으면 제사를 지내지 않는 것과 같다. 비록 한두 그릇의 탕湯과 한두 꼬치의 적炙이라도 정성을 다하는 것이 옳다"고 하였다. 모든 제물祭物은 질박한 것을 숭상하여 복어나 문어 같은 것은 온전한 채로 써야 한다고 이르면서 "제사 음식은 보통 먹는 찬과 달라서 자르고 베는 데에 섬세한 기교를 부리면 오히려 불경不敬이 된다"고 하였다.

윤증은 할아버지와 할머니의 제삿날이 다가오는 경우에도 역시 소찬을 먹고 근신하였다. 조부모 기일에는 사흘 동안을, 증조부모 기일에는 이틀 동안을, 고조부모 기일에는 하루 동안 그와 같이 하였다. 그리고 조부모의 기일에 종가宗家가 서울에 있어 참석하지 못하면, 반드시 새벽에 집 근처에 있는 묘소 앞에서 곡을 하였다.

제삿날에는 종일토록 꿇어앉아 제사와 관련된 일이 아니면 어떤 명령이나 훈계도 하지 않았고, 혹시 손님이 찾아오면 제사가 있어 만날 수 없다고 정중히 사양하였으며, 제자들에게 미리 알려 그날 오지 못하도록 하였다. 그리고 제사 때에는 반드시 목욕하여 몸과 마음을 깨끗하게 했

는데, 비록 추운 겨울철에도 거르지 않았으며, 제사를 마친 뒤에는 하루 종일 얼굴에 슬픈 빛이 가시지 않았다. 조상을 공경하는 그의 효성이 얼마나 지극했는지 엿볼 수 있는 대목이다.

사당을 출입할 때는 옷자락이 흔들리지 않게 하고, 계단을 올라가거나 내려올 때에도 신발 소리가 주위에 들리지 않게 하였다. 언제나 돗자리 하나를 몸소 뜰 아래에 깔아 놓고 참배한 다음, 다시 말아 거두어 두고 물러났다. 절하고 엎드리며 일어나고 꿇어앉는 절도가 매우 조용하고 찬찬하였다.

1699년(숙종 25)에 사당을 개축한 일이 있었는데, 이때 윤증은 신주神主를 사랑방에 옮겨 모시고 자신은 골방에 거처하면서 중간에 있는 작은 방을 닫아걸고 쓰지 못하도록 했다. 시중드는 사람들에게 감히 큰 소리로 말하지 못하게 이르고, 노비를 부를 때에도 사당에서 멀리 떨어진 곳까지 나가서 불렀다.

윤증은 팔십 세가 넘은 후에도 무릇 크고 작은 제사에 반드시 참례하였다. 초하루와 보름에는 사당에 나아가 몸소 신주를 들어내 모시고 분향焚香

卒과 강신降神을 한 뒤 뜰 아래에 엎드려 자손에게 대신 술을 따라 올리게 했으며, 제사가 끝나면 몸소 신주를 모시고 인사하고 물러났다. 뿐만 아니라 매일 새벽 사당에 나아가 사당 앞에 있는 대숲 사이에 지팡이를 놓고 문을 열고 들어가서는 두 계단 사이에서 재배하는 일을 멈추지 않았다.

그는 외가에 대를 이을 자손이 끊기자 외손봉사로 그 제사를 받들었다. 1713년 가을, 학질에 걸려 매우 아픈 적이 있었다. 병중에도 외조모의 제삿날이 돌아오자 아픈 몸을 이끌고 제사를 모시려 하니 자제들이 만류했으나 끝내 듣지 않았다. 그리고 1714년 세상을 떠나기 전 유서에 "외조부모님의 봉제사奉祭祀는 비록 정례正禮는 아니지만 당초에 맡았던 뜻 그대로 그 정례와 시의時宜가 후손과 다름없이 하라. 나는 우리 집안에서 정례와 시의가 변하는 것을 차마 보지 못한다. 내 뒤를 이어 충교忠敎(윤증의 둘째 아들)가 외조부모님의 제사를 모시고, 그가 죽은 뒤에는 동윤東潤(윤증의 셋째 손자)에게 넘겨주어 평생 제사를 받들게 하며, 그 후로도 묘전墓田에서 나오는 소득으로 백세 후대까지 변함없이 세일사歲一祀를 지내도록 하라"고 하였다. 비명에 돌아가신 어머니에 대한 간절한 추모의 정이 외가에서까지 그같은 배려를 하게 하였다.

이처럼 윤증은 예학을 이론으로만 논한 게 아니라 진실되고 성실하게 실천하였다. 삶 자체가 예학을 실천하는 무실務實의 삶이었다.

2. 가훈과 교육

우리나라 전통 한옥에는 과거와 현재, 그리고 미래가 있다.

한옥에서 과거는 조상에게 제사 지내는 봉제사奉祭祀이다. 사당에 조상의 위패를 모시고 제사를 지내는 것은 조상의 유지를 받들고 후손들끼리 화합하기 위함이며 후손들이 모이는 구심점이 된다. 즉 과거에 살았던 조상을 통해서 현재를 살고 있는 사람들이 서로의 관계를 이해하고 화목하며 단결하고자 하는 의미가 있다.

한옥에서 현재는 찾아오는 손님을 접대하는 것이다. "사람 사는 집에 사람 많은 것이 좋다"는 말처럼 우리나라의 접빈객 문화는 사회적 배려와 상통한다. 인간을 중심으로 하는 사회에서 인간을 소중하게 여기는 문화라고 할 수 있다. 음식을 대접하고 사랑채와 누정에 접빈객을 위한 공간을 마련하였다.

한옥에서 미래를 담당하는 것은 서당이다. 자녀 교육을 통하여 미래를 준비하는 것이다. 교육은 가정교육과 학교교육으로 구분된다. 가정교육은 생활교육이자, 전통교육에서 가장 기본이 된다. 가학家學으로 전수되기도 하고, 가훈家訓이나 유계遺戒를 통해서 계승되었다. 학교교육은 학문 연마를 통해 사회로 나아가는 길을 개척하는 것이다. 향교나 서원 등 공적인 교육기관을 활용하는 경우도 있지만, 노성의 파평윤씨 가문은 종학당宗學堂이라는 문중 서당을 운영하였다.

가훈과 가정교육

가문의 전통과 가훈은 선조들의 모범적인 삶에서 시작된다. 노성에 정착한 윤돈尹暾은 명문가의 자손으로 다른 형제들은 모두 벼슬을 할 때 홀로 시골에 낙향하여 농사짓는 것을 낙으로 삼았다. 평생 남과 다투는 일이 없었으며, 마을 사람이 풀어놓은 소가 곡식을 먹으면 화를 내는 것이 아니라 오히려 풀이 있는 곳으로 옮겨 놓거나 죽을 먹여 돌려보냈다. 이처럼 언행이 공손하고 순리대로 일을 처리하여 군자의 풍모가 배어 있었다.[171]

윤창세尹昌世는 효를 실천하여 후손들에 의해 '효렴공孝廉公'으로 칭송되었다. 그는 지극한 정성으로 부모를 섬겼다. 어머니가 병에 걸려 수박을 드시고 싶다고 하자 열심히 수박을 구하였으나 제철이 아니어서 끝내 얻지 못하였다. 그것이 여한이 되어 죽을 때까지 수박을 먹지 않았다. 그리고 아버지의 병환에 거북이 고기가 좋다는 의원의 말을 듣고 한겨울 강가에 나가 지성으로 기도드렸더니 홀연히 얼음 위로 거북이가 나타났다는 일화가 전해진다. 그러나 병세가 더욱 악화되자 이번에는 손가락을 잘라 피를 드려 소생시켰고, 돌아가신 뒤에는 죽으로 연명하면서 삼 년간 정성껏 시묘살이를 하였다. 제기를 아침저녁으로 챙기고 몸소 제물祭物을 마련하는가 하면, 집터를 팔아서 묘소를 단장하였다.[172] 그리고 후사後嗣가 없이 홀로 사시는 장모와 외숙모 광릉이씨廣陵李氏를 친부모처럼 모시고 살았으며, 외조부인 류연柳淵의 묘소도 병사리로 옮겨와 외손봉사를 하였다. 이후 윤증은 '부모에 효도하고 형제간에 우애하며孝悌', '일은 성심을 다하고 거짓이 없게 하며忠信', '행실은 깨끗하고 조심하는 마음으로 하며淸愼', '생활은 부지런하고 검소하게 하라勤儉'는 효제孝悌, 충신忠信, 청신淸愼, 근검勤儉 여덟 자의 명구名句를 '효렴공 윤창세의 가훈'이라 하여 집안을 다스리는 기본으로 삼았다.

윤황尹煌은 근검절약을 생활화하는 유계遺戒와 가훈家訓을 남겼다. 그는 1637년(인조 15) 봄에 귀양길을 떠나는 서울 동작나루에서 「계제자서戒諸子書」를 통해 자식들을 훈계하였다.[173] 그 내용은 사회 지도층인 사대부 가문으로서 솔선수범하여 근검절약할 것을 당부하는 것이다. 호란胡亂을 남녀의 사치와 허영이 불러온 것으로 인식하고, 묵은 습관을 통렬하게 쇄신하여 사치함을 버리고 검소함을 따르도록 당부하였다. "옷은 몸을 가릴 만큼만 취하고, 음식은 배를 채울 만큼만 먹고, 좋은 비단은 절대 몸에 걸치지 말고, 맛있고 좋은 음식은 절대 입에 대지 마라. 지나치게 과음하지 말고, 여색을 좋아하지 마라. 집에 거처할 때는 효도하고 우애있게 지내며, 조정에 섰을 때는 충직하게 하여 집안의 명성을 실추시키지 않도록 하라"고 하였다. 선비 집안의 게으른 습관은 진실로 집안을 무너뜨리는 고질적인 병폐이니 남녀들은 각자 자기의 일을 하고, 농사를 짓거나 장사를 하거나 길쌈을 하면서 노복들과 함께 일을 나누도록 하였다. 그리고 학문을 하는 사람도 아침에 나가 일하고 밤에 들어와 책을 읽도록 하였다. 아울러 혼인과 장례식에서 절제하고 검약하는 방법을 제시함으로써 선비가 일상생활 속에서 어떻게 근검절약을 실천해야 하는지를 구체적으로 보여 주었다.

「우훈계又訓戒」는 윤황이 영동 유배에서 풀려나 금산에 있을 때의 훈계로, 절제와 검약을 다시 한번 강조하는 구체적인 유언이다.[174] 장지葬地를 병사리로 정할 것, 석물을 세우지 말고 만약 세우더라도 작은 비에 '아무개의 묘'라고만 쓸 것, 관과 제수는 난리 직후 조상 산소에 제사 지내던 것처럼 간략하게 할 것 등 염습과 관대, 운구 등에 이르는 장례의 모든 절차를 구체적으로 적고 있다. 그리고 이를 따르지 않으면 죽어서도 눈을 감지 못할 것이라며 반드시 실천에 옮길 것을 강조하였다.

윤황은 죽기 직전에 선비 가문으로서 지켜야 할 절제의 법도와 시행 방법을 엄격하게 규정하는 「가훈家訓」을 남겼다. 유계를 남기고 이 년 뒤인

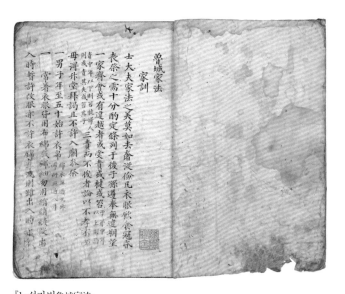

『노성가법魯城家法』.
윤증이 문중에서 전해지는
가훈과 규약, 대소사에
필요한 서식 등을
총망라하여 정리한 책이다.

1639년에 작성된 「가훈」은 전문全文과 세부 조목으로 구성되어 있다. 전문에서는 선비 집안의 법도는 사치하지 않고 근검절약하는 것을 더없는 미덕으로 삼으니 자손들은 이를 잘 지켜 아침마다 보고 외우는 일을 어기지 말며, 집안 사람들이 모두 모였을 때 법도를 어긴 사람이 있으면 책망하고 혹은 종아리를 때리되, 세 번이나 책망을 받고 뉘우치지 못한 자는 불효와 불공스러움을 들어 사당에 올라오지 못하게 하고 제사에 참여하지 못하게 하라고 하였다. 세부 조목에서는 구체적인 실천 사항을 적었다.

1. 남자는 나이 오십이 되면 비로소 비단옷을 입도록 허락한다.

2. 부녀자의 평상복은 모두 무명이나 거친 명주인 향주鄕紬를 쓰고 고급 비단인 견초絹綃와 능단綾緞을 쓰지 말며, 밖을 출입할 때는 잠시 옷을 갈아입는 것을 허락하되 비단옷을 입는 것은 허락하지 않는다. 서얼은 비록 출입할 때라도 견초와 능단을 입지 말도록 하라.

3. 음식은 평상시 채소를 먹고 두 종류의 고기를 차리지 말며, 술은 마시되 취하도록 먹지 말며, 담배도 피우지 말고, 도박 같은 놀이는 절대 하지 마라.

4. 부모의 장례에는 비록 온갖 정성을 다해야 하지만, 재량껏 하는 것이 마땅하고 감정대로 해서는 안 된다. 관棺은 쓰되 곽槨은 쓰지 말며, 좋고 비싼 것을 구하지 마라. 염습殮襲할 때 옷과 이불은 생시에 사용했던 것을 쓰고, 비단옷은 쓰지 말며 솜으로 관을 채우고 의복을 사용

하지 마라. 매장할 때에는 석회를 쓰고 송진을 쓰지 말며, 석물은 작은 비碑와 상석床石만을 하고 그 밖의 것은 하지 마라.

5. 제물은 풍족하게 하고자 힘쓸 것이 아니라 오직 깨끗이 하는 데 힘쓰라. 떡쌀은 다섯 되를 넘지 않게 하고, 적炙은 세 꽂이로 하고, 탕湯과 과일은 각각 세 가지씩 하고, 유밀과는 쓰지 마라. 유밀과는 예법에도 없는 것이다. 우리나라의 명신名臣 이자李耔도 이를 쓰지 말라고 경계하였는데, 극히 사리에 맞는 말이다.

6. 관례는 한결같이 옛 제도를 따르도록 하여라.

7. 혼인할 때 물품은 더욱 절약하여야 한다. 너희 어머니가 시집올 때에만 자주색 명주장옷 하나와 붉은색 명주치마 하나와 검은색 삼베 이불 하나를 가져왔다. 그 밖의 저고리와 바지는 무명이었다. 선비는 검소함을 마땅히 이어받아야 할 것이니, 여러 자손들이 장가들고 시집갈 때 사위와 며느리는 오직 명주로 짠 장옷과 치마, 바지 한 가지씩만 하고, 명주 이불도 하나만 하고 그 외는 다 무명으로 마련하며, 절대 비단을 쓰지 마라. 머리장식에는 금은과 주옥을 쓰지 마라. 서얼들은 비록 신혼 때라도 고급 비단인 견초로 만든 의복을 쓰지 마라.

이처럼 윤황의 유훈과 가훈은 자손들에게 전승되면서 가정교육의 근본이 되었다. 후손들은 가훈을 금과옥조로 여기며 이를 실천하는 데 최선을 다하였다.[175]

종학당과 학교교육

조선시대 교육기관은 공립으로는 서울의 성균관과 지방의 향교가 있었으며, 사립으로는 서원과 서당이 있었다. 그러나 유력 사대부가에서는

종학당宗學堂 전경.
종학당은 종중의 자녀들을
대상으로 합숙교육을 시키는
문중 사당이다.

스승을 두고 과외를 하는 사교육을 주로 하였다. 파평윤씨 노종파에서는
사교육에 대한 폐해를 타개하고 문중 자녀들에 대한 효율적인 교육을 위
해 문중 서당인 종학당宗學堂을 세웠다.

파평윤씨 노종파의 교육적 기반을 마련한 것은 윤창세尹昌世와 부인 청
주경씨이다. 윤창세는 삼십이 세가 되던 해인 1574년(선조 7)에 효렴재
孝廉齋와 성경재誠敬齋를 건립하고 자녀 교육에 힘썼다. 청주경씨는 다섯 아
들을 모두 서울에 보내 교육을 시켜서 학문적으로 대성할 수 있는 기반을
마련하였다. 그녀는 자녀 교육에 매우 엄격하였던 경혼慶渾의 둘째 딸이
다. 경혼은 김안국金安國의 문인으로 홍문관 부제학과 참의를 역임했다.

종학당을 설립한 사람은 윤순거尹舜擧였다. 문중 자제의 교육을 위한 문
중 서당은 병사丙舍의 재실에서 시작되었다. 1624년(인조 2) 윤순거는 병
사의 재실에서 문중 자제들을 모아 교육함으로써 종학당 설립의 기틀을
마련하였다. 1628년 현재의 위치에 백록당白鹿堂과 정수루淨水樓, 그리고 수

정수루淨水樓.(위)
정수루는 맑은 물을
바라보는 누각이라는
의미이다.

백록당白鹿堂.(아래)
백록당은 주희朱熹가 학문을
가르쳤던 백록동서원에서
이름을 따온 것으로,
종학당의 학동들이 공부하던
공간이다.

호 암자인 정수암淨水庵 등 세 채의 건물을 지어 규모를 갖추었다. 그리고 이곳에 책과 기물, 재산 등을 마련하고 윤순거 자신이 초대 당장堂長으로 취임하여 초창기 학사 운영의 기반을 다졌다.

종학당은 종중의 자녀들뿐만 아니라 문중의 내외척, 처가의 자녀들을 대상으로 합숙 교육을 시키는 학교식 문중 서당이었다. 따라서 윤순거는 윤원거尹元擧·윤선거尹宣擧 등과 함께 종약宗約과 가훈家訓을 제정하고, 이를 바탕으로 종학당을 운영하였다. 1645년 윤순거가 형제들과 더불어 완성한 『종약』에는 종학당의 운영 규정이 수록되어 있다.

바야흐로 자라나는 아이들을 가르치고 배우는 일이 한번 잘못되어 어릴 때 교양이 바르지 못하면 어리석고 어둡게 되는 것이니 이는 매우 두려운 일이다. 이제 호안국胡安國의 정재법定齋法에 의거하여 약 십 세 이상의 자제를 모두 한 당堂에 모아서 스승을 세워 글을 외우게 하고 읽게 한다. 학업과 학예를 갈고 닦게 하여 반드시 인재를 길러내는 일이 필요하다.

호안국胡安國(1074-1138)은 중국 송나라의 유학자로 경사에 능통하고 가정과 문중을 잘 다스리기로 유명한 인물이다. 그가 제정한 정재법定齋法을 바탕으로 종학당 운영의 구체적인 조목과 규약을 제정하였다.

• 택사장擇師長: 사장師長은 종인 중에서 재주와 학식이 있는 사람을 선택하여 스승으로 삼아 자제들을 가르치도록 하며, 자제 중에서 글의 뜻을 통달한 자를 골라 훈장訓長으로 삼아 어린 자제들을 가르치도록 한다.
• 서책書冊: 오경五經, 사서四書, 『근사록近思錄』『심경心經』『가례家禮』『소학小學』 등의 책을 비치한다. '파윤종병사장坡尹宗丙舍藏'의 도장을 찍어 보관하고, 밖으로 가지고 나가는 것을 허락하지 않으며, 병사 안에서만 읽도록 한다.
• 섬양贍養: 사장에게는 한 달에 쌀 아홉 말, 훈장은 한 달에 쌀 일곱 말을 지급한다. 수학자受學者는 매월 쌀 여섯 말과 소금·간장·채소를 지급하고, 학생의 의복과 급식은 의곡義穀에서 유사有司가 맡아 처리한다.
• 과독課讀: 십 세 이상은 매일 과제課題를 받아 공부하고, 삼십 세 이상은 배우고 한 달마다 과제를 받아 공부한다. 독서의 순서는 율곡 선생의 교인지법敎人之法에 따라 먼저 『소학小學』을 읽고, 사서四書와 삼경三經을 읽고,

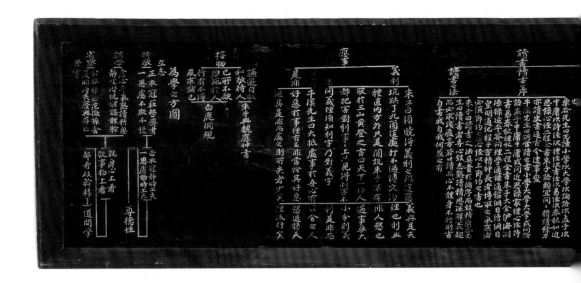

『춘추春秋』『근사록近思錄』『가례家禮』『소경小經』 등의 순서로 읽는다. 시간
이 있으면 사서史書를 읽는다. 독서하는 방법은 본 과목은 백 번 암송하
고, 부독본은 삼사십 번 암송하며, 사서는 반복해서 날마다 사장 앞에
서 배송한다. 월강月講 방법은 매월 초하루와 보름에 실시하는데, 자제는
독서한 책을 들고 이른 아침에 사장을 뵙고 시험을 본다. 성적이 나쁘면
벌을 받고, 좋으면 칭찬한다. 강講이 끝나면 바른 행실을 닦는 일을 토론
하고, 혹은 가정을 다스리는 일, 이재理財의 방법, 종회의 예법 등을 토론
한다.

- 재의齋儀: 삼십 세 이상인 사람으로 재실에 거처하려는 사람이 있으면 학
  과자學課者에 한하여 받아들인다. 그리고 재실에서는, 매일 스승과 당장
  은 아침 일찍 기상하여 의관을 정제하고 자제들을 인솔하여 선조 산소
  를 향하여 재배한다.

  윤순거와 윤선거가 만든 학규學規에 의해 강학이 이루어지다가 이들이
세상을 떠나자 폐지되고 해이해졌다. 그러자 윤증은 1671년(현종 12)에

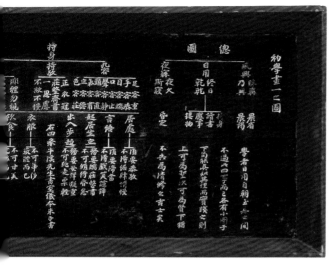

「초학획일지도初學畫一之圖」.
종학당의 규정으로, 윤증이
작성한 것이다.

"정사(종학당)가 우리 집안의 백록이다靜寺吾家之白鹿也"라는[176] 마음으로 이를 계승하였다. 그는 윤진尹搢과 함께 종학당이 있는 정수암淨水庵에 모여 매달 과제를 내주고 매달 강학을 하는 월과월강月課月講의 학규學規를 거듭 밝히고, 사장師長과 존장尊長을 세워 학업을 공경하고 학예를 흥기시킴으로써 인재를 길러내고자 하였다.[177] 이후 윤증은 매달 몸소 종학당에서 과강課講을 행하였다.

1680년(숙종 6) 유봉에 머물고 있던 윤증은『율곡선생문집』의 별집을 교정하면서「초학획일지도初學畫一之圖」를 나무판에 새겨 종학당에 걸어 두었다. 그리고 1701년(숙종 27)에는 율곡의「위학지방도爲學之方圖」를 보정하고 발문을 썼는데, 이것 또한 새겨서 문 앞에 걸어 두었다.

「초학획일지도初學畫一之圖」의 초학初學은 나이가 팔 세 이상으로 과거 준비 이전 단계의 학생을 말한다. 종학당에 들어와 공부하는 초학들이 지켜야 할 항목들을 도식을 곁들여 자세하게 기록한 것으로 총도總圖, 지신持身, 독서讀書, 응사應事, 접물接物 등으로 구성되어 있다.

'총도總圖'는 하루 일과를 규정하고 있는 것으로 숙흥, 일용, 야침으로 구성되어 있다. 숙흥夙興은 아침 일찍 일어나 부모에게 안부를 묻고 사당에 참배한다. 일용日用은 배우는 자는 하루 종일 지신·독서·응사·접물을 실천한다. 야침夜寢은 밤늦게까지 공부하고 잠자리에 들며 부모님께 인사를 하는 것이다.

'지신持身'은 몸가짐의 방법이다. 군자가 심신을 수양하는 아홉 가지 태도와 몸가짐을 말하는 구용九容, 공경심을 항상 몸에 지니는 지경持敬, 예의에 어긋나는 것은 보지도 듣지도 말하지도 행동하지도 말라는 사물四勿, 공경으로 거처하는 거처居處, 마땅한 말을 골라서 하는 언어言語, 생활함에 단정하고 바르며 엄숙하라는 기거좌립起居坐立, 바르고 침착하게 걸으라는 출입보추出入步趨로 구성되어 있다.

'독서讀書'는 글 읽는 의의와 순서, 방법이다. 독서는 사물의 이치를 연구하기 위한 것이라는 독서지의讀書之義, 독서의 순서를 제시한 독서지서讀書之序, 독서는 읽어서 뜻을 이해하고 그것을 실천하는 것을 강구해야 한다는 독서지법讀書之法 등을 제시하였다.

'응사應事'는 일을 처리하는 방법이다. 의리義利에서 '의義'는 인의예지仁義禮智의 인성으로 정의로움이고, '이利'는 원형이정元亨利貞의 천도天道로 의로움이다. 사람들이 '이利' 자를 이해利害 관계로만 알고 천도의 의로움을 모른다. 의義와 이利는 같은 의미로 둘을 짝으로 붙여 의리義利라 한다. 시비是非에서는 시비를 분별함에 있어 좋아하고 미워함을 버리고 옳고 그름에 따라 처리하라고 하였다.

'접물接物'은 사람을 응대하는 방법이다. 스스로는 겸손함을 기르고, 사람들에게는 화기롭고 경건하게 대하라. 그리고 자신이 하기 싫은 것을 남에게 강요하지 말라고 하였다.

한편 「위학지방도爲學之方圖」는 입지立志, 지경持敬, 강학講學, 성찰省察, 무실務實의 다섯 단계를 제시하였다. 즉 뜻을 세우고, 항상 공경하는 자세를 실천하여 덕성을 함양하고, 강학과 자기 성찰을 행하여 도학 공부가 실질에 힘쓸 것을 당부하였다. 이는 종학당의 교육 목표라고 할 수 있다.

문중 출신 문과 급제자

파평윤씨 노종파가 명문가로 성장할 수 있었던 것은 바로 이 종학당에서 이루어진 체계적인 교육에 힘입은 바가 컸다. 조선시대 문과 급제자를 기록하고 있는 『국조방목國朝榜目』에는 문과 급제자가 칠백구십구 개의 성관姓貫, 만오천백오십일 명이 등재되어 있다. 이 가운데 전주이씨가 팔백칠십 명으로 가장 많고, 안동권씨 삼백육십팔 명, 파평윤씨 삼백사십육 명의 순서로 되어 있다.[178]

파평윤씨 노종파의 문과 급제자는 사십육 명이다. 그러나 윤황尹煌·윤수尹燧·윤전尹烇·윤문거尹文擧 등 네 명은 종학당이 건립되기 전에 급제한 사람이다. 따라서 종학당 출신자는 1660년(현종 1) 식년시에 급제한 윤변尹抃부터이다. 종학당 출신자는 전체 사십이 명으로 파평윤씨가 1660년대 이후 배출한 문과 급제자 이백삼십오 명 가운데 십팔 퍼센트에 해당하는 것이다. 이처럼 특정 가문에서 문과 급제자를 집중적으로 배출하는 경우는 극히 드문 사례이다.

파평윤씨 노종파 문과 급제자는 청요직淸要職과 문한직文翰職으로 진출하였다. 청요직 가운데 대표적인 관직은 사관史官이다. 임금의 언동言動과 정사政事를 기록하는 사관은 문과 급제자 가운데 경사經史와 문장文章이 뛰어나며, 가계家系에 아무런 흠이 없는 자만이 임명될 수 있었다. 조선시대 전체 사관은 천삼십일 명으로 전체 문과 급제자 가운데 육 퍼센트에 해당한다. 그런데 파평윤씨 노종파에서는 여섯 명을 배출하여 십일 퍼센트를 나타낸다. 특히 영조 이후 노론이 권력을 독점하면서 소론의 파평윤씨 노종파가 사관을 거의 배출하지 못하였음에도 전체 평균의 두 배에 가까운 사관을 배출할 수 있었던 것은 가문의 학문적 전통이 바탕이 된 것으로 생각된다.[179]

파평윤씨 노종파의 문과 급제자

번호	이름	급제 시기	과거 종류	호, 시호	한림, 옥당	최고 관직	파명	거주지
1	윤황尹煌	1597년(선조 30)	알성시 을	팔송八松, 문정文正	옥당	대사간	문정공파	미상
2	윤수尹燧	1601년(선조 34)	식년시 병	설봉雪峰		죽산부사	설봉공파	경京
3	윤전尹烇	1610년(광해군 2)	식년시 을	후촌後村, 충헌忠憲		장령 세자필선	충헌공파	미상
4	윤문거尹文擧	1633년(인조 11)	식년시 병	석호石湖, 충경忠敬	옥당	이조참판	문정공파	경京
5	윤변尹抃	1660년(현종 1)	식년시 병			집의	문정공파	미상
6	윤절尹晢	1660년(현종 1)	증광시 을		한림, 옥당	부수찬	설봉공파	미상
7	윤경교尹敬教	1663년(현종 4)	식년시 을	장호長湖	한림, 옥당	이조참의	문정공파	미상
8	윤진尹搢	1666년(현종 7)	별시 갑	덕포德浦	옥당	부제학	설봉공파	미상
9	윤성교尹誠教	1682년(숙종 8)	증광시 병			길주목사	문정공파	미상
10	윤행교尹行教	1694년(숙종 20)	별시 병		옥당	대사헌	문정공파	미상
11	윤석교尹碩教	1711년(숙종 37)	식년시 병			승문원 정자	서윤공파	니산
12	윤동형尹東衡	1713년(숙종 39)	증광시 병		한림,옥당	한성판윤	설봉공파	니산
13	윤서교尹恕教	1713년(숙종 39)	증광시 병	사담沙潭		정언	충헌공파	연산
14	윤혜교尹惠教	1714년(숙종 40)	증광시 병	완기헌玩碁軒, 문온文溫	한림, 옥당	이조판서	설봉공파	니산
15	윤민교尹敏教	1723년(경종 3)	별시 병			목천현감	문정공파	경京
16	윤광운尹光運	1726년(영조 2)	알성시 병			응교	문정공파	미상
17	윤동준尹東浚	1735년(영조 11)	증광시 병		옥당	대사헌	문정공파	미상
18	윤광소尹光紹	1740년(영조16)	증광시 병	소곡素谷	옥당	지돈녕	설봉공파	니산
19	윤광찬尹光讚	1740년(영조16)	증광시 병		옥당	승지	설봉공파	니산
20	윤동도尹東度	1745년(영조 21)	정시 을	유당柳塘, 정문靖文	옥당	영의정	설봉공파	미상

21	윤동성尹東星	1746년(영조 22)	춘당대시 을		옥당	대사헌	서윤공파	미상
22	윤광섬尹光暹	1753년(영조 29)	정시 병			정언	충헌공파	연산
23	윤동섬尹東暹	1754년(경종 4)	증광시 갑	팔무당八無堂		이조판서	서윤공파	미상
24	윤광례尹光禮	1763년(영조 39)	증광시 병			집의	서윤공파	니성
25	윤동만尹東晩	1770년(영조 46)	정시 을			호조참판	서윤공파	미상
26	윤광승尹光昇	1775년(영조 51)	식년시 을			정언	충헌공파	미상
27	윤광보尹光普	1784년(정조 8)	정시 병		옥당	예조판서	설봉공파	니성
28	윤광안尹光顔	1786년(정조 10)	별시 병		옥당	관찰사	충헌공파	경京
29	윤인기尹寅基	1787년(정조 11)	정시 병			판부사	서윤공파	니성
30	윤혜규尹惠圭	1803년(순조 3)	별시 병			예조좌랑	서윤공파	노성
31	윤명규尹命圭	1809년(순조 9)	별시 병		옥당	호조참의	서윤공파	경京
32	윤경진尹景鎭	1809년(순조 9)	별시 을		옥당	예조참의	문정공파	경京
33	윤심규尹心圭	1813년(순조 13)	증광시 병			병조참의	문정공파	석성
34	윤정진尹正鎭	1816년(순조 16)	별시 병			대사헌	서윤공파	미상
35	윤흥규尹興圭	1828년(순조 28)	식년시 을		옥당	대사헌	서윤공파	경京
36	윤자경尹滋畊	1830년(순조 30)	정시 병		옥당	승지	설봉공파	경京
37	윤자덕尹滋悳	1848년(헌종 14)	증광시 병		옥당	이조판서	문정공파	경京
38	윤상열尹相說	1853년(철종 4)	정시 병		옥당	승지	서윤공파	경京
39	윤자승尹滋承	1859년(철종 10)	증광시 갑			이조판서	설봉공파	경京
40	윤성진尹成鎭	1860년(철종 11)	정시 병		옥당	대사헌	서윤공파	경京
41	윤상현尹相賢	1866년(고종 3)	식년시 을			대사간	충헌공파	경京
42	윤상만尹相萬	1875년(고종 12)	별시 병		옥당	이조참의	문정공파	경京
43	윤상익尹相翊	1877년(고종 14)	정시 병		옥당	대사헌	설봉공파	경京
44	윤상연尹相衍	1879년(고종 16)	식년시 병			이조참판	문정공파	경京
45	윤두병尹斗炳	1888년(고종 25)	별시 병		한림, 옥당	승지	설봉공파	경京
46	윤상철尹相澈	1892년(고종 29)	별시 병		옥당	대사성	설봉공파	경京

홍문관원의 모집단母集團인 도당록都堂錄이 있었다. 홍문관은 대표적인 문한기관文翰機關으로 궁중의 경서經書·사적史籍의 관리와 외교문서 등 문한文翰의 처리 및 경연經筵 등을 통한 왕의 각종 자문에 응하는 일을 관장하던 관서로, 옥당玉堂이라고 불렸다. 특히 사헌부·사간원과 더불어 언론 삼사三司의 하나로서 정치적으로도 중요한 기능을 담당하였다. 홍문관직은 청요직의 상징으로서 일단 홍문관원이 되면 출세가 보장되었다. 조선시대의 정승과 판서치고 홍문관을 거치지 않은 사람은 거의 없다. 조선시대 전체 도당록 입록자는 이천구백오십오 명으로 전체 문과 급제자 가운데 19.5퍼센트이다.[180] 그런데 파평윤씨 노종파의 문과 급제자 가운데 도당록에 입록된 사람은 이십육 명으로, 그 비율이 56.5퍼센트에 이른다. 이는 전체 평균의 세 배에 달하는 것이다. 그리고 파평윤씨 노종파 문과 급제자의 최고 경력을 보아도 이들의 관직이 청요직이었음을 알 수 있다. 대사헌·대사간·대사성 등 청직淸職을 역임하고 있을 뿐만 아니라 이조의 판서, 참판 등 요직要職에 있었음을 알 수 있다.

한편 파평윤씨 노종파는 대표적인 산림山林 가문이다. 산림은 학식과 덕망이 높으나 벼슬에 나아가지 않고 숨어 지내는 선비를 말하는데, 국가의 징소徵召를 받아 유일遺逸로 관직을 제수받기도 하였다. 산림은 유학자의 정신적 이념적 지주로서 향촌사회에서나 정계에 강한 영향력을 행

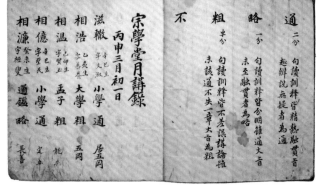

『월강록月講錄』.
문중 서당인 종학당의 월별
고과 성적표이다.

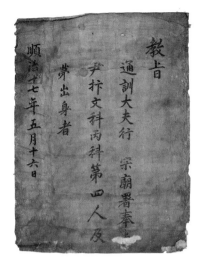

윤변尹抃 홍패紅牌.
윤변에게 내려진
과거급제 증서로, 그는
1660년 식년시式年試 병과에
급제하였다. 파평윤씨
종학당에서는 문중 교육을
통해 마흔두 명의 문과
급제자를 배출하였다.

사하였다. 특히 당쟁이 격화되면서 그들은 당론을 주도하는 절대적인 존재였다.[181]

그들은 산림의 전통을 가학의 형태로 계승하였다. 윤순거·윤선거·윤원거 → 윤증 → 윤동수·윤동원으로 이어지는 가문의 전통은 조선 후기 벌열 가문으로 성장할 수 있는 기반이었다. 윤순거·윤선거·윤원거는 산림으로 천거되어 정계에 진출하여 효종 대에 서인西人의 핵심을 이루었다. 이 같은 전통은 윤증尹拯에게로 이어져 현종·숙종·경종 대에 서인과 소론의 구심점 역할을 하였다. 그리고 노론이 집권한 영조 대 이후에도 윤동수와 윤동원 등이 소론으로서 학풍을 계승하였다.[182] 이처럼 산림을 집중적으로 배출한 가문은 노론계인 은진송씨 송시열계와 안동김씨 김상헌계를 제외하면 소론계 파평윤씨 노종파가 유일하다. 그리고 파평윤씨 노종파에서는 시호諡號를 받은 인물이 아홉 명이다. 시호는 죽은 뒤에 공덕을 기려 임금이 내리는 것으로, 특히 윤황·윤선거·윤증은 삼대가 모두 시호를 받았다.

3. 나눔의 문중과 상생의 향촌

문중은 가족의 확대이며, 향촌은 국가의 축소판이다. 파평윤씨 노종파에서는 가족을 생각하듯이 문중을 소중하게 여겼으며, 국가에 충성하듯이 향촌의 주민을 함께해야 할 존재로 인식하였다. 문중 조직을 통한 종인들의 화목和睦과 의창제義倉制 등을 통한 향촌의 주민들과의 상생相生은 그들이 추구했던 최고의 덕목이었다.

문중의 형성과 활동

문중門中을 본격적으로 조직화한 것은 윤순거尹舜擧이다. 입향조 윤돈尹暾의 증손인 윤순거는 고조부의 기제사忌祭祀를 모시고 있다가 종인宗人이 약 구십 명이 되었을 때 문중을 만들었다. 즉 입향조인 윤돈에 이어 윤창세, 그리고 윤수를 비롯한 오방五房, 윤순거를 비롯한 팔거八擧, 그의 아들과 손자로 대가 이어지면서 조상의 사대봉사가 끝나는 시기가 도래함에 따라 종인들이 서로 소원해질 것을 염려한 것이다.

윤순거는 장손으로서 조모인 청주경씨의 유지를 충실히 이행하고 노성의 파평윤씨 문중을 만드는 데 이십여 년간 한 가지도 빠짐없이 철저하게 준비하였다. 병사丙舍에 처음으로 집을 지은 것은 1574년(선조 7)으로 윤창세가 효렴재孝廉齋와 성경재誠敬齋를 지어 사저로 사용하였다. 그러나 자손들은 병사보다 서울 성남城南 사저에 주로 거주하면서 학문을 닦고 과거를 준비하였다. 이후 병자호란이 일어나 윤황이 노성으로 낙향하는 1637년(인조 15)부터 윤순거·윤원거·윤문거·윤선거 등 여러 형제

병사丙舍 현판.
파평 윤씨 노종파 대종중
재실의 편액이다.

들은 과거를 포기하고 노성에 은둔하며 가학家學을 계승하였다. 그리하여 이때부터 1646년 사이에 「종약宗約」을 제정하고 의전義田을 마련하였다.

실제 1640년 윤순거는 병사에 제각祭閣과 회랑回廊을 건축하였는데, 제각이 있었던 자리는 현재 윤순거의 묘 앞에 있는 논이다. 이후 병사는 종가의 살림집으로 사용되었으며, 1704년(숙종 30)에 윤도교尹道教가 형제들과 함께 대종계 제각과 성경재를 증·개축하였다. 윤도교는 노성에 가까운 석성현 현감으로 십 년 이 개월 간 연임하면서 군민을 동원하여 병사와 묘역 공사를 하였다. 특히 내촌 넘는 고개, 가랑지기 넘는 고개, 종학에서 묘동으로 넘는 고개 등 절단된 용맥을 토성을 쌓아 이어지도록 하였다.

1707년 송당리 이구산 월명동에 종가를 신축하여 옮기고, 병사는 설봉공雪峰公 종계 재실로 사용되었다. 그 후 윤순거가 지은 대종계 제각이 퇴락하여 1897년(고종 34)에 윤헌병尹憲炳이 대종계와 설봉공 종계를 합솔合率하여 대종중이라 하였다.[183]

파평 윤씨 노종파 대종중의 문중 규약인 「종약宗約」은 윤순거가 형제들과 함께 1645년(인조 23) 9월에 완성하였다. 윤순거는 『종약』의 서문에서 인도人道, 즉 '사람의 도리'를 강조하고 종약을 지켜야 하는 이유에 대해 설명하였다.

'사람의 도리'라는 것은 친족을 가까이하고 사랑하며 존경하는 것이다. 친족을 가까이함으로써 선조를 존숭하고 되고, 종손을 중심으로 종족 간에 서로 공경하며 일가 친족을 수습하게 된다. 친족을 가까이하지 않으면 이는 근본을 망각하는 것이요, 종손을 공경하지 않고 친족 간에

서로 공경하지 않으면 일가 친족을 수습할 수 없게 된다. (…)

세상을 살아가는 것을 올바로 하지 않고 남의 눈을 피해 가며 사람의 도리를 못 하게 되면 제 자식만 생각하게 되고, 재물 때문에 부모 형제까지 저버리게 되며, 제 몸 하나만 편하고자 하고 제집밖에 모르게 되니, 친족끼리 화합하지 못하고 서로 존경하는 삶을 살지 못하게 된다. 그리고 어버이가 계신 고향을 한번 떠나 오래도록 고향을 찾지 않고 부모를 뵙지 않거나 성묘를 하지 않으면, 비록 친족이 있어도 여러 세월 왕래하지 않기 때문에 형뻘 아우뻘의 친족들을 모르게 되고 조상의 산소를 분별치 못하게 된다. 이는 도리에 어긋나는 소행일 뿐만 아니라 머지않아 인륜까지 끊어지게 하는 소치이다.

그러므로 우리 자손들은 선조의 제사에 서로 독려하여 참석하고, 모두 공손하게 제사에 참여하며, 산소를 정성스럽게 돌봐야 할 것이다. 이렇게 되면 마음으로부터 서로 아끼게 되고 흡족한 정을 서로 나누게 될 것이다.

「종약」의 주요 내용은 선영先塋의 수호와 제례, 묘전墓田의 조성과 관리, 종회의례宗會儀禮, 명보名譜와 이헌彛憲, 종학宗學의 규약, 의장과 의전 관리, 명명완의命名完議 등이다. 이는 장래 후손들의 생활 윤리 규범이자 종회의 운영 및 문중 교육의 기반이 되었다.

· 선영의 수호와 제례: 묘소 청소, 제일(사절 : 정월 초일 및 한식 · 단오 · 추석), 제일(3월 또는 10월), 제기, 제물, 서차, 제물 차리는 순서, 토지신 제사 의례.
· 묘전의 조성과 관리: 각 묘마다 묘전을 두고 유사有司가 주관하여 종규에 따라 엄정 관리할 것이며, 묘산墓山의 소나무와 잣나무는 함부로 베지 못하도록 하되, 범하는 자가 있으면 유사는 종손이나 종중의 문장에게 알

려 처벌하도록 함.

- 종회의례: 대개 행례 시의 홀기이고, 마지막에 엄숙한 의례와 음복 후의 논의사로 지나간 행적, 종약 지키는 일, 혹은 덕행의 권장, 잘못의 교정, 종중 길흉사와 경조사.
- 명보: 참여자의 명단으로, 자기가 쓰고 이름 밑에 수결함.
- 이헌: 상견 예절, 관리 출타자의 제의 참례 문제, 유사와 종인의 처벌 규약, 향약의 법을 규례로 시행, 벌의 경중에 따라 태형에 처함.
- 종학의 규약: 운영 목적, 사장의 선정, 서책의 마련, 운영 경비, 종학 규약에 대해 기록함.
- 의장義莊과 의전儀田의 관리.
- 명명완의: 이름 짓는 결의.

파평윤씨 노종파의 「종약」은 당대의 다른 집안의 종약과 비교할 때 매우 상세하고 구조적인 것이 특징이다. 이로써 장래 후손들의 생활 윤리의 규범과 종회의 운영 구조, 교육제도 등이 확립되었으며, 당시의 많은 성씨들이 일가지제一家之制의 확립과 오묘한 이치에 감탄하여 모방해 갔다고 전한다.

종약宗約.
문중 규약으로,
윤순거尹舜擧가 형제들과
함께 1645년에 완성하였다.

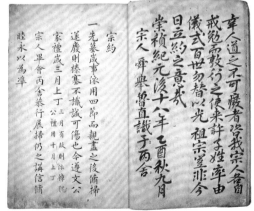

『종회록宗會錄』.
문중 모임인 종회의
회의록으로, 1643년부터
1948년까지 약 삼백 년간의
기록이 남아 있다.

「종약」에서 특히 엄하고도 구체적으로 규정하고 있는 것은 춘추로 연
2회 종인들이 함께하는 종회宗會이다. 종회에 관련된 종약을 어길 경우,
즉 유사有司 가운데 종사를 잘 다루지 못하는 자, 아무 이유 없이 종회에
불참하는 자는 벌하도록 정해 놓고 있다. 이같은 종약을 지키지 않는 종
인에게는 종회에서의 결정에 따라 중죄인은 태형 서른 대, 경죄인는 태
형 열다섯 대, 나이가 어린 자는 종아리를 치도록 하였다. 이처럼 파평윤
씨 노종파 「종약」은 다른 집안에 비해 매우 엄격하였다.

윤증은 『종약』의 말미에 기록한 발문에서 효孝를 강조하였다. 즉 "효는
백행百行의 첫번째이니 그 길을 다하고자 하는 사람은 배우지 아니하고서
는 되는 일이 아니니, 대개 배우는 자는 그 이치를 알고 실행하고자 하는
자이니라. 그러므로 이 규약은 근본을 효로 하고 배움에 힘쓰도록 강조
하는 것이니 오직 후손들은 갈고 닦으며 노력해야 한다"고 하였다.

향촌민과의 공존

파평윤씨 노종파 문중은 향촌민과 공존을 위하여 규약을 만들었다. 윤증
이 쓴 행장에 의하면, 윤순거는 범씨의장范氏義莊과 여씨종법呂氏宗法의 규범

을 취하여 종약宗約을 만들고, 또 남전藍田의 향약鄕約과 석담石潭의 사창법社倉法을 모방하여 동약洞約을 만들었다.[184]

범씨의장은 범씨范氏 문중에서 어려운 일을 당한 사람을 도와주는 장원이다. 중국 송나라 재상 범중엄范仲淹이 재상을 하다가 벼슬을 그만둔 후에 상당히 많은 땅을 소주蘇州에 마련하고 범씨의장을 설립하였다. 의장에서 나오는 조租를 거두어 저축해 두었다가 족인들 중에 혼례나 장례를 치르지 못하는 자에게 공급해 주었다.[185]

남전의 향약은 남전藍田에 살던 여씨呂氏 사형제가 같은 고을 사람들과 지키기로 약속한 규약이다. 규약의 내용은 '덕업으로 서로 권할 것德業相勸', '과실을 서로 경계할 것過失相規', '예속으로 서로 사귈 것禮俗相交', '환난에 서로 도울 것患難相恤' 등의 네 가지이다.[186]

석담의 사창법에서 석담石潭은 율곡 이이를 가리킨다. 율곡이 황해도 해주海州의 석담에 은병정사隱屏精舍를 세우고 제자들과 강학하였기에 이른 말이다. 사창社倉은 환곡 운영의 파탄을 극복하기 위하여 지방의 각 촌락에 설치, 시행하였던 제도이다. 율곡의 사창법은 "사창에서 나누어 주는 곡식은 사적인 이자를 받을 수 없으니, 이를 어기는 자는 계의 약속을 범한 것으로 논한다"라는 등의 10조로 되어 있다.[187]

그러나 윤순거가 만든 동약은 전해지지 않고 있다. 다만 노강서원魯岡書院의 건립 과정에 여러 형태의 부조가 있었는데, 그 「부조록扶助錄」에 의하면 노성지역의 향약 조직에서도 부조를 했다는 기록이 있다. 동면향약東面鄕約・오강향약五岡鄕約・광석향약廣石鄕約・당북향약塘北鄕約・두사향약豆寺鄕約・소사향약素沙鄕約・동서상리향약東西上里鄕約・득윤향약得尹鄕約・장구동상리향약長久洞上里鄕約・화곡향약禾谷鄕約 등이 그것이다.[188] 윤순거에 의해 만들어진 병사향약丙舍鄕約이 이들 향약의 원형이 되었을 것으로 생각된다.

「종약」에는 산 아래에 사는 촌민을 보호하기 위한 규약도 만들어 종인들에게 인지시켰다.[189]

1. 동내洞內에는 자손 된 사람은 입주하지 말 것. 이는 동민을 괴롭히기 쉽기 때문이다.
2. 동민의 집 대지와 채마전菜麻田의 도조賭租는 면제한다.
3. 동민이 생활을 지탱할 만큼의 전답을 임대해 준다.
4. 동민의 경조사에는 종중에서 상당량을 보조하고 대여해 준다.
5. 흉년·우환 등의 재난을 당했을 때에는 상당한 재원을 보조 또는 대여한다.

향촌민들에 대한 이같은 규정은 대대로 지켜졌다. 병사에 사는 향촌민들은 집터나 채마전에 대한 도지를 내지 않았으며, 대대로 종중의 전답을 소작하며 살아왔다.

특히 윤증은 향촌민과 상생해야 한다는 원칙을 철저하게 지켰다. 당시 누에를 먹이는데, 뽕나무를 두고 문중 사람들과 향촌민들 간에 분쟁이 있었다. 이에 윤증은 오히려 향촌민의 편에 서서 "앞으로 파평윤씨 집안은 누에농사를 짓지 말라"고 지시하였다. 이같은 지시는 현재까지 지켜지고 있다. 향촌민에 대한 배려심이 깊었음을 알 수 있다. 이러한 파평윤씨 노종파의 배려는 한국전쟁 등 혼란기에 마을 사람들이 파평윤씨 노종파를 적극적으로 보호하는 보답으로 돌아왔다. 한국전쟁 당시 명재고택이 북한군 본부로 사용되어 미군의 폭격이 계획돼 있었는데, 마을 사람들이 적극적으로 설득하여 이를 막아 고택이 보존된 것이다.

의창제 운영

윤순거尹舜擧는 의창제義倉制를 문중 운영에 도입하여 문중의 선산과 재실의 운영, 묘사墓祀를 위한 재정 조치로 의전義田을 마련하였다. 의창제는 불의의 재해 또는 긴급 환난患難·상장喪葬·혼상婚喪, 그리고 흉년의 기아 구휼救恤 등을 대비하여 평상시에 공동으로 재원을 저축해 두었다가 서로 돕고자 만든 것이다. 의전은 오방파의 각 집에서 논 일곱 마지기씩 거출하고, 그 토지에서 매년 받는 소작료인 예납곡例納穀으로 설치하였다. 그리고 종인 가운데 관리가 된 자는 각자 봉급을 털어 재정에 도움이 되도록 하였다. 의전은 각 파조派祖를 모시는 제수祭需 비용 이외에도 혼례와 장례의 부조로 쓰여 불의의 재난과 일가의 궁핍에 대비하는 대비책으로 쓰였다.[190]

　의전 운영 초창기에는 각 집에서 성실하게 예납을 하여 비축이 많았다. 그래서 초상집에 부의로 이불 두 벌을 보내고, 급한 출산에도 여러 가지 쓸 밑천과 양식을 넉넉하게 보낼 수 있었다. 하지만 의창의 규례가 활발하게 시행된 지 사십여 년 만에 위기가 닥쳤다. 점차 생활이 어려워지면서 예납을 내지 않을 뿐만 아니라, 의전에서 나오는 수입도 부족하였기 때문이다. 더욱이 종중에서는 승지공承旨公·효렴공孝廉公·유첨지사공柳僉知事公 등의 석물을 마련하기 위해 의전으로 그 비용을 충당하였다. 그리고

의창義倉 문서.
의창에 관련된 고문서로,
주로 19세기 중엽에서 말엽
사이에 작성되었다.

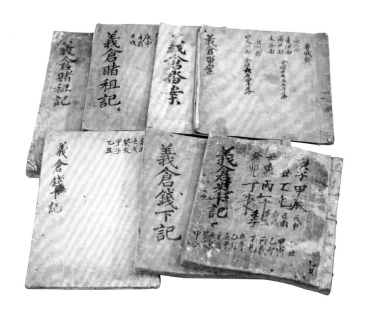

대흉년이 들면서 의창제는 운영되지 못하였다.

이후 종중에서는 의전의 복구를 통한 의창제의 회복을 주장하였다. 종족들은 해가 거듭될수록 늘어났으나 가난하고 굶는 자가 많았으며, 혼기가 되어도 혼인을 하지 못하고 상사喪事를 당하여도 장례를 치르지 못하는 일이 벌어졌다. 이에 윤광저尹光著와 윤광형尹光炯 등이 구휼사업의 필요성을 역설하였다. 이들은 솔선수범하여 곡식을 내놓은 후에 종중회의를 열어 대소의 종계와 수령직에 있는 종인, 서울에서 벼슬살이를 하는 종인, 몇몇 넉넉한 집 등에게 의창義倉의 재건을 설득하였다.

이에 경상도 관찰사로 재직 중인 윤광안尹光顏이 각 고을별로 유사를 정하여 지휘를 담당하고, 윤광보尹光普는 서울을 담당하게 하여 종중 결의의 실현에 진력하였다. 마침내 노성현 내 대소 열여덟 개 종계宗契, 서울과 각 고을의 수령, 넉넉한 후손 들이 돈과 곡물을 출연하기에 이르렀다. 그리하여 노성의 중심지인 덕보德湺에 창고를 짓고 의창의 운영 규약인 절목節目을 만들었다.

사랑채 굴뚝.
낮은 굴뚝은 향촌민을 위한
명재고택의 배려이다.

의전의 규모는 매년 쌓이는 쌀이 이백 석이었다. 현존하는 「도조기賭租記」에 의하면, 1844년(헌종 10)에는 약 사백칠십 마지기였으며, 일제강점기에도 삼백오십 마지기 가까이 있었다. 1950년 농지개혁 당시의 의창 「미하기米下記」에 의하면 팔백십 마지기가 있었다. 의전과 대종중 소유 전답에서 나오는 소출은 덕보의 창고에 쌓아 놓았으며, 이는 평상시에는 종학당과 문중 운영비로 사용하였다. 그리고 흉년에는 동리민과 문중 구성원 들의 구휼미로 쓰였다.

의창제는 1950년 농지 개혁으로 그 기능을 잃고 훼철되었는데, 당시에 대형 창고와 중형 창고 각 한 동과 고직사가 있었다고 한다. 현재 의창제는 없어졌지만, 이같은 선조들의 정신을 기리기 위해 문중에서 1999년에 의창 유지遺址 바로 앞에 의창 유허비를 건립하였다.

4. 음식과 종가문화

종가 음식은 맛味·멋美·정情·예禮로 표현할 수 있다. 맛은 종부에서 종부로 고집스럽게 지켜 온 한결같은 정성이다. 멋은 "보기 좋은 떡이 먹기도 좋다"는 말처럼 항상 맛깔스러운 색과 모양, 담음새를 유지하는 아름다움이다. 정은 상부상조라는 미덕을 바탕으로 이웃과 나누는 사랑이다. 예는 관혼상제를 중심으로 발전하여 온 종가음식의 기본자세이다.[191]

종부宗婦는 종가의 살림살이를 맡아 종가의 대소사와 의식주를 관장한다. 종가 음식의 맛을 좌우하는 것은 장맛이다. 그리고 종가의 가장 기본적인 것은 봉제사奉祭祀와 접빈객接賓客이다. 따라서 종가 음식은 장맛을 바탕으로 제례 음식과 일상 음식으로 구분된다.

세월과 함께 무르익는 맛

음식의 기본은 장맛이다. 우리나라에서 간장과 된장, 고추장은 조미료 역할을 하였다. 따라서 장맛이 음식의 맛을 좌우한다. "장맛이 좋으면 집안이 성한다"는 옛말은 장맛의 중요성을 강조하는 말이다. 장을 담글 때 중요한 요소는 물과 소금, 메주, 그리고 장독이다.

최고의 물은 최고의 장맛을 결정한다. 명재고택에서 장을 담글 때 사용하는 물은 집 앞의 샘에서 솟는 물이다. 샘은 풍수지리상 혈구穴口에 해당한다. 땅속으로 흐르다가 샘솟는 진응수眞應水는 신령스런 영천靈泉으로, 항상 맑고 깨끗하며 사시사철 마르지도 넘치지도 않는다. 그리고 물맛이 감미롭다. 사랑채 바로 앞에서 솟아오르는 진응수를 마시면 명당의 기운을 마시는 것이다. 명재고택에서는 우물에서 샘솟는 맑은 물로 수백 년간 장을 담가 왔다.

소금은 몇 해 동안 간수를 뺀 서해안의 천일염을 사용하였다. 명재고택의 양창호梁昌鎬 노종부는 가장 맛있는 상태의 소금을 골라내는 최고의 기술을 가지고 있었다. 소금을 한 움큼 쥐었을 때 손에 붙지 않고 바삭바삭한 것이 좋다. 잘 붙는 것은 쓴맛이 있고, 장을 담그면 장도 쓰다. 좋은 소금으로 절인 배추는 그것만 먹어도 맛있는 법이다. 이처럼 소금 고르는 법은 한 가문의 종부의 맛에 대한 감각이다.

장맛의 기본은 메주다. 콩은 그해 우리나라에서 생산된 햇콩을 사용하였다. 매일 한 가마니가 넘는 콩을 삶아 메주 쑤기를 십오 일에서 이십 일 정도 할 만큼 많은 양을 준비했다. 따라서 명재고택에서 장을 담그는 기간에는 일손을 돕기 위해 동네에서 많은 사람들이 몰렸다. 콩을 삶아 돌확에 찧는 방식으로 메주를 만들어 마루에 짚을 깔고 늘어놓은 후 일주일 정도 말린다. 이를 다시 짚으로 동여매 처마 밑에 사십 일 정도 매달아 두면 자연스레 공기가 통하면서 황금빛 곰팡이가 핀다.

장을 담글 때 명재고택만의 특징은 씨간장과 씨된장을 사용하는 것이다. 명재고택은 식솔이 많아서 간장을 많이 담갔다. 그런데 간장은 한날한시에 담그더라도 맛이 독마다 달랐다. 따라서 그 가운데 가장 맛있는 간장독을 '전독'이라 하여 먹지 않고 두었다가 해마다 새로 장 담글 때 항아리마다 조금씩 나누어 섞었다. 오랜 세월 좋은 장맛을 한결같이 유지하기 위한 비법이었다. 그래서 이 집 간장과 된장은 '전독간장' '전독된장'이라고 부른다. '전'은 '傳'을 쓴다. 앞 세대인 시어머니가 지켜 온 장독을 후대 며느리에게 전하며 지켜 온 간장, 된장이라는 뜻이다.

명재고택은 장을 새해의 첫째 또는 둘째 갑오일甲午日에 담근다. 두 달에 한 번꼴로 돌아오는 갑오일은 예부터 귀신도 돌아다니지 못한다고 해서 횡액이 끼지 않는 날로 여겼다. 그리고 기후와 온도 등을 판단해서 황균

말 문양 문(왼쪽)과
장독대(오른쪽).
명재고택의 장은 말의 날인
갑오일甲午日에 담근다. 대청
문의 문양이 말 모양인데,
문을 열면 바로 장독대가
보인다.

간장독 전경.(pp.234-235)
음식의 기본은 장맛이다.
명재고택의 간장독은 종가
음식의 상징이다.

국(메주의 발효를 돕는 균)이 가장 활발한 때를 잡는데, 보통 정월 말일
경이다. 옛날부터 그날이 되면 향긋하고 구수한 메주 냄새가 온 마을에
가득하였다. 항아리에 메주를 차곡차곡 담고 빈 공간은 메주를 잘게 쪼
개 채운다. 그러고 나서 물과 소금을 붓는다. 소금물의 염도는 다른 집들
이 보통 물의 십오 퍼센트 안팎으로 맞추나, 명재고택 전독간장은 물과
소금을 1 대 1로 잡는다. 소금을 많이 쓰는 셈이다. 항아리 맨 위에는 다
시 웃소금을 오 센티미터 두께로 얹고 천을 덧씌운 다음 뚜껑을 덮는다.

　보통 집에서는 장은 담근 지 사십 일이면 간장을 뜨지만, 교동校洞 전독
간장은 육 개월 정도 지난 추석 무렵에 간장을 뜬다. 메주 속에 있는 좋은
것들과 맛이 충분히 우러나도록 하기 위함이다. 항아리를 열어 보면 소
금이 새까만 강정처럼 딱딱해져 있다. 이 소금떡은 꺼내 버리고 메주를
한쪽으로 치우면 간장이 술처럼 푹 올라온다. 이것이 햇간장이다.

　장독은 집안의 가풍이며 상징이다. 장독은 북쪽 지방으로 갈수록 빛
을 더 많이 받기 위해 항아리 모양이 위아래가 같은 원통형이다. 남쪽 지
방으로 내려올수록 가운데가 넓고 주둥이가 좁다. 명재고택의 장독은 전
라도에서 많이 사용하는 남방형이다. 독의 겉에는 한지를 버선 모양으로

잘라 거꾸로 붙였다. 한지가 빛을 많이 반사해서 벌레들이 꼬이지 않도록 하기 위함이다. 그리고 한지 위에 '꿀독'이라고 글자를 적어 꿀처럼 맛난 장이 되라고 기원한다.

장독대는 집안에서 종부와 가장 가까우면서도, 가장 신성한 곳이다. 어머니의 마음이 담겨 있는 정 깊은 곳이라 할 수 있다. 명재고택 사람들은 한국전쟁 때 딱 하루 집을 비운 것 빼고는 늘 이 장을 지켜 왔다. 나들이 다녀오면 깨끗하게 몸을 씻지 않고는 장독대 쪽으로 들어가지 않았다. 잡균이 들어가는 것을 막기 위한 선조들의 지혜이다. 고택의 장맛은 그렇게 집안사람들의 노력과 정성으로 지금까지 살아남았다. 또한 사백 년이 넘는 세 그루의 느티나무가 언덕에서 명재고택과 함께 수백 개의 장독을 오랜 세월 동안 지키고 있다.

명재고택의 전독간장은 짠맛이 덜하고 향이 깊은 것이 특징이다. 일반 가정에서 장을 담글 때보다 메주가 네 배 이상 들어가는데, 소금물을 많이 넣지 않고 간장을 조금만 빼기 때문에 숙성 중인 장항아리를 들여다보면 메주가 수분을 머금고 있어 까만 간장이 보이지 않는다. 간장은 오래 묵힐수록 소금이 석출되어 처음보다 짠맛이 줄어든다. 따라서 명재고택의 전독간장은 오래 숙성된 깊은 맛과 향이 나면서도 염도가 낮아서 어느 음식에나 간을 하기에 적당하다.

엄정하되 간소한 제례 음식

파평윤씨 노종파의 제례 음식은 호서지방의 광산김씨나 은진송씨에 비해 소박하다. 이는 「종약」에서 제사상을 소박하게 차리라는 유훈을 남긴 데서 유래한다. 그러나 대종계의 시제時祭나 윤황의 불천위제不遷位祭 제례상은 다른 종가 못지않게 격식이 있고 푸짐하게 차려졌다. 대종중이 노성에 입향한 윤돈尹暾을 계승하는 종중이므로, 후손이 명재 윤증이나 동

신위神位						
밥		국		잔		시접
육탕		어탕		소탕		적
숙채	생채	초장	간장	김치	김	새우젓 조기
포		대추		밤		감	식혜

토 윤순거의 유훈보다 선대의 전통을 이어받았기 때문이다. 그리고 시제나 불천위제에는 후손과 저명 인사 들이 대거 참석하기 때문에 이들과 음복을 하기 위해서는 음식을 많이 준비할 수밖에 없었다.

　명재고택의 제사상은 더욱 소박하다. 윤증은 제사는 엄정하되 간소하게 하라고 가르쳤다. 구체적으로 제사상에 낭비가 심한 떡을 올리지 말며, 일거리가 지나친 유밀과와 기름이 들어간 전도 올리지 못하도록 하였다.

　실제 윤증 소종중의 제사를 살펴보면, 대종계의 진찬도進饌圖[192]를 축약하여 간소화시킨 것이다. 과일은 대추와 밤, 감 등 삼색 실과 외에 다른 과일을 올리지 않으며, 나물도 삼색 나물을 한 접시에 담고, 무생채를 한 그릇 올릴 뿐이다. 한편 식혜를 대신하여 소금에 절인 생조기 한 토막을 새우젓과 함께 놓는다. 전은 없으며 삼적과 삼탕을 쓴다. 적炙은 쇠고기와 명태, 닭 등을 쓰나 모두 생것으로 각기 하나만 쓰며, 닭의 경우 반 마리만 올린다. 탕湯은 육탕과 어탕, 그리고 무와 두부를 넣은 소탕蔬湯을 하며, 작은 그릇에 건더기만 담는다. 포脯는 삼포로 육포·어포·문어포, 그리고 떡국 한 그릇만 올리는 것으로 끝난다. 특히 생고기를 쓰는 것은 음복을 할 때 나누어 주어 각자 입맛에 맞도록 요리해 먹으라는 실용주의적인 발상에서 비롯되었다.[193]

명재고택은 제삿날과 생일날, 설날 등을 모두 양력으로 지내며, 제사는 저녁 시간인 오후 일곱, 여덟 시경에 지낸다. 이는 현 종손의 증조부인 윤하중尹昰重이 천문학을 연구한 것에 기인하며, 집안의 가풍인 실용성과 검소함을 반영한 것이다. 제사를 지낼 때 밤이 없으면 대신 감자를 올리기도 하였다. 밤도 종자이고 감자도 종자이므로 집에서 농사지은 것이면 된다는 뜻이다. 이와 같이 꼭 무엇을 얼마만큼 많이 올려야 한다는 데 중점을 두지 않았다.

　그러나 음식을 장만하고 제사를 모시는 자세는 매우 엄격하였다. 제삿날 사흘 전부터는 고기를 먹지 않으며, 나쁜 말을 삼가고, 크게 떠들고 웃지도 않았다. 경건한 마음으로 조상을 모셔야 하기 때문이다. 음식을 만들 때는 말을 하게 되면 침이 튀어 나갈 것을 염려하여 입에 창호지를 물고 음식을 준비하고 제사상을 차렸다. 사대부 가문 가운데 이렇게 소박하지만 엄격하게 제사상을 준비하는 곳은 찾아보기 어렵다. 수백 년 세월을 넘어 전통을 지켜 온 꼿꼿한 선비 정신과 당당한 자존심은 곧 이 집안의 품격이다.[194]

소박한 배려의 일상 음식

양창호 노종부는 열아홉 살에 중매로 십일세 종손 윤여창尹汝昌과 혼인해서 칠십 년 넘게 고택을 지켰다. 시집왔을 때 시아버지 삼형제 내외가 한 집에 살고 있었다. 그야말로 층층시하였다. 한 끼에 외상만 열아홉 개를 차릴 정도로 가족이 많았다. 사랑은 사랑손님으로, 안채는 친인척들로 북적였다. 채소 위주의 소박한 상차림이라 오히려 간을 맞추는 장맛이 솜씨를 좌우하였다.[195] 따라서 명재고택의 대표적인 일상 음식은 장김치와 가지김치이다.

　장김치는 무와 배추를 미나리·갓 등과 함께 간장에 절여 담그는 김치

가지김치.
명재고택의 내림 김치이다.

이다. 장김치의 맛을 좌우하는 간장은 오랜 기간 정성을 다해 보관하는 것이 관건이다. 따라서 장김치는 주로 생활의 여유가 있는 상류층에서 발달할 수밖에 없는 음식이었다. 전독간장으로 만든 명재고택의 장김치는 겨울 김장을 먹기 전에 맛볼 수 있는 별미 김치이다. 일단 무와 배추에 파·마늘·생강·미나리·갓·배·밤·잣·석이·표고 등을 넣어 간장으로 간을 한 국물을 붓는데, 지역에 따라 사용하는 부재료에 조금씩 차이가 있다. 고택 주변에는 밤나무가 많아서 장김치의 부재료로 생밤을 꼭 넣었고, 시원한 맛을 위해 배를 소 재료로 사용하였다. 홍고추와 고춧가루를 넣는 것도 이 집 장김치의 특징이다. 그리고 재료 손질법도 독특하다. 대파와 풋마늘은 곱게 채 썰어 넣고, 밤과 마늘, 생강은 얇게 저민 후 '실낱같이 썬다'고 표현할 만큼 결에 맞춰서 잘게 썰어 넣는다. 이렇게 완성된 장김치는 손님상에 냈을 때 부재료들이 동동 떠올라 먹음직스러워 보인다. 장김치 한 그릇에도 맛과 멋을 함께 담아냈던 종부의 지혜가 엿보이는 대목이다. 종부는 고명 얹는 것을 "음식에 연지곤지 바르고 눈썹 그리듯 하라"고 말한다. 신부의 얼굴이 아무리 아름다워도 연지곤지를 찍지 않고 눈썹을 그리지 않으면 예쁘지 않듯이, 음식도 예쁘게 단장해서 보기에도 먹음직스럽고 아름답게 해야 한다는 가르침을 주신 것이다.[196]

가지김치는 토막낸 가지에 十자 모양으로 칼집을 넣어 살짝 데친 후 부추·마늘·생강·고춧가루 등에 전독간장을 넣어 간을 맞춘 다음 가지의 속을 채워 넣은, 명재고택의 내림 김치다. 여름에 나는 제철 가지로 담근 가지김치는 항아리에 담아 실온에서 하룻밤 정도 숙성시킨 후 꺼내 먹었다. 담가서 바로 먹는 김치라 일주일 이내로 먹는데, 냉장 보관하면 열흘까지 먹을 수 있다. 가지 특유의 쫄깃한 식감이 좋아 여름철 별미로 통한다. 일반적으로 토막낸 가지에 칼집을 넣어 소금물에 절였다가 물기를 뺀 다음 부재료를 넣어 숙성시킨다. 그러나 명재고택에서는 가지를 끓는 물에 살짝 데쳐서 사용하는데, 이런 방법은 가지의 독특한 아린 맛을 줄이고 식감도 부드럽게 한다. 특히 오이와 가지, 무 등을 데쳐서 김치를 담그는 것은 치아가 약해진 집안 어르신들을 위한 배려이기도 하다. 데친 가지에 고춧가루와 간 홍고추를 함께 버무려 붉은 빛을 더욱 선명하게 만들어 먹음직스럽게 내는 것은 이 집만의 비법이다. 홍고추는 고추씨도 함께 가는데, 여름에 나는 햇고추의 씨는 맛을 더하면서 참깨와 같이 고명 역할을 한다.

대를 이어 전해 오는 내림 음식

양창호 노종부의 음식은 윤경남 종녀로 이어지고 있다. 칠십여 년 종가의 안주인 자리를 지켰던 노종부가 고령으로 더 이상 안채를 돌볼 수 없게 되면서, 평소 어머니와 사이가 살뜰했던 윤경남 종녀가 나서서 현재 종가의 살림을 돌보고 있다. 어릴 때부터 어머니 곁에서 종부의 삶을 지켜보았고, 할머니가 음식을 할 때면 먼저 나서서 간을 볼 만큼 관심도 많았다고 한다.

어머니와 할머니는 유별난 완벽주의자였다. 종부로서 무엇이든 척척 해냈고, 밤 한쪽을 썰어 넣더라도 맛과 모양까지 정성을 다했다. 음식을 할 때 부산스러워선 안 되고 칼질한 자리는 깨끗하게 정리하였다. 이같은 종부의 가르침을 물려받아 윤경남 종녀는 재료를 고르고 손질하고 순서에 맞춰서 넣는 일까지 어머니의 손맛을 완벽하게 재현하려 애쓴다. 여전히 어머니의 눈에는 서툴고 부족한 딸이지만, 자연과 시간, 정성이 빚어낸 종가의 깊은 맛을 후손에게 전해주는 것이 그의 가장 큰 사명이 되었다.

떡전골.
명재고택의 대표적인
설 음식이다.

명재고택의 대표적인 내림 음식은 간장게장과 떡전골이다. 명재고택의 간장게장은 노성천魯城川에서 잡은 참게로 만들어서 노성게장이라 불렀다. 노성천에서 잡힌 참게는 다른 지역의 참게보다 다리에 털이 적고 등판이 넓으며 맛이 좋았다. 조선 성종 때 편찬된『동국여지승람東國輿地勝覽』을 보면 충청도 공주목 이산현의 특산물 항목에 참게가 언급될 만큼 당시 유명세가 높았으며, 맛이 뛰어나 임금에게 바치는 진상품이었다.

노성참게는 일 년 중 가을이 제철인데 특히 벼를 벨 무렵에 잡은 참게는 산란을 위하여 하류로 이동하기 때문에 살이 많이 올라 맛이 좋았다. 이때 일꾼들이 참게를 잡아 오면 게장을 담그기 하루 전에 항아리에 소고기 날것을 잘게 썰어 넣어 게들이 먹게 한다. 생소고기를 먹은 게로 게장을 담그면 맛이 잘 어우러지고 소화도 잘 된다고 한다. 양념간장을 붓기 전에 한 마리 한 마리마다 일일이 게딱지 안쪽에 파·마늘·생강·참기름·밤 등을 섞어 만든 양념장을 고루 발라서 전체적으로 간이 잘 배어들게 한다.[197] 이삼 일 후 간장을 따라 내고 다시 끓여 식힌 후 붓기를 세 번 반복하면 일 년 내내 깊고 한결같은 맛을 즐길 수 있다. 윤증은 아들에게 쓴 편지에서 노성게장을 친척들에게 선물로 보내라고 당부하고 있다. 노성게장이 다른 집에서는 맛볼 수 없는 명재고택만의 별미였음을 말해 주는 것이다.

명재고택의 대표적인 설음식인 떡전골은 손님 접대나 집안 행사 때 만들던 내림 음식이다. 추수가 끝나는 10월쯤 묵은 쌀로 가래떡을 뽑았고, 수시로 떡전골을 만들어 먹었다. 떡전골은 모든 재료에 간장을 조금씩 넣어 간을 하고 떡은 육수에 하루 동안 재워 둔다. 육수는 쇠고기 갈비뼈로 만든다. 노종부는 떡의 굳기가 중요하다고 말한다. 칼이 힘겹게 들어갈 정도로 굳어 있어야 재워 두는 효과가 있다고 한다. 다진 쇠고기 살코기에도 간장으로 조물조물 간을 하고, 떡이 익은 후에도 간장으로 마지막 간을 한다. 쫄깃한 떡맛이 그대로 살아 있다. 싱겁지도 짜지도 않은 우아한 맛이다. 절묘한 균형을 이룬 단아한 맛이다.

한편 명재고택의 상차림 가운데 생명을 북돋우는 며느리 몸조리상이 유명하다. 명재고택의 며느리 사랑은 유별나다. 특히 종가의 며느리가 아이를 잉태하면 "산모가 건강해야 좋은 자손을 낳고, 엄마가 건강해야 자손들을 건강하게 잘 키운다"고 하시며 산모를 배려해 주었다. 첫 아이를 가진 며느리에게 고운 비단옷을 한 벌 해 주고, 휴양을 겸한 친정 나들이를 보내주었다. 다녀와서는 아이를 낳고 돌이 될 때까지 방문 출입을 삼가고 오직 육아에만 전념하도록 배려하였다. 임신한 며느리는 주방에 드나들지 않도록 했다. 책을 읽거나 휴식을 취하며 태교를 하고. 아이 낳기 육 개월 전부터는 밖에 있는 화장실도 다니지 않았다. 산모 밥상에는 깍두기 하나도 모나고 못생긴 것을 올리지 않았다. 여름이라도 오이 같은 찬 음식보다는 가지로 냉국을 만들어 더위를 달래도록 하였으며 미역국과 늙은 호박으로 산후 조리를 돕고, 너무 기름진 음식을 먹지 않도록 하였다.[198] 사람을 중시하는 가풍을 반영한 것이다.

주註

1. 『중종실록中宗實錄』 55권, 중종 20년 8월 8일 을미.

2. 『중종실록』 61권, 중종 23년 5월 13일 계미.

3. 『중종실록』 66권, 중종 24년 9월 17일 기유.

4. 송시열, 『송자대전宋子大全』 154권, 「대사성윤선생신도비명大司成尹先生神道碑銘」.

5. 조종헌, 「노성 파평윤씨 노종파의 정착과 성장 과정」 『노성 파평윤씨 노종파 문중 소장자료의 내용과 성격 워크숍 자료집』, 국사편찬위원회, 2006. 6.

6. 윤홍식, 「파평윤씨 소정공파 노성종중 외손봉사 사례 연구」 『논산지역의 외손봉사』, 논산향토문화 연구회, 2011.

7. 윤정중, 『노종魯宗 오방파五房派의 유서由緖와 전통』, 선문인쇄, 1999.

8. 김상헌, 「윤수 묘표墓表」 『노종세편魯宗世編』 1권, pp.216-221.

9. 윤황에 대해서 김문준의 논문을 참조하였다. 김문준, 「팔송 윤황의 생애와 사상」 『명재 윤증의 학문 연원과 가학』, 예문서원, 2006.

10. 송시열, 「윤황 행장」 『노종세편』 2권, pp.625-627.

11. 차장섭, 『조선 후기 벌열 연구』, 일조각, 1997, pp.135-137.

12. 『선조실록宣祖實錄』 140권, 선조 34년 8월 18일 계미.

13. 『인조실록仁祖實錄』 1권, 인조 1년 3월 25일 을묘.

14. 김문준, 앞의 논문, pp.210-220; 윤황, 「강화의화시등대계사江華議和時登對啓辭」 정묘 2월 8일, 「간원청경동진작차諫院淸警動振作箚」 병자 8월 20일, 『팔송봉사八松封事』, p.534, p.568 참조.

15. 『인조실록』 15권, 인조 5년 2월 8일 을사.

16. 『인조실록』 15권, 인조 5년 2월 15일 임자.

17. 『인조실록』 32권, 인조 14년 2월 10일 을유.

18. 김문준, 앞의 논문, p.211.

19. 『인조실록』 33권, 인조 14년 8월 20일 신묘.

20. 김문준, 앞의 논문, pp.217-218; 윤황, 「계제자서戒諸子書」 『팔송봉사八松封事』, p.578 참조.

21. 『인조실록』 34권, 인조 15년 1월 23일 계해.

22. 『인조실록』 34권, 인조 15년 2월 19일 기축.

23. 『인조실록』 38권, 인조 17년 6월 8일 갑오.

24. 『광해군일기光海君日記』 68권, 광해군 5년 7월 11일 정묘.

25. 『광해군일기』 92권, 광해군 7년 7월 18일 계해.

26. 『인조실록』 14권, 인조 4년 12월 13일 신해.

27. 『인조실록』 21권, 인조 7년 11월 22일 계묘.

28. 『효종실록孝宗實錄』 19권, 효종 8년 12월 4일 임신.

29. 『현종실록顯宗實錄』 4권, 현종 2년 4월 17일 병신.

30. 『숙종실록肅宗實錄』 45권, 숙종 33년 9월 2일 신해.

31. 윤증, 「당숙부 용서선생 행장堂叔父龍西先生行狀」 『명재유고明齋遺稿』 44권.

32. 윤순거에 대해서 이향배의 논문을 참조하였다. 이향배, 「동토 윤순거의 생애와 사상」 『명재 윤증의 학문 연원과 가학』, 예문서원, 2006.

33. 윤순거, 「구호오절시이세경□號五絶詩李歲卿」 『동토집童土集』 1권, 파평윤씨노종파대종중간, 1996, p.39.

34. 이향배, 앞의 논문, pp.293-294.

35. 윤증, 「윤순거 행장」 『노종세편魯宗世編』 1권, p.227.

36. 이향배, 앞의 논문, pp.290-291.

37. 『숙종실록』 32권, 숙종 24년 11월 6일 정축.

38. 『숙종실록』 38권, 숙종 29년 10월 13일 을유.

39. 『승정원일기承政院日記』 190책, 현종 6년 8월 6일 기미.

40. 윤증, 「당숙부 용서선생 행장」 『명재유고明齋遺稿』 43권.

41. 『현종실록』 1권, 현종 즉위년 11월 1일 무오.

42. 윤증, 「당숙부 용서선생 행장」 『명재유고』 43권.

43. 『현종실록』 3권, 현종 1년 10월 28일 경술.

44. 이상익, 「석호 윤문거의 생애와 사상」 『명재 윤증의 학문 연원과 가학』, 예문서원, 2006, pp.279-280.

45. 위의 논문, pp.260-263.

46. 『인조실록』 34권, 인조 15년 1월 23일 계해.

47. 『인조실록』 36권, 인조 16년 1월 1일 을축.

48. 이상익, 앞의 논문, p.254.

49. 『인조실록』 47권, 인조 24년 8월 9일 임오.

50. 『효종실록』 9권, 효종 3년 9월 22일 신묘.

51. 『효종실록』 12권, 효종 5년 4월 21일 경진.

52. 『현종실록』 2권, 현종 1년 5월 11일 을축.

53. 황의동, 「미촌 윤선거의 생애와 사상」 『명재 윤증의 학문 연원과 가학』, 예문서원, 2006, pp.228-229.

54. 『인조실록』30권, 인종 12년 8월 15일 무진.

55. 『효종실록』19권, 효종 8년 12월 19일 정해; 이은순, 「명재 윤증의 생애와 회니시비의 명분론」 『무실無實과 실심實心의 유학자 명재 윤증』, 청계, 2001, p.70.

56. 윤선거, 『노서유고魯西遺稿』6권, 「여권시성與權諰誠」.

57. 위의 책, 부록 상, 「연보年譜」.

58. 우인수, 『조선 후기 산림세력 연구』, 일조각, 1999, pp.86-87.

59. 윤선거, 『노서유고魯西遺稿』3권, 「사자의소辭諮議疏」.

60. 윤선거, 『노서유고』6권, 「여권시성與權諰誠」.

61. 『현종실록』15권, 현종 9년 12월 28일 임진.

62. 『현종실록』16권, 현종 10년 5월 16일 무신.

63. 최영성, 「노서유고 해제」 『국역 노서유고』1권, p.28.

64. 이은순, 「명재 윤증의 생애와 회니시비의 명분론」 『무실과 실심의 유학자 명재 윤증』, 청계, 2001, p.77.

65. 윤선거, 『노서유고魯西遺稿』 부록 상, 「연보年譜」; 송시열, 『송자대전宋子大全』 부록 2권, 「연보」.

66. 우인수, 『조선 후기 산림세력 연구』, 일조각, 1999, p.90.

67. 윤선거, 『노서유고』 부록 상, 「연보」 1661년 정월.

68. 우인수, 위의 책, p.91.

69. 윤선거, 『노서유고』 부록 상, 「연보」; 송시열, 『송자대전』 부록 5권, 「연보」; 『송자대전』122권, 「서여혹인書與或人」.

70. 윤선거, 『노서유고』 별집別集, 「의답송영보疑答宋英甫」, 기유.

71. 이은순, 「명재 윤증의 생애와 회니시비의 명분론」 『무실과 실심의 유학자 명재 윤증』, 청계, 2001, pp.81-82.

72. 최영성, 「노서유고 해제」 『국역 노서유고』, 이화, 2009, pp.17-18.

73. 윤증의 생애에 대하여 고영진의 논문을 참고하였다. 고영진, 「명재 사상의 형성 과정과 한국 사상사적 위치」 『무실과 실심의 유학자 명재 윤증』, 청계, 2001 참조.

74. 이애희, 「윤증의 유학과 우계 성혼」 『명재 윤증의 학문 연원과 가학』, 예문서원, 2006, p.16.

75. 윤증, 『명재연보明齋年譜』 부록 1권, 「가장家狀」.

76. 윤증, 『명재연보』1권, 56년 5월 9일 경술.

77. 우인수, 『조선 후기 산림세력 연구』, 일조각, 1999, pp.98-99.

78. 이은순, 「명재유고 해제」 『명재유고』, 민족문화추진위원회, 2006, pp.4-5

79. 『인조실록』34권, 인조 15년 1월 22일 임술.

80. 윤선거, 『노서유고』 부록 상, 「연보」.

81. 황의동, 「송시열과 윤증의 갈등과 학문적 차이」 『동서철학연구』 제40호, 2006,

p.173.

82. 송시열, 『송자대전宋子大全』162권, 「석호윤공신도비명石湖尹公神道碑銘」.

83. 『송자대전』 부록 6권, 「연보」 기유년 8월.

84. 『명재연보明齋年譜』1권, 갑인년 1674년 2월.

85. 『명재연보』1권, 계축년 1673년 11월.

86. 『명재연보』1권, 갑인년 1674년 2월.

87. 『명재연보』1권, 갑인년 1674년 4월.

88. 『명재연보』, 1권, 병진년 1676년 4월.

89. 『백호전서白湖全書』 부록 4권, 행장行狀 하.

90. 이건창, 『당의통략黨議通略』 「숙종조 경신환국庚申換局」.

91. 『명재연보』1권, 신유년 1681년 6월.

92. 이은순, 「명재 윤증의 생애와 회니시비의 명분론」, 『무실과 실심의 유학자 명재 윤증』, 청계, 2001, pp.85-86.

93. 『숙종실록肅宗實錄』15권, 숙종 10년 4월 29일 갑자.

94. 『명재연보』 후록 2권, 「전지평이세덕소前持平李世德疏」.

95. 이은순, 앞의 논문, p.86.

96. 홍순민, 「붕당정치의 동요와 환국의 빈발」, 『한국사』 30, 국사편찬위원회, 2003, pp.166-172; 우인수, 『조선 후기 산림세력 연구』, 일조각, 1999, pp.191-192.

97. 『명재연보』2권, 1713년 윤5월.

98. 『승정원일기』, 숙종 23년 9월 20일 정유.

99. 『숙종실록』50권, 숙종 37년 4월 16일 갑술.

100. 『숙종실록』33권, 숙종 25년 11월 29일 계해.

101. 『숙종실록』49권, 숙종 36년 8월 27일 기축.

102. 『숙종실록』50권, 숙종 37년 3월 3일 임진.

103. 『숙종실록』57권, 숙종 42년 윤3월 18일 무인.

104. 『승정원일기』, 영조 즉위년 10월 21일 신묘.

105. 『영조실록英祖實錄』4권, 영조 1년 3월 27일 을축.

106. 『명재연보』1권, 1678년 여름.

107. 『경종실록景宗實錄』9권, 경종 2년 7월 5일 무자.

108. 『영조실록』1권, 영조 즉위년 10월 17일 정해.

109. 『영조실록』28권, 영조 6년 11월 1일 병인.

110. 윤증의 『명재연보明齋年譜』를 참고하여 작성하였다.

111. 한국정신문화연구원, 『고문서집성』4, 파평윤씨편.

112. 『명재연보』, 1671년(현종 12) 6월조.

113. 『명재유고明齋遺稿』33권, 유봉신거제토지신문西峰新居祭土地神文, 병진(1676, 숙종

2).

114. 윤행교, 「윤지교 행장」 『노종세편』 1권, p.349.

115. 윤추, 「청림상질녀만靑林殤姪女挽」 『농은선생유고』 1권, p.113.

116. 윤추, 「병중억선여사위현도문옥기보제우病中億善餘士威顯道文玉起甫諸友」 『농은선생유고』 1권, 113쪽.

117. 윤추, 「만음오수謾吟五首」 『농은선생유고』 1권, pp.120-121.

118. 윤추, 「감회感懷」 『농은선생유고』 2권, p.234.

119. 『명재유고明齋遺稿』 29권, 여자행교與子行敎 4월 2일, 정해(1707, 숙종 33).

120. 윤추, 「징해춘丁亥春 손아위여작정사삼간孫兒爲余作精舍三間 가행可幸」 『농은선생유고』 2권, p.319.

121. 『명재연보明齋年譜』, 1714년(숙종 40) 1월조, p.222.

122. 윤광집, 「윤동원 연보」 『일암선생유고』 5권, 부록.

123. 충남대학교 마을연구단 편, 『논산 병사마을』, 대원사, 2008, p.51.

124. 『신증동국여지승람新增東國輿地勝覽』 18권, 이산현조.

125. 한종구와 조웅연의 윤증고택에 대한 풍수 논고를 참고하였다. 한종구, 「논산윤증고택」 『한옥문화』 28호, 2012; 조웅연, 「옥녀탄금의 명재 윤증고택」 『우리 고장의 풍수 이야기』, 강릉문화원, 2010.

126. 최영성, 「기다림의 철학이 배어 있는 백의정승의 집 명재 윤증고택」 『예던길』 25호, 2013년 가을.

127. 임병학 선생의 도움으로 출처가 주자의 『주역본의周易本義』임을 알게 되었다.

128. 충청남도 역사문화연구원 편, 『명재 윤증 백의白衣로 조선을 경영하다』, 충남역사박물관, 2011, p.57.

129. 고택의 공간 구성에 대해서 『한국의 전통가옥 17─윤증선생고택』(문화재청, 2007)을 참고하였다.

130. 한종구, 「논산윤증고택」 『한옥문화』 28호, 2012, p.81.

131. 박소영·박언곤, 「윤증고택의 영역별 공간분석에 관한 연구」 『대한건축학회 학술발표논문집』 19권 1호, 1999. 4, p.287.

132. 『한국의 전통가옥 17─윤증선생고택』(문화재청, 2007), pp.32-33.

133. 충남대학교 유학연구소 편역, 『윤증의 의례문답』, 이화, 2004, p.44.

134. 『명재연보明齋年譜』 1권, 1637년(인조 15) 1월조.

135. 윤선거, 「유인공주이씨유사孺人公州李氏遺事」 『노서유고魯西遺稿』 부록 상.

136. 『숙종실록』 12권, 숙종 7년(1681) 7월 21일 임신.

137. 충남대학교 마을연구단 편, 『논산 병사마을』, 대원사, 2008, p.45.

138. 윤증의 초상화에 대해서는 다음의 논문을 참고하였다. 강관식, 「명재 윤증 초상의 제작 과정과 정치적 함의」 『유학연구』 12집, 2005. 8; 강관식, 「명재 윤증 유상

遺像 이모사移摹史의 조형적·제의적·정치적 해석」『미술사학보』34집, 2010. 6; 심초롱, 「윤증 초상 연구」, 서울대학교 대학원 고고미술사학과 석사학위 논문, 2010. 8.

139. 『숙종실록』50권, 숙종 37년 6월 16일 갑술.

140. 윤광소 편, 『명재언행록明齋言行錄』2권 「덕행德行」하下.

141. 문화재청 편, 『영당기적影堂紀蹟』, p.470.

142. 『명재연보明齋年譜』1권, 85년 임진.

143. 이해준, 「종학당의 역사와 변천」『노성 종학당』, 공주대학교 박물관, 2006.

144. 충남대학교 마을연구단 편, 『논산 병사마을』, 대원사, 2008. p.66.

145. 이왕기, 「종학당의 건축적 가치와 의미」『노성 종학당』, 공주대학교 박물관, 2006.

146. 이정우, 「17-18세기 재지在地 노소론老少論의 분쟁과 서원書院 건립의 성격─충청도 논산지방 광산김씨와 파평윤씨를 중심으로」『진단학보』88집, 1999.

147. 양철곤 편, 『노성궐리지魯城闕里誌』, 노성궐리사, 2010.

148. 윤선거, 『노서유고魯西遺稿』속집續集, 2권, 잡저雜著 「이산향교명륜당건설시고선성문尼山鄕校明倫堂建設時告先聖文」.

149. 『명재연보明齋年譜』1권, 49년 1월.

150. 김문준, 「팔송 윤황의 생애와 사상」『명재 윤증의 학문연원과 가학』, 예문서원, 2006, pp.204-205.

151. 『노서유고魯西遺稿』부록 상, 「노서선생유사魯西先生遺事」.

152. 황의동, 「미촌 윤선거의 생애와 사상」『명재 윤증의 학문 연원과 가학』, 예문서원, 2006, pp.237-239.

153. 최영성, 「노서유고 해제」『국역 노서유고魯西遺稿』, 이화, 2009, pp.26-27.

154. 황의동, 「윤증의 생애와 사상」『노성 파평윤씨 노종파 문중 소장자료의 내용과 성격』, 국사편찬위원회, 2006. p.15.

155. 윤증의 문하생 명단을 기록한 문인록인『동문록同門錄』에는 270명의 성명과 자字, 출생 간지, 본관, 거주지, 급제 및 관직이 기록되어 있으며, 언제 문인이 되었고, 윤증의 장례에 상복喪服을 입었는지 여부도 기록되어 있다.

156. 윤사순, 「명재 윤증을 중심으로 본 학맥의 분포」『유학연구儒學研究』17집, 2008, pp.111-115.

157. 윤영선, 『조선유현연원도朝鮮儒賢淵源圖』, 동문당, 1941.

158. 황의동, 「명재 윤증의 생애와 사상」『노성 파평윤씨 노종파 문중 소장자료의 내용과 성격』, 국사편찬위원회, 2006, pp.26-30 참조.

159. 『명재유고明齋遺稿』21권, 「답이한유한영答李漢遊漢泳」정묘 납월臘月 6일 6일.

160. 『명재유고』21권, 「답이언위무숙答李彦緯武叔」무오 11월 21일.

161. 『명재유고』 별집 3권, 「의여회천서擬與懷川書」 신유 하夏.

162. 『명재유고』 18권, 「답최한신答崔漢臣」 임신 납월臘月 4일.

163. 『명재유고』 32권, 「일재집발一齋集跋」 경신.

164. 『명재선생연보明齋先生年譜』 부록 1권, 「가장家狀」.

165. 황의동, 앞의 논문, p.30.

166. 한기범, 「명재 윤증의 자주적 예학사상」 『무실과 실심의 유학자 명재 윤증』, 청계, 2001, p.334.

167. 위의 논문, pp.362-365 참조.

168. 『의례문답疑禮問答』 7권, 「제례祭禮」.

169. 위의 책 1권, 「통례通禮」, 유사착고有事着告.

170. 신동호, 「명재 윤증의 인품과 일화」 『무실과 실심의 유학자 명재 윤증』, 청계, 2001, pp.45-48.

171. 윤순거, 「윤돈 묘표墓表」 『노종세편魯宗世編』 1권, p.192.

172. 윤정중, 『노종 오방파의 유서와 전통』, 선문인쇄, 1999.

173. 『팔송봉사八松封事』 부록 상上, 「계제자서戒諸子書」.

174. 『팔송봉사』 부록 상, 「계제자서戒諸子書(우又)」.

175. 충남대학교 유학연구소 편, 『명재 윤증의 학문 연원과 가학』, 예문서원, 2006, pp.217-219 참조.

176. 『명재연보明齋年譜』 권1, 1671년 7월 25일.

177. 『명재연보』 권1, 1672년 3월.

178. 한국학중앙연구원의 한국역대인물 종합정보시스템에 수록된 문과 급제자를 기준으로 하였다.

179. 차장섭, 『조선 후기 벌열 연구』, 일조각, 1997, pp.138-139.

180. 위의 책, pp.148-149.

181. 우인수, 『조선 후기 산림세력 연구』, 일조각, 1999, pp.6-13.

182. 위의 책, p.195.

183. 충남대학교 마을연구단 편, 『논산 병사마을』, 대원사, 2008, p.60.

184. 『명제유고明齋遺稿』 40권, 「중부仲父 동토부군童土府君 신도비명神道碑銘」.

185. 『송사宋史』 권314, 「범중엄열전范仲淹列傳」.

186. 『소학小學』, 「선행善行」.

187. 『율곡전서栗谷全書』 권16, 「사창계약속社倉契約束」.

188. 『노강서원지魯岡書院誌』 권3, 「노강서원영건시부조록魯岡書院營建時扶助錄」.

189. 윤정중, 『노종 오방파의 유서와 전통』, 선문인쇄, 1999, p.138.

190. 충남대학교 마을연구단 편, 『논산 병사마을』, 대원사, 2008, pp.61-62.

191. 농촌진흥청, 『하늘, 땅, 사람에 올리는 상차림, 종가음식』, 친친북스, 2014, p.24.

192. 충남대학교 마을연구단 편, 『논산 병사마을』, 대원사, 2008, p.167.

193. 위의 책, p.168.

194. 위의 책, p.169.

195. 농촌진흥청, 『하늘, 땅, 사람에 올리는 상차림, 종가음식』, 친친북스, 2014, p.314.

196. 네이버 지식백과. http://terms.never.com.

197. 위와 같음.

198. 위의 책, p.310.

참고문헌

고문헌 및 자료집

『팔송봉사八松封事』

『동토집童土集』

『노서유고魯西遺稿』

『명재유고明齋遺稿』

『명재연보明齋年譜』

『명재언행록明齋言行錄』

『농은선생유고집農隱先生遺稿集』

『노종세편魯宗世編』

『일암선생유고一庵先生遺稿』

『송자대전宋子大全』

『당의통략黨議通略』

『백호전서白湖全書』

『고문서집성古文書集成』

『신증동국여지승람新增東國輿地勝覽』

『노강서원지魯岡書院誌』

『조선왕조실록朝鮮王朝實錄』

『승정원일기承政院日記』

『조선유현연원도朝鮮儒賢淵源圖』

『노성궐리지魯城闕里誌』

『논산시지論山市誌』

단행본

공주대학교 박물관,『노성 종학당』, 공주대학교 박물관, 2006.

국립문화재연구소 편,『종가의 제례와 음식 13』, 예맥출판사, 2007.

권오영 외,『명문가, 그 깊은 역사』, 글항아리, 2014.

김도경,『지혜로 지은 집, 한국 건축』, 현암사, 2011.

김봉규,『요리책 쓰는 선비 술 빚는 사대부』, 담앤북스, 2016.

김봉렬,『김봉렬의 한국건축 이야기 1, 2, 3』, 돌베개, 1999.

농촌진흥청,『하늘, 땅, 사람에 올리는 상차림, 종가음식』, 친친북스, 2014.

문화재청,『한국의 전통가옥 17─윤증선생고택』, 문화재청, 2007.

우인수,『조선 후기 산림세력 연구』, 일조각, 1999.

윤정중,『노종 오방파의 유서와 전통』, 선문인쇄, 1999.

차장섭,『조선 후기 벌열 연구』, 일조각, 1997.

최효찬,『5백년 명문가의 자녀교육』, 예담, 2005.

충남대학교 마을연구단 편,『논산 병사마을』, 대원사, 2008.

충남대학교 유학연구소 편,『무실無實과 실심實心의 유학자 명재 윤증』, 청계, 2001.

충남대학교 유학연구소 편,『명재 윤증의 학문 연원과 가학』, 예문서원, 2006.

충남대학교 유학연구소 편역,『윤증의 의례문답』, 이화, 2004.

충청남도 역사문화연구원 편,『명재 윤증, 백의白衣로 조선을 경영하다』, 충남역사박
　　물관, 2011.

함성호,『철학으로 읽는 옛집』, 열림원, 2011.

논문 및 에세이

강관식,「명재 윤증 초상의 제작 과정과 정치적 함의」,『유학연구』12집, 2005. 8.

─────,「명재 윤증 유상遺像 이모사移摹史의 조형적·제의적·정치적 해석」,『미술사학
　　보』34집, 2010. 6.

박소영·박언곤,「윤증고택의 영역별 공간분석에 관한 연구」,『대한건축학회 학술발표
　　논문집』19권 1호, 1999. 4.

심초롱,「윤증 초상 연구」, 서울대학교 대학원 고고미술사학과 석사학위논문, 2010.
　　8.

윤사순,「명재 윤증을 중심으로 본 학맥의 분포」,『유학연구儒學研究』17집, 2008.

윤홍식,「파평윤씨 소정공파 노성종중 외손봉사 사례 연구」,『논산지역의 외손봉사』,
　　논산향토문화연구회, 2011.

이정우,「17-18세기 재지 노소론의 분쟁과 서원 건립의 성격─충청도 논산지방 광산
　　김씨와 파평윤씨를 중심으로」,『진단학보』88집, 1999.

조웅연,「옥녀탄금의 명재 윤증고택」,『우리 고장의 풍수 이야기』, 강릉문화원, 2010.

조중헌,「노성 파평윤씨 노종파의 정착과 성장 과정」,『노성 파평윤씨 노종파 문중 소
　　장자료의 내용과 성격 워크숍 자료집』, 국사편찬위원회, 2006.

최영성,「기다림의 철학이 배어 있는 백의정승의 집 명재 윤증고택」,『예던길』25호,
　　2013년 가을.

한종구,「논산윤증고택」,『한옥문화』28호, 2012.

홍순민,「붕당정치의 동요와 환국의 빈발」,『한국사』30, 국사편찬위원회, 2003.

찾아보기

차장섭車長燮은 1958년 경북 포항에서 태어나, 경북대학교 인문
대 사학과를 졸업하고 동대학 대학원 사학과에서 석사 및 박사과
정을 마쳤다. 조선사연구회 회장을 지냈으며, 강원대학교에서 도
서관장, 기획실장, 강원전통문화연구소 소장 등을 역임했다. 현
재 강원대학교 삼척캠퍼스 교양학부 교수로 한국사, 한국미술사
등을 강의하고 있다. 저서로『조선 후기 벌열 연구』(1997),『고
요한 아침의 땅, 삼척』(2006),『인간이 만든 신의 나라, 앙코르』
(2010),『선교장』(2011),『부처를 만나 부처처럼 살다』(2012),
『아름다운 인연으로 만나다, 미얀마』(2013),『자연과 역사가 빚
은 땅, 강릉』(2013) 등이 있으며, 사진집으로『한옥의 벽』(2016)
이 있다.

명재고택 明齋故宅

지행합일을 실천한 백의정승의 집

글·사진 차장섭

초판1쇄 발행 2017년 9월 30일
발행인 李起雄
발행처 悅話堂
경기도 파주시 광인사길 25(문발동 520-10) 파주출판도시
전화 031-955-7000 팩스 031-955-7010
www.youlhwadang.co.kr yhdp@youlhwadang.co.kr
등록번호 제10-74호
등록일자 1971년 7월 2일
편집 조윤형 백태남 박미
디자인 박소영
인쇄 제책 (주)상지사피앤비

* 값은 뒤표지에 있습니다.

ISBN 978-89-301-0600-9

Myeongjae Gotaek ⓒ 2017 Cha, Jang-Sup
Published by Youlhwadang Publishers. Printed in Korea.

이 도서의 국립중앙도서관 출판시도서목록(CIP)은
e-CIP 홈페이지(http://www.nl.go.kr/ecip)에서
이용하실 수 있습니다.(CIP제어번호: CIP2017032345)